启明文丛

生活和文本中的社会学

李培林 著

三联书店

图书在版编目(CIP)数据

生活和文本中的社会学/李培林著.--北京:生活 · 读书 · 新知三联书店，2013.1
ISBN 978-7-108-04224-8

Ⅰ. ①生… Ⅱ. ①李… Ⅲ. ①随笔－作品集－中国－当代 Ⅳ. ①I267.1

中国版本图书馆CIP数据核字(2012)第206392号

策划编辑 刘 靖
责任编辑 鲍 准
装帧设计 罗 洪
责任印制 卢 岳
出版发行 生活 · 讀書 · 新知 三联书店
(北京市东城区美术馆东街22号)
邮 编 100010
经 销 新华书店
印 刷 北京市松源印刷有限公司
版 次 2013年1月北京第1版
2013年1月北京第1次印刷
开 本 635毫米×965毫米 1/16 印张 22.5
字 数 250千字
印 数 0,001-6,000册
定 价 38.00元

目 录

西学东渐篇

西方社会的“官僚病”*

概念的规定

按照西方的传统论述方法，立论总要从概念的定义开始。“官僚”二字对于中国人来说并不陌生，习惯于形象思维的华夏后裔很快会联想到繁冗的套活、曲折杂多的手续、公文旅行、不负责任的扯皮，甚或家长制、权力终身制、集权、特权，如此等等。但这些只是一般的描述。“官僚”作为一种社会现象，并非古而有之，它是伴随国家管理机构的出现而产生的。在西方，国家机构至少可以追溯到古希腊的城邦制度。但是，人类从理论上把“官僚”概念从斑驳陆离的社会现象中抽象出来并加以规定则完全是近代史上的事情。1745年，法国的重农学派经济学家古尔奈（Vincent de Gournay）首先使用“Bureaucracy”（官僚）一词，这是Bureau（办公处）和Cray（权力）的合成词，所以从词源学上说，官僚现象首先象征的是一定的权力统治的组织形式。由于现代分类学的进步和严谨化，“官僚”一词具有多重意义，在使用上不免产生某种混乱。这个词目前至少有三种含义：①指人格上的官僚，代表一个阶级、一个阶层或一个人；②指一种管理体制

---

* 本文原刊于《留法通讯》1987年第3期。

或组织形式；③指一种工作作风或工作态度，也就是我们常说的“官僚主义”。本文主要是在第二种意义上使用“官僚”一词，即把官僚病看做社会组织机体的一种病态。

“三维”结构理论的秘密

翻开西方的政治学史，那些名垂青史、流芳百世的政治学说都带有三维结构的神秘色彩，给人某种潜在的稳固感。亚里士多德在他的《政治学》一书中比较分析了150个希腊城邦，概括出三种政治体制：可以转变成僭主专制的君主政治体制，可以演化成寡头专制的贵族政治体制，可以堕落成惑众专制的温和民主政治体制。亚氏这种三维结构的政治理论和他逻辑上的三段论并非偶然的巧合，这和当时几何学的发达及三角形稳定性的普遍运用有密切联系，人们都想在理论上建树自己的金字塔！此后2000年，孟德斯鸠仍是在亚氏这种三维分类的范围内提出他的立法、行政、司法的三权分立学说，该学说成为法国1791年宪法的理论基础。

三维结构在古代和古典的政治学说中的运用似乎是一个普遍的现象，并且还不只是区域性的。连我们的韩非子不是也有法、术、势的三维结构政治学说吗？在西方到黑格尔时，这种理论的三维结构得到最充分的发展。通过一连串的三环一节、节节相扣、环环相连的概念推理，黑格尔的绝对精神从逻辑外化为自然，然后又从自然升华到精神的乐园。在黑格尔的政治学说中，国家是绝对精神进入精神乐园后的最高体现，国家本身有三个层次：最高层是政权，中层是行政管理机构，基层是世俗社会。行政管理机构在黑格尔的逻辑推理中是“国家”从高层政权进入基层世俗社会的必要中介，所以黑格尔把它称为“国家的精神”。马克思在批判黑格尔的政治哲学时把黑格尔所说的行政中介斥为“官僚体制”，说“官僚体制不是国家的精神，而是体现了国家对精神的缺乏”。此后在列宁、托洛茨基、葛兰西、罗莎·卢森堡的批判分析中，都有这样一个过渡：即官僚体制不再被看做只是一个传达指令的行政体系，而是被看做一个决策的政权体系。也就是说，在革命的政治批判学说中，黑格尔的三层国家结构被打破了，政权和行政被合为一层。三维结构从此让位于二元的对垒，官僚体制成为资产阶级国家政权走向灭亡的必然病态形式。这种病不是机能的病，而是本质的病。此后马克思主义对资本主义官僚体制的批判基本是以此为出发点。

然而，在苏联斯大林时代结束后，问题有了转机。那个把导弹运到古巴恫吓美国山姆大叔的赫鲁晓夫，很有眼力地郑重提出，官僚问题是个行政问题，不是政权问题，这个提法的潜台词很明白，就是说社会主义体制也存在官僚问题，但是判定官僚问题属于行政管理范围，把行政和政权区分开来，这在无意中又回到黑格尔的三维国家结构中去了，即把传达指令的体系和决策体系视作不同的层次。在这一点上，如果说赫鲁晓夫是修正主义，并不冤枉他，因为他的确修正了一个不大不小但十分关键的问题。至于说这种向三维结构的潜在复归是否受赫氏本人对几何学偏好的影响，那就无从考据了。

理性与情感的互补

从 1745 年“官僚”一词出现后，这个概念有个逐步完善的过程。但在西方，这个完善过程主要是在社会学领域进行的，而不是在政治学领域。这也表明，官僚一直被西方视为行政问题，而不是政权问题，是一个政治体制的机能病，而不是本质病。“官僚”这个概念的完善过程大致可分为三个阶段。

第一阶段是从德国著名社会学家韦伯（M. Weber）开始的。这位早已泯世但至今仍在美国理论界十分时髦的实践型理论家曾因写了《新教伦理与资本主义精神》一书而大出风头。他在《经济与社会》一书中写过“现代官僚体制的理想形态”一章，从而使他成为官僚问题理论研究的现代开山鼻祖。“官僚”在韦伯那儿并不是一个贬义词。在他看来，官僚体制是社会组织在历史上的发展结果。它的理想形态体现了理性组织的固有特点，即政权的组织功能受规则和规律的支配。实际上，韦伯把官僚组织看成一种历史的悖论。一方面，官僚组织的产生标志着现代社会中理性的到来，作为资本主义的产物，它撕去了一切温情脉脉的人际关系的面纱，把一切非理性的情感都打上价值规律的烙印，凝固于只讲求速度、标准、服从的机械化体制中。官僚体制代替封建体制就像机械工业取代手工业，所以在韦伯看来，工业文明必然是官僚文明。但另一方面，韦伯也意识到，官僚体制蕴含着对人类传统价值的威胁，因为它可能使整个人类都成为国家机器的奴隶。不论是改良家还是革命者，当他试图进行深刻的社会变革时，都难以摆脱这样的困境：一切社会活动只有通过官僚组织才能运行，而决定社会活动合法性的民主原则又是和官僚组织完全不相容的。官僚现象造成的这种悖论至今仍使西方理论界头痛。

在解决韦伯官僚悖论中迈出决定性一步的是美国社会学家默顿（K. Merton）。默顿属于第二次世界大战后兴起的一代知识强人，他虽非什么显赫的名家，却是“官僚”概念发展第二阶段打头阵的人物。他对韦伯“理想的官僚组织形态”提出直接的疑问，导入了“功能障碍”（Dysfunction）这一重要概念。他认为，韦伯的理想模式与现实有很大距离，因为官僚体制在实际上造成大量远离理想模式的结果，从而形成一种恶性循环：官僚组织的臃肿造成了与公众的对立、行为的僵化及对新环境的反应迟钝，从而激化了对控制和管理的需要；但这种需要反过来进一步强化了组织中的官僚统治。因此，单凭理性的自身要求不可能排除官僚体制的功能障碍。默顿时期对官僚现象的研究深受当时流行的行为主义心理学派的影响，表现出情感对理性统治的反动。“功能障碍”从此成为官僚组织的必然症结，实际代表了现实中人的因素对一种组织倾向的抗拒，即把人的行为机械化的倾向，泰罗制就是这种倾向的主要代表。

第三阶段的主角是美国著名的心理学教授西蒙（H. A. Simon）。他曾获得1978年的经济学诺贝尔奖，并担任过中美文化交流委员会的主席。西蒙在许多领域都颇有建树，是有名的杂家，在心理学、企业管理学、哲学、人工智能、组织社会学等方面都可称为大师。西蒙的时代是综合的时代，他的组织理论建筑在理性和情感的综合上。西蒙把官僚组织理论发展的三阶段称为手、心、脑的阶段：韦伯的阶段是手的阶段，因为他的官僚组织理想形态要求的是劳动分工的专门化、个人行为的标准化和生产活动的机械化；默顿的阶段是心的阶段，因为他强调官僚组织的“功能障碍”是由于对人的情感的忽视和对人的心理的压迫；西蒙把自己的阶段称为脑的阶段或新理性主义阶段，这个阶段要求手和心、理性和情感的结合。从西蒙的组织理论出发，官僚现象成为一切组织在其集权化、等级化过程中的必然结果，官僚组织系统被定义为一种无法排除自身障碍的组织系统，而这种功能障碍病反过来又成为官僚组织系统保持自身稳定平衡、免于崩溃的重要因素。

以上这种理论三阶段的划分大概仍属于理论三维结构的千古之谜，实难概括现实思潮多样性的生动发展过程。

帕金森定律和恶循环

帕金森定律也可叫做“下属递增律”，帕金森（M. Parkinson）曾就公职人员的工作行为发表过一个研究报告，他以幽默的口吻称自己的研究结果为帕金森定律。这个所谓定律可描述如下：在一个机构的一个部门中，开始只有一个职员A，他直接隶属机构的领导。像日常中碰到的那样，他开始抱怨事务过多、太劳累，为了改变这种状况，该部门增加到7人，由A领导。这下工作该轻松了吧？非也。不仅A比以前更劳累，新增的人亦抱怨工作过多，要求在自己的分工方面增添新人。为什么呢？请看这个事实：一天A碰到一份要他签署的文件，但他忙得顾不上看一眼就画了圈，因为他满脑子都是要亲自处理的急事：他快提升了，要尽快决定是选择B还是C来取代他，他还不得不同意D去休假，虽然D并不是绝对有这种权利，但他的上级向他打过招呼，他还非常恼火地想，难道不应先让身体不佳的E去休假吗？E最近由于家庭忧虑，脸色苍白。另外还有F的工资提级问题和G的退休报告要处理，这些都会直接影响他们的工作态度，最后，他还听说D爱上了一个已婚的打字员，B和G闹意见不说话了，如此等等。A迫不得已要求增加新的下属，但结果可想而知。一些西方学者认为中国人喜欢说外国的东西中国古而有之，但这个所谓“帕金森定律”确实类似于我们的“和尚吃水律”：一个和尚担水吃，两个和尚抬水吃，三个和尚没水吃。这个定律所揭示的就是官僚组织膨胀的恶性循环。此外从生物社会学上讲，每个部门、每个机构都是活的社会机体，它首先需要一定的能量来保持内在生命力。一个完全处于休息状态的人需要1600热卡来保证自身运转，多余的热卡才能用于外部活动。一个组织亦是如此，机构愈庞大，维持自身生存的“热卡”需要的就愈多，碰上官僚体制造成的动能障碍，庞大的机构反而输出的能量更少，自身更接近冬眠状态。

巴黎政治学院教授、法国组织社会学研究中心主任克罗齐耶（M. Crozier）把官僚现象的恶性循环归纳为一种组织发展规则。在他看来，官僚体制不是一种自组织系统。由于缺乏内部的调节功能，官僚组织必然导致决策的集权化，上下级之间和部门之间的分离，以及伴随而来的组织对个人的压力不断增加，个人创造性的丧失等等。这些结果反过来促成官僚组织生长所需的气候和环境，从而使官僚组织加强了自身结构的稳定和守恒，虽是步履维艰，但却长此以往。人们最后面临着一个霍夫斯塔特式的怪圈，分不清哪里是起始，哪里是终点。是鸡先生蛋，还是蛋先生鸡？在处理官僚现象上是先解决体制问题？还是先解决功能问题？

卡夫卡的城堡

捷克著名作家卡夫卡写过一本名为《城堡》的小说，风格有些类似以后存在主义大师萨特的《厌恶》和荒谬哲学创立者加缪的《西西弗的神话》。据西方权威的文学评论家所称，小说的本意是要描绘“人在面临存在的荒谬时所产生的绝望”。但不知从什么时候起，大概是由于社会政治学家们要炫耀他们的文学修养，“卡夫卡的城堡”成了官僚体制的代名词，广为流行。这是一座无法进入的城堡，当你来到门前时，守门人傲慢地接待了你，然后悄然逝去，把你撇在标有“禁止入内”的门前，你费尽力气所能接触到的秘书和总机接线员都禁止你进入甚至接近城堡，但指令不知是从何处发出，也不知指令的对象是谁，整个城堡像个死板的机器。这大概就是人们印象中的官僚机构。人们已习惯于把繁冗拖赘的行政手续幽默地称为“通向卡夫卡城堡的台阶”。有人甚至从卡夫卡的《城堡》里概括出官僚体制的八大特征：一曰无人格集权，这与君主集权不同，君主集权是个人集权，而无人格集权是匿名的，找不到责任承担者；二曰功能障碍，这在企业管理心理学上称为管理病；三曰单向联络，只有自上而下的指令，没有及时的信息反馈；四曰制度僵化，行为机械教条，没有任何弹性；五曰领导无知，不详下情，却死守上智下愚；六曰缺乏适应能力，本能地抵制新环境；七曰烦琐哲学，没有效率；八曰缺乏自组织能力和变革创新精神。

总之，在一般人的心目中，官僚体制已失去了它最初的意义，那时它和泰罗制一样，是和生产社会化、操作机械化、技术标准化等概念相联系的，而现在它代表的是烦琐僵化的规章、不负责任的指令、繁缛的行政手续、打太极拳般的工作效率、集权对民主的破坏等等。但正如一些社会学家不无道理地指出的那样，官僚体制造成的恶果并非是它本身的罪过，官僚体制是在企业中心化的自然过程中出现的一种组织形式，它的本质是行政对企业过多的干预和行政人员本身的滥用职权，在某种意义上，这是一种必然的现象，因为从理论上说没有任何组织形式是绝对理想和完美的。然而，官僚体制作为现代组织形态中不可避免的现象，在不同的人群结构中造成的后果大不相同。况且人是任何组织形式的行为主体，而人的行为受整个文化背景的制约。因此，克服和消减官僚现象不仅涉及政治体制和组织形式的改革，而且涉及文化传统、心理状态、思维方式乃至行为习惯的一系列变革。也就是说，要想治好社会官僚病，光靠吃药和开刀动手术不行，要提高整个社会组织机体对官僚病的抗拒力、免疫力。

最佳组织规模

20 世纪 70 年代初，英国经济学家舒马赫（F. Schumacher）写过一本《小的是美好的》(*Small is Beautiful:A Study of Economics as if People Mattered*)，声噪一时。这本书的书名后来成为整个盎格鲁—撒克逊世界的口号。该书提出一个很关键的问题，就是组织的规模问题。以往的历史告诉我们，社会组织的历史是由小到大的历史，先有家庭，后有部落、城邦、国家、联合国，按此逻辑推下去，似乎全世界最后会只有一个政府。生产组织亦是如此，家庭手工业、小公司、大公司、联合公司、垄断公司、跨国公司，整个资本积累过程就是《林家铺子》里描绘的大鱼吃小鱼的过程，而且在一个时期内，组织的规模和人数似乎和繁荣昌盛亦成正比，所谓“人多力量大”就反映了这种观念。舒马赫的贡献在于他发现，无论是何种组织（行政组织、生产组织、教育组织、城市组织）都是小规模的发展得更快，效率更高，一些发展很快的大型组织也是因为内部分成很多小的独立运转单位。正如一个城市的交通系统如果只由一部电脑操纵，一旦出现毛病，就会整个陷入瘫痪，因此要分成一些小系统，从而增加应变能力，互补漏洞。这就是所谓“小的美”的原则。然而什么叫小？一个国家应有多少州，多少省份？一个机构应有多少部门？一个城市应有多少人口？像社会学中很多原则问题一样，这也是一个目前无法定量分析的问题。因此，在我们无法确定一个社会现象有多少相关函数时，即使我们有无数的例证，也不能断定没有反证，也就是说即使我们见过一万次白天鹅，也不能否定黑天鹅的存在。

前面我们已经提到，官僚现象是伴随着组织中心化、权力集中化出现的，换句话说，官僚现象是和机构臃肿、膨胀相联系的。但在我们只能靠经验的摸索，而不能靠科学的分析来解决某类组织规模的大和小的问题时，精简或扩建机构就往往带有一定的盲目性。直到目前，所谓“最佳组织规模”仍然只是一种建立在部分经验判断上的纯理论形态，如舒马赫把最佳城市人口的上限定为 50 万人就没有足够的现实依据。真正的最佳组织规模的模式应建立在现代统计学的基础上，即便是这样建立起来的模式也会因时、因地而变化。

耗散结构和熵的迷宫

社会学家和政治学家们眼下时兴用科学理论来解释社会政治组织形式，如系统论、耗散结构理论等。根据这些理论，有活力的系统都是开放系统，即所谓具有耗散结构（Dissipative Structure）。我们知道，信息论和控制论中的一个很重要的公式就是信息 = 负熵。熵是系统中无序、混乱、模糊的表征量，负熵则和信息一样，代表着系统的有序、条理和清晰。热力学第二定律告诉我们，在一个封闭的系统中，熵会无限增大，它的极限就是系统的绝对平衡（死寂）。官僚组织正是一种熵值很大的惰性封闭系统。我们曾谈到官僚组织的特征之一就是上情不能下达，下情不能上递，组织内部各分支相互隔离，外部消息闭塞。要解决这种状况，就要使系统开放，增加信息流通，以便抵消系统内部不断增加的熵，因为任何系统都不可能是绝对开放的，否则就不能称其为系统。另外，熵也不是被完全否定的东西，作为粗浅的比喻，它可以说是组织中的一种任意自由活动。耗散结构理论证明，有序产生了无序，无序是自组织能力的源泉和催生婆。这里实际涉及一个很古老的哲学命题，即必然和偶然、必然和自由的关系。这个古老命题曾成为整个欧陆现代哲学研究的新玩意儿。存在主义抓住个人存在的偶然性和人类孤独的必然性，结构主义抓住观念断裂的偶然性和心态深层结构的必然性，新科学认识论关注到突变现象的偶然性和熵的命运的必然性。对于官僚现象的研究来说，就涉及统一意志和民主原则、组织秩序和个人行为自由的关系问题。

尽管官僚组织可以被定义为一种熵值趋增的惰性封闭系统，也可以被定义为趋向绝对平衡没有自由创新的超稳定僵化系统，但如何确定一个组织是开放还是封闭？它应有多少信息流通量？它应与多少方面进行纵向和横向的联系？在规定的时间中，它应发出多少文件，写出多少调查报告和情况简报？这些还都是迄今没有进行定量分析的现象，或者说还没有建立起科学的行为模式。本文的分析也只能局限于宏观的、战略式的描述。我们还没有真正找到引导我们走出熵的迷宫的“阿里阿德涅的线团”。

顺便要提及的是，中国社会的官僚病与西方社会的官僚病并非同根。中国的官僚病不是资本主义大工业生产的产物，它与中国过去长期的封建专制集权、宗法关系、血缘基础、等级观念等密切相连。自宋朝以来，封建官僚机构的恩荫之滥、杂流之猥、冗禄之多、政体之臃、官制之乱，日趋深重，以致病入膏肓。诚如梁启超所言："专制政治之进化，其精巧完满，举天下之国，未有若吾中国者也。万事不进，而唯有专制政治进焉。"邓小平在《党和国家领导制度的改革》一文中也指出，官僚现象"同我们历史上封建专制主义的影响有关"。因此，医治中国社会机体的官僚病除了从政治体制上解决权力集中、家长制、干部职务终身制、特权等问题外，还必须加强社会对行政机构的民主监督机制，这包括民主选举、法律约束、新闻压力、民意测验、党派和群众团体的质询等。从更宏观的角度说，根除官僚现象还涉及民族文化素质的提高、民族进取心理的强化和民族民主精神的弘扬。这些也就是我们所说的社会组织机体对官僚病的免疫力。

科学的“思辨”与新的理性 *

思辨的桂冠本来属于哲学的王国，但当一个科学家的思想达到常人难以领悟的高度时，就不能不或多或少地带有思辨的色彩。

那还是在 1986 年夏，由于博士论文中有一部分涉及新科学认识论的问题，我只好忍痛放弃去地中海天蓝色海岸采撷巴黎难以享受到的灿烂阳光，在导师的介绍下乘高速火车到比利时首都布鲁塞尔拜访耗散结构理论的创始人普里高津（I. Prigogine）。这位比利时自由大学的教授一看上去令人想起喜爱自称“比利时小人”的大侦探波罗，他的办公室里的一幅中国古画更增添了几分东方的神秘色彩。由于历史的原因，傲慢的法国人一向视他们的近邻小国比利时人有些“土里土气”，但当普里高津在 1977 年获得诺贝尔化学奖时，不能不令法国的知识大亨们刮目相看。在此之前，普氏还只是在科学界崭露头角，主要成果凝结在《不可逆过程的热力学概论》（*Introduction à la thermodynamique des processus irréversible*）一书中，但在 1979 年普氏发表《新的联盟：科学的形变》（*La nouvelle alliance*）一书后（该书于 1984 年出英文版时易名为《秩序产生于混沌》），西方整个思想界为之震动，有人

---

* 本文原刊于《读书》1988 年第 6 期。

甚至把耗散结构理论和突变论、协同论一起称为“新三论”（较之曾在现代科学中成为鼎足之势的控制论、信息论和系统论）。1986年《新的联盟》在法国嘉利玛出版社再版，普里高津在再版前言中以充满哲学思辨的口吻说，新的科学认识论就是要“摆脱古典理性的上帝，从而使科学确定概念的方式重新获得理应属于它的哲学内容”。

自20世纪80年代以来，普里高津在西方思想界、学术界十分活跃，1985年他相继发表了《新的理性》（*A New Rationality?*）、《与非理性之争》（*Coping with the Irrational*）、《科学、文明与民主》（*Science, Civilisation and Democracy*），1986年又发表了《探索复杂性》（*Exploring Complexity:An Introduction*）。他的思想和方法广为传播，而且冲出了科学深宫的高墙。法国科研中心的人员目前正在运用耗散结构理论研究解释印度部落的形成轨迹和中国数学的独特发展。另外，普里高津教授还领导着美国得克萨斯大学的统计力学和热力学研究中心，在那儿他的一些助手正在用他的方法解释封闭与开放状态下的社会体系和经济过程。听说普里高津教授最近已准备退休，但科学家的一生就像被命运注定不断向山顶推动巨石的西西弗，对未来和未知的思索会使他永无歇息。

普氏认为，文化是一个整体，自然和人、科学和哲学都不能离开对方单独发展，古典理性的凯旋是带有悲剧美的：它在打碎神谕偶像的同时，却树立起自己的绝对偶像，沉醉于普天之下善男信女的理性崇拜，从而把自己从文化这一整体中孤立出来，感到空前的“寂寞”。新的理性就是要在以往文化积淀的基础上达成科学与哲学、道德、艺术的新联盟。

时间的“困扰”和互补性原则

依据普里高津的解释，耗散结构理论的构思是受时间不可逆性的启发。他很早就惊奇地发现，两种取向完全不同的时间构成了一个和谐但又矛盾的世界：一方面是由达尔文确立的生物学上的进化时间，也就是说按照新陈代谢、生存变异的法则，生命作为一种组织系统会不断进化，不断走向更高级、更复杂的阶段；另一方面是卡诺（Carnot）提出的物理学上的“退化”时间，根据热力学的定律，宇宙作为一个封闭系统熵会无限增大，这就意味着宇宙中的一切组织形式都将不可逆转地走向衰落和消亡。这两种时间取向是根本对立的，一种意味着永恒的进化，另一种则意味着不可逆转的衰落。为了解决这个令众多科学家大感困扰的矛盾现象，普里高津再次举起互补性原则的大旗。当年正是这面旗帜引导科学界从光子的“波动说”和“粒子说”的迷宫中解脱出来，确立了光的“波粒二相说”。从某种意义上说，耗散结构理论也是一种时间的二相学说。

在古典的自然科学当中，“空间”的观念是凌驾一切的宠儿，而“时间”的观念则往往成为被人遗忘的私生子。这种感情上的偏爱在哲学上的反映亦十分强烈，从古希腊哲学圣祖德谟克利特把“原子说”作为万物万象之本到奠定近代思维基础的笛卡尔把“广延性”作为物质的唯一根本属性，“空间”这个幽灵一直是支撑解释物质世界的支点。在爱因斯坦把时间和空间联系起来、创立四维空间之前，时间的观念只是在上帝的创世学说和随后的历史学中得到淋漓尽致的体现，至于在远古的东方，连盘古破混沌、开天地也未给时间观念留下一席之地，乾坤肇始完全建立在空间的“广延性”上。

爱因斯坦的相对论使西方真正发现了时间。乘着科学的狂飙，斯宾格勒（Oswald Spengler）的《西方的没落》（*The Decline of the West*）和柏格森（Henri Bergson）的《时间与自由意志》（*Time and Free Will*）把时间的观念成功地注入缺钙的现代社会科学机体中。于是，文化机体的“循环兴衰”和生命冲动的“永恒延绵”成了人们一时的时髦话题。1922 年 6 月 1 日，科学泰斗爱因斯坦和哲学巨匠柏格森在巴黎举行时间问题的大论战，轰动欧洲花都。柏格森力主真实时间的统一性中包含着对时间体验的多样性，时间是对运动变化、绵延、生命冲动和创造的综合直觉，爱因斯坦则坚决摈弃这种“哲学家们的时间”，认为任何所谓真实体验都无法解救被科学否认的东西。在这场关于时间的混战中，不少科学家出来为柏格森辩护，因为他们认为，时间不仅仅是一个科学的概念，对世界的解释有不同的角度和层面。

普里高津深谙这场时间论争的哲学背景，他的出发点是要把这两种时间观念按照互补性的原则综合起来。在他看来，我们今天所面对的是具有复杂过程的自然，不是一种一成不变的时间或单调机能增减的时间所能描绘的，不能只考虑一种时间而否定其他的时间。普氏的耗散结构理论是建立在这样一个对世界的根本看法上：在总体的水平上，宇宙系统会按照熵的不可逆时间方向发展，在永恒的能量补偿过程中最终走向单调惰性的平衡态，然而在总体发展的过程中，宇宙系统的前进轨道会产生分叉（bifurcation）的可能，在远离平衡态的地方出现耗散结构，从而使历史的进化过程成为可能。

时间是理解普氏耗散结构理论哲学意义的一个至关重要的概念，普氏甚至曾想把他的《新的联盟》一书命名为“重新发现的时间”，以映照一代才子普鲁斯特勾魂摄魄的著名心理小说《追忆逝水年华》，后者使西方现代释梦的精神分析学家们如痴如醉、百般玩味。事实上，人类对时间的认识大致经历了三个阶段的变化。在第一个阶段，时间被视作循环的，冬去春来，晨钟暮鼓，“日出而作，日落而息”，地狱天堂，生死轮回，“天下万物生于有，有生于无”（《道德经》），诸此等等，都是这种循环时间观念的反映。在第二个阶段，工业的机械化革命把复制和再生的思想导入时间观念，人们对时间的认识深化了，时间成为线性的、均匀的，可以测量并刻度在钟表的面盘上。然而时间可逆的观念并未消除，故宫钟表馆中那些令人目不暇接、制作精密的洋玩意儿实在说明了中国封建帝王渴望长寿、崇拜时间的潜在心态。今天，时间观念发展到新的阶段，时间既是不可逆的，也是多样性的和创造性的，诚如普里高津所说：“今天重新发现的时间，也是不再叙述孤独的时间，它使人与他所描绘的自然结成联盟。”

规律和普遍的解释语言

西方17世纪哲学和科学的中心主题是寻找解释世界的普遍语言。人们通过对各个领域复杂事物的分解和界定，筛选和抽象出一些最基本的单元，然后按照统一的逻辑组合方法，构成起支配作用的根本规律和科学系统。这种与八卦炉百年炼仙丹大相迥异的方法曾使人类对世界的认识突飞猛进，培育出西欧文明的一代伟人，并在纷杂的科学“官司”中最终确立了理性法庭的崇高权威。根据这种方法，牛顿以万有引力定律统率起从苹果下落到地球绕太阳旋转的万千现象；孟德斯鸠把无数种人类社会的政权组织归结为四种基本形式；亚当·斯密从错综复杂的经济现象中概括出价值、劳动、商品等一些最基本的范畴。还是按照这种方法，笛卡尔以“我思故我在”作为构筑哲学大厦的基石，从“思维”、“广延”两个“清晰明白”、“无可置疑”的概念中演绎出整个精神世界和物质世界；巴斯卡尔以人性的“升华”和“堕落”作为道德的根本取向，并以此来解释基督教全部教义和人间的一切悲、喜剧。

17世纪的思想大师们都坚信，自然史是以一种统一的数学语言写成的，人们可以通过实验来破译这种语言，只要我们发现了那些作为语法的基本规律，就等于发现了最终的真理，就可以据此解释复杂多样的自然界和社会。普里高津认为，今天应当彻底放弃这种把自然的全部复杂过程归结为几条基本规律的方法，人们应当寻找新的多样性的解释语言，寻找解释不同现象的特殊语言，正是在这种意义上，普里高津不同意“新三论”这个提法，认为把具体科学领域的方法不负责任地推而广之是一种简单化的危险倾向。

实际上，东、西方对于规律各有自己的高见，西方过去长期笃信上帝是第一推动者的因果律，连牛顿也摆脱不了这一精神桎梏，由于西方的上帝是人格化的，所以这种信仰后来演化成“人为自然立法”；东方的规律是自动自律的，所谓“自然法”，正是指自然而然的法则，当老子曰“人法地、地法天、天法道、道法自然”时，这里的“自然”实在不是指自然界，自然而然是也！普里高津对中国古代这种关于外部世界“自律”的思想十分感兴趣，如果翻译成耗散结构理论的语言就是系统的自组织功能。曾因《未来的冲击》（*Future Shock*）和《第三次浪潮》（*The Third Wave*）而名声大噪的美国社会学家托夫勒（Alvin Toffler）认为，社会经济组织也属于这种具有自组织能力的系统，其中供应和需求的相对平衡是通过各种反馈过程实现的，当出现失业或石油危机等不稳定因素时，如果不是以负反馈去抵消，而是以正反馈去加强，那么整个系统就有崩溃的危险，一切都可能要进行重组。但在一般的情况下，系统会本能地发挥自我调节功能，维持系统结构的稳定，或是跨过危机和萧条重振繁荣，或是衰而不竭、僵而不死。

偶然性之光和必然哲学的没落

揭示历史和自然的必然性（逻辑性）是黑格尔哲学的一个根本主题，多少代的思想巨人都曾为这个伟大的使命奉献一生的智慧。按照一种传统的偏见，必然性比偶然性要重要得多、根本得多：必然性是与本质、规律相联系的，而偶然性则只是现象和可能性；必然性是巍巍昆仑山，偶然性只是昆仑山上随风摇动的小草。普里高津从根本上改变了这种观念，他认为偶然性是宇宙最根本的源泉，一切有规律、可预见的活动都只是偶然性汪洋大海中侥幸冒出的一座孤岛，有序来自无序，只有无序的扰动才能创造新生的系统。在以往的科学研究中，人们只是注意那些稳定的结构、恒久的轨迹和规则化的行为，而今天人们发现，真正代表系统本质的，是“危机”、“断裂”、“扰动”、“不稳定”、“无规则”等因素，一切有规则的现象都要从这些随机的内在变动中得到说明。

其实对偶然性的发现是20世纪的最伟大成就之一。马克思、弗洛伊德和尼采被西方称为开拓现代思潮的三位变革宗师。如果说马克思发现了经济基础的决定作用，从根本上改变了人们对社会发展进程的认识，尼采发现了人的主体意志作用，从而揭示了一个从未被深刻触及过的精神层次，那么弗洛伊德所创立的潜意识理论则完全改变了传统的心理学面貌，对人类行为的偶然机制作出新颖而独特的解释。弗洛伊德在他的《梦的解析》(又译《释梦》)一书中指出，梦中出现的偶然图像并非某种必然性的表面呈现，也不是人类意识深层本文的扭曲复制，这种偶然图像本身就是人类意识的创造力所在，是人类行为的深层动因。这种语惊四座的高论是否真理另当别论，但他以大胆的言辞所宣告的必然哲学的没落实在不亚于路德的宗教改革。

自从达尔文细查人类家族宗谱，最终竟查到猴子尾巴上去以来，介入时代思潮风波和标新立异一直是生物学的光荣传统。在达尔文开辟的道路上再树丰碑，并于1965年获得生理学和医学诺贝尔奖的法兰西学院教授莫诺（J. Monod）写过一本题为《偶然性和必然性》(*Chance and Necessity*)的书，被后人奉为当代生物学的经典。莫诺认为，人们从自然界的必然规律中推导出的世界只不过是一片没有生命的“死寂”阡陌，因为唯一可以预见并加以复制的规律就是返回死亡和无生命状态的规律。所有变异都是偶然产生的，偶然性是改变生命组织遗传信息和结构的唯一源泉，是生物进化和更新的根本动因。换言之，是偶然性在自然界无生命的茫茫广漠中创造了人类这片绿洲。这与传统的看法截然不同。然而哲学上的学术问题在很多情况下是仁者见仁、智者见智的事，绝非亮出唯物或唯心的黄牌便可息事宁人。

其实，今日的科学家们并不是要为偶然性建立一座现代庙堂，在香火轻烟的朦胧仙境中推翻一切既有的观念。诚如与莫诺分享同一诺贝尔奖的法国著名生物学家雅各布（F. Jacob）在《生物的逻辑》（*La Logique du vivant: Une histoire de l'hérédité*）一书中所说，由于现代对宏观和微观的区分，整体论者和原子论者的古老争吵最终获得解决，在宏观的水平上，生物的组织形式是变化多样、偶然独特的，但在微观的水平上，一切生物都服从于分子的统一规律，可以用分子或基因这种普遍语言来解释。这样一来，偶然性和必然性在新的层次上结成新的联盟。

从广义或认识论的角度来说，耗散结构理论是专门诠释偶然性现象的学说，从城市的交通变化到昆虫的无规则运动，从足球运动员场地跑动的轨迹到股票市场的瞬间波动，都可以说属于这种偶然现象。当然，这并不是要建立一种新的放之四海而皆准的普遍语言，因为偶然性的灵魂所在就是把一切学说都作为对特例的解释。

在以往的精神帝国中，有多少雄才豪客虔诚奉信，随着科学纵横捭阖的讨伐和铁马金戈的征服，人类有朝一日会面对自然界振臂高呼："溥天之下，莫非王土；率土之滨，莫非王臣。"然而事实证明，人类越是深入地探索自然界，越是感到宇宙奥妙无穷、充满神秘魔力。用旧的语言来阐释新的现实必会碰得头破血流！面对扑朔迷离的世界，科学家们当大彻大悟、不失时机地增长点修成正果所需的哲学头脑。

法国学院派寨主雷蒙·阿隆*

20世纪60年代，法国知识舞台上人才辈出。在野的左派以萨特为公认的精神领袖，新兴的存在主义成为一代年轻人的生活哲学，萨特的名字当时亮得像夜明珠，他在获得诺贝尔文学奖时拒绝去斯德哥尔摩接受来自官方的荣誉，更使他那股绿林好汉为天下之不平呐喊抗争的气派平添了几分耀人的光彩。在另一边的知识阵营中，雷蒙·阿隆（Raymond Aron）是当朝学院派的寨主。就学历出身讲，阿隆和萨特可谓平分秋色，他们是巴黎高等师院的同窗好友，都曾在法国中学教师会考（法国学府晋升的必经台阶）中夺魁居首，又都去过德国这个抽象思维王国接受过日耳曼大师的熏陶。但在返回法国的人生道路上，他们最终却分道扬镳了。萨特以平平的外省中学教员身份靠着呐喊一举成为社会反叛者的旗帜，而阿隆则进入巴黎精神上层，先后在索邦大学、巴黎政治学院、国立行政学院等名门学府手持教鞭，羽扇纶巾、满腹经纶、悠悠哉当起最高决策层的智囊幕僚。在那高潮迭起、险象环生的思想角斗、政治风云中，萨特惊世骇俗的哲学加文学“轰动效应”使阿隆的卫道补世理论黯然失色。直到1983年，法国60年代的一代知识精英相继仙逝，阿隆在其撒手人寰的前

---

* 本文原刊于《读书》1988年第8期。

夕发表了巨著《回忆录——50年的政治思考》(*Memoirs: Fifty Years of Political Reflection*)，又经过四五年的回味和咀嚼，西方在今天才似乎重新发现了这位社会历史的雕塑巨匠。于是乎，思想相左者摈弃前嫌旧怨，文人相轻者看破红尘无聊，人们纷纷撰文著书，把一顶顶"智坛巨星"、"思想泰斗"的高帽桂冠赠给这位早已安睡黄泉、曾为社会提供历史备忘录的文人学者。

阿隆一生著述浩繁，涉猎广泛。《历史哲学导论》(*Introduction à la philosophie de l'histoire*)、《工业社会十八讲》(*Dix-huit leçons sur la société industrielle*)和《国家间的和平与战争》(*Paix et guerre entre les nations*)是他较有代表性的三部著作。这三部著作虽然涉及的领域不同，但在思想发展和知识结构上却有其内在的逻辑。

历史哲学的终结

《历史哲学导论》是阿隆奠定自己方法论的成名之作，也是他少有的纯哲学著作。像许多法国的哲学家那样，阿隆的历史哲学思想也明显地流露出受德国思辨传统的影响。早在19世纪初，历史哲学就曾成为非常热门的话题，就像今日人们谈论星球大战或艾滋病一样。当时哲学界的霸主黑格尔从思维与存在的同一性出发，把哲学史看做人类思维的发展史同时也是人类本身存在的历史，一部历史哲学把上下几千年的人类精神变迁都套在他那正题、反题、合题的三节鞭上，舞起来左右逢源、所向披靡。历史的发展没有了任何纯粹偶然的机遇，一切都可以在黑格尔的必然逻辑中找到诠释。在这样的气候下，那个时代的人们确实感到了历史的沉重，因为他们在黑格尔的“皇历”中仿佛辨读出自己未来的命运。

这种历史逻辑也被称为历史客观性或历史理性。阿隆写《历史哲学导论》时还是个颇有鸿鹄之志的热血男儿，这种雄心在他同时期写的另一本书《历史的批判哲学》（*La philosophie critique de l'histoire*）中表白得更清楚。实际上，阿隆是要完成对历史理性的批判这一开拓性的工作，以便填补透析真、善、美问题的全才大师康德所遗留下的理论空白。他认为，正如“《纯粹理性批判》指出了人们的认识不可能达到理性王国的真理”（因为那儿存在着只有万能上帝才能解决的二律背反），“历史的批判哲学也断然放弃穷尽对进化的认识的奢望”，换句话说，哲学的任务并不是奠立和论证某种理论的基础和客观依据，而是要通过理性的批判来确定所有理论的局限性。

阿隆称他所发现的真正的历史哲学为“历史主义”。他的历史主义是从批判哲学中发展起来的，主张价值、哲学和历史认识的相对性。这种理论是在汲取了狄尔泰（Wilhelm Dilthey）、韦伯和齐美尔（Georg Simmel）的思想后逐步完善的。阿隆很早就表现出与他同时代人不同的兴趣：即在存在主义一代都在以文学作为排山倒海的杠杆时，阿隆则独衷社会学与经济学。阿隆认为他从生命哲学中获得了历史主义的要旨和社会科学的真正方法：“在自然科学中，任何对规律性的认识只有通过计量的方法才有可能，但在社会科学中，每一抽象原理归根到底都通过与精神生活的联系获得自己的论证，而这种联系是在体验和理解中获得的。”（狄尔泰语）这也就是说，社会科学中的价值判断是随着历史境况和个人理解的变化而不断更新的，不存在“铁的逻辑规律”。

阿隆在早期确立的历史主义观念无形中成为一种先入之见，深深渗透于他以后在社会学中对“历史进步”的看法和在国际政治学中对和平、战争的阐述。从某种意义上说，阿隆的历史批判哲学昭示了传统历史哲学的衰落，人们现在基本放弃了从思想发展轨迹中辨读我们未来命运和发展前途的做法，没有哪个哲学家再敢侈谈他的理论学说是整个逻辑链条的最后一环，也没有哪个哲学家再愿预言人类的思想将按照某种固定法则或函数曲线向前推进。留心一下现代西方哲学界的研究兴趣就可看到，20世纪以来，很少再有人去写横贯古今的哲学通史和那种无所不包的思想总论，人们更倾心于去揭示真理从未暴露过的一面，去深化人们对具体领域具体问题的认识。很多人甚至扪心自问，哲学会否像宗教当年的衰落一样，成为考古博物馆中一只细瓷雕花精品？存在主义哲学对文学的依附，结构主义哲学对语言学、人类学和精神分析学的依附都反映了西方思想界为哲学找出路的危机心理。如果说阿隆在哲学的大海中没有翻弄出几朵浪花的话，那么他倒是较早悟出这一真谛的人，这对阿隆这位哲学高才生以后的破道还俗、转向经世治国的实用学说，不失为一种合理的解释。

社会进步的理想和假说

在过去历史很长一段时间中，每一代人都认为像前一代人那样生活是理所当然的。但在现代社会中，人们认为应当比前一代人生活得更美好，拥有更多的财富。对提高生产和增加财富的关注是工业社会区别于以前所有其他类型社会的一个重要标志。究竟什么是工业社会？过去经济学界众说纷纭，有以生产工具为标志的，如认为蒸汽机代表工业社会的到来；有以生产组织形式为准则的，如认为工业社会意味着摆脱个体劳动和组织社会大生产；还有的干脆把工业社会和资本主义社会等同起来，认为原始资本积累是工业社会的开端。阿隆在《工业社会十八讲》中对工业社会进行了深入的剖析，提出了工业社会的五大特征：一、企业与家庭分离；二、劳动分工；三、资本积累；四、严格的经济核算；五、工人的集中。阿隆还认为，资本主义经济区别于社会主义经济有两个根本标志：一是生产资料的私有化，二是经济的市场调节。但是，资本主义的发展与现代社会的进步是不同的概念，这里存在着众多的悬疑有待破释。

一般说来，代表社会进步的体制应是有效率的体制，这一方面表现在最快地提高人民的生活水平，另一方面表现在最快地增加国家实力。人类追求社会进步总是从这两方面考虑，而悲剧就在于现实中很难同时并举。

事实上，社会的“进步”或“没落”首先是人们对社会在时间中的运动作出的一种价值判断。社会学的宗师孔德曾认为，人类社会存在着一种基础的秩序，社会的进步只是更完美地实现这一秩序。具有大数学家和大哲学家双重头衔的巴斯卡尔曾有一个关于“进步”的著名定义：“整个人类可以比作一个不断学习进取的人。”这些笼统的概说在20世纪初是相当高深新颖的理论，作为一个普遍的观念，进步意味着知识和财富的积累增长，意味着目前的社会比过去的社会更高级，而未来又比今天更高级，这似乎已是一种通论。阿隆的反思正是针对这一通论。

阿隆首先指出，进步（这里的“进步”是一种带有哲学含义的泛指概念，不是通常带有政治判断的概念）并不存在于艺术和宗教的领域。就宗教来说，世界上的三大宗教（基督教、佛教、伊斯兰教）各自代表了一种文化形态，它们很难以高低的尺度来进行比较。艺术世界中的等级划分也是不妥当的，如文艺复兴时期意大利三杰的透视画法，洛可可时期对运动线条的使用、印象派对光的研究以及所有现代派、未来派给人们留下的广阔审美空间和美感余味，你能说哪一种艺术更代表了人类的进步或更为高级？即便是在以知识积累和进步作为特征的科学技术领域，问题也不是那么简单，劳动工具和科学技术上的进步是显而易见的，但一个时代的科学意识是属于那个时代的哲学、宗教、艺术、神话等整体文化的，它不能像科学命题那样进行积累，它的成果是属于人类智慧之树已经过去了的那个鲜花盛开的时代。举例来说，牛顿发现万有引力定律的意义绝不亚于爱因斯坦发现相对论或今日人类踏上月球的意义。

最能体现“进步”观念的无疑是经济的发展，但在这儿我们又碰到了前面提到的两难困境：最有效、最能刺激经济发展的体制并不一定是使人民生活水平提高最快的体制。而且，“进步”本身是一种综合的价值判断，经济和科学的发达、文化的繁荣、人民生活水平迅速提高、民主和人与人之间平等的实现、对贫困和疾病等现象的消灭、对生态环境的保护和美化……这些都是社会进步的标志，可惜在一种一元化的价值判断中，人们往往为了一种目标的追求而牺牲了其他美好的东西。

自20世纪60年代中叶美国社会学家贝尔（Daniel Bell）提出“后工业社会理论”以后，西方知识界很多人士似乎从中找到了打破东西两大阵营对峙僵局的出路，在他们看来，现实表明，资本主义没有走向死亡，社会主义也没有胎死腹中，二者都会走向后工业社会，在那儿生产资料的所有权问题将让位于对社会组织的管理问题。阿隆在70年代中期专门写过一本《论后工业社会》的书论及此事，他认为后工业社会的根本标志是工业发展将直接依赖于科学技术，而不是像以前那样，主要依赖于资本和社会制度。然而，阿隆作为法国战后的右翼智囊人物，始终未放弃他对社会主义制度的偏执成见。

和平与战争的变奏曲

法国在20世纪中叶是个讲究知识分子介入生活的时代，踌躇满志的阿隆不满足学府深院的仕途道路，但他的十足书生气又使他难在宦海沉浮中拨潮弄浪，所以他生涯的很长一段是以著名记者的身份在社会舞台上叱咤风云。在国际政治学中，他心中的楷模是基辛格式的人物，而且由于他身上的法兰西血统，对于那些美国的政治大亨他还有点戴高乐式的民族清高。虽说从总的特性来说，阿隆身上颇多欧洲传统的理性主义遗风，但他从自己奠定的历史哲学出发，对历史发展的决定论有一种本能的排斥，这特别表现在他常常把国际关系的偶然决定因素描绘成理性无法把握的混沌天地。

如果说当代法兰西血统的政治家和理论家很少再有拿破仑时代目空一切的“雄风”，那么他们纵横捭阖的“雄心”可谓不减当年，仍然是超凡出世的。在阿隆看来，伟大的政治理论均产生于劫世的动乱之后或伟大的变革时代：人灵相恶、血火交织的希腊城邦之战使柏拉图的《理想国》和亚里士多德的《政治学》在阵痛中呱呱落地，那是和平与战争的第一组变奏曲；撕裂欧洲、狂热疯魔的百年宗教战争以腥风血雨的代价为霍布斯的《利维坦》和斯宾诺莎的《神学政治论》施了洗礼；英国革命宣告了欧洲中世纪的最后终结和近代的肇始，同时也造就了洛克，他在《政府论》中首次公开维护和论述公民自由权；法国大革命这一人类壮举最终把卢梭和孟德斯鸠的名字永远铭刻在历史的民主共和国里程碑上，这两位巨人在他们的《社会契约论》和《论法的精神》中分别探讨了在君主制崩溃之后各种政体形式的可能性，当时呼之欲出的两种政体一是以民众意志为根本支柱的普选民主制，二是以各派权力平衡为基础的议会代表制，历史实际上是选择了后者。

阿隆认为，按照历史的逻辑，第二次世界大战后应当相应地产生一部能与以往的政治巨著相媲美的划时代作品，起码也应像克劳塞威茨的《战争论》那样具有公认的实际影响效应，但历史却与我们开了一个玩笑，划时代的国际政治巨著千呼万唤不出来。虽然有关第二次世界大战的著作不计其数，但一般都是历史学家们的叙述和描绘，很少有理论上启世的透彻分析和开拓性的建树。这与同一时代哲学和文学的兴盛形成鲜明对照。阿隆把他对20世纪国际政治新结构的近千页深思熟虑命名为《国家间的和平与战争》，大概内心深处是有“不辱历史使命”的本意的。

在《国家间的和平与战争》一书中，阿隆从理论、社会学、历史学和运作学（Praxéologie）四大方面论述了两极和多极的国际关系、力量对比的各种要素、核武器的威慑战略以及超越实力政策的可能性；他还从和平与战争的交替、外交和战略的互补等角度分析了国家为了保护自身利益所使用的暴力和非暴力手段。在阿隆看来，第二次世界大战后国际局势的新特点是从多极的钳制和角逐走向以两极对垒为轴心的均势。

在战争问题上，阿隆秉承了克劳塞威茨政治是战争的继续的观点，但他不同意克劳塞威茨的绝对战争论，对战争期间的毁灭战与和平时期的消耗战作了新的解释，同时，阿隆也不同意“帝国主义的扩张必然导致战争”的革命学说，认为经济不再是战争的唯一重要因素。阿隆的理论立足点是核武器的出现引起了国际关系的质变，因为今天人类手中握有的核武器毁灭力远远超过自有人类以来所有人造毁灭力的总和，在这种情况下，两大实力集团会放弃以武力实现东风压倒西风或西风压倒东风的欲望，走向远距离的抗衡，即所谓“和平竞争”，这就是阿隆在1984年重申的“不战不和”公式。

美国的诺贝尔经济学奖得主西蒙曾在决策论领域提出著名的“有限理性论”，阿隆对此十分推崇，并把这一理论运用到国际政治领域，提出他那句关于人类历史的有名格言：“人类创造了自己的历史，但却并不理解他创造的这一历史。”他认为，20世纪在知识、技术和经济方面发生了一系列变革，这些历史的变革摧毁了人们的理想和预言，推动人类走向陌生的未来。从哲学上的历史相对主义到经济社会学中的非决定论，进而到国际政治学中的理性有限论，这就是阿隆走过的理论道路，也是其理论道路上的逻辑线索。

阿隆和萨特是同时代的理论巨人，两人的笔战几乎断绝他们在大学时的友谊，但萨特在世时的名声远远盖过阿隆，即便是在辞世之后，研究评论萨特的著作也争相问世，而跟随阿隆入土的是一片凄凉的寂静。对此阿隆生前已有解释：萨特“之所以比我更能代表时代，这首先是由于他的著作广泛涉及小说、戏剧、哲学、政治，远比我的作品丰富得多，其次是由于我所做的事情有一部分时过境迁会被人遗忘……但我从未以辩证的名义去为无法辩护的东西进行辩护。”阿隆一生涉足时政，记者和政治高参的工作常常使他“官味”太足而难以跨越时代。诚如法国一位著名战争史作家所说，如果阿隆愿意与现实拉开一定距离的话，他也许会成为我们时代的孟德斯鸠。

关于女性的观念变革 *

巴黎的天总是湛蓝湛蓝的，但1986年4月14日的巴黎却阴得让人发憷……萨特的终身伴侣西蒙娜·德·波伏瓦去世了，终年78岁，法国各大报都以头版通栏标题报道了这一消息。两天之后，当我出于尊敬（当然也有好奇）去参加波伏瓦的送葬仪式时，碰到了从四面八方赶来的人群，其中有法国当时的总理法比尤斯和法国社会党总书记若斯潘，还有专程从美国来为这位世界巾帼之魂送灵的女权运动领袖。根据波伏瓦的遗愿，她的遗体葬在蒙巴那斯公墓离大门不远的灰色墙根下，紧挨着萨特的墓，两人的墓碑上都没有任何头衔和颂词，朴素得像淡色的蔷薇和傲世的荆棘，这与周围那些高大气派、装饰豪华的墓碑形成鲜明的对照。

波伏瓦之死在全世界引起反响，就连昔日唇枪舌剑的对手也禁不住为人类智慧之树上又一朵精神花朵的凋谢唱一曲挽歌。法国总统密特朗向报界指出，波伏瓦是“法国和全世界最杰出的女作家之一”。多次担任法国总理的右派领袖希拉克认为，“波伏瓦的仙逝标志着一个时代的结束”。法共总书记马歇说：“波伏瓦远不同意共产党人的所有观点，她同我们的争论是毫不让步的，但我代表法国全体共产党人向她致意，因为她始终代表着我们社会

---

* 本文原刊于《读书》1988年第11期。

进步思想发展的一个重要时刻。”

波伏瓦和萨特的关系即使在西方也是奇特的：1929年在法国大、中学教师资格会考中，萨特获哲学会考第一名，波伏瓦获第二名，当时她年仅21岁，成为法国历史上通过这种会考的最年轻的女子，此后她和萨特定下有效期两年但可无限延期的“共同生活契约”。抽象的哲学王国似乎对女性特别苛刻，波伏瓦在哲学思辨上一直未能崭露头角，但她在文学这个感性的天堂里却是一名自由的天使。波伏瓦一生主要以小说和回忆录名传于世，1954年她以《名士风流》（*Les Mandarins*）一书获得龚古尔文学奖，声名大振。在理论方面，波伏瓦最有造诣的是她的代表作《第二性》（*Le Deuxième Sexe*），这本书在美国的影响超过在她的祖国法兰西的影响，被誉为“西方女性解放运动的《圣经》”。《第二性》自问世以来，褒贬不一，毁誉参半，但随着时间的流逝，这本书愈来愈显示出它丰富的内涵，当然，对于我们这样一个讲究朦胧含蓄的老大民族来说，也许还很难习惯这种人性解剖刀直露的锋利。

女性的“精神断奶”

“女子不是天生的，而是生成的。”这是《第二性》提出的一句脍炙人口且富有哲理的名言。其实西方目前妇女解放的状况并非一个传统的事实，“唯女子和小人难养”这种古训也并非只是我们东方圣人的独创。虽说我们从古希腊的雕塑和文艺复兴的油画中可以找到西方崇拜女性的历史文化积淀，从弗洛伊德的“恋母情结”理论中找到现代神话与古代神话的曲折姻缘，但在抽象的思想观念领域，直到19世纪末，西方女性从未能真正甩掉精神上的苦难十字架，那还是夏娃在伊甸乐园里偷吃禁果后犯下的“原罪”。

女子从“天生”到“生成”是一种跨世纪的变革，也被称为女性的“精神断奶”。在“断奶”之前，对女性的价值判断（不管是否定的还是肯定的）一直是来自男人的世界。古希腊先哲亚里士多德说：“女性之为女性是由于某种优良品质的缺乏。”在数学上先声夺人的毕达哥拉斯另有高论：“世上善的法则创造了秩序、光明和男子，而恶的法则创造了混乱、黑暗和女子。”罗马法在西方的法学史上可谓经典的金科玉律，但这本古典法律大全在限制女性权利时引用的理由却出奇的荒唐，认为“女子是愚蠢的，因为她们既没有判断力也没有常性”。18 世纪的启蒙时代在习惯上被称为“批判的岁月”，智士仁者们开始以一种新的观念评价他们周围的世界，诚如一位革命理论导师所说，一切都必须在理性的法庭面前为自己的存在辩护或放弃存在的权利。就在这场民主和人权平等的大雷雨中，女性作为人的价值首次得到洗礼，启蒙大师狄德罗说的“女人和男人一样属于共同的人类”这样一句平庸无味的话，在当时成了石破天惊的呐喊。但男子对女子传统的评判权并不是几声诅咒和国骂就能推倒的。就是那个为现代思潮鸣锣开道的怪杰尼采在 20 世纪还说什么到女人那儿去不要忘记带着鞭子。

西方工业革命的伟大成果之一是女性进入了社会和工厂，成为直接生产力的一部分，工业文明无坚不摧的经济冲击波改变了传统的价值判断标准。在以往以官本位为基石的社会，权力流通是社会轴承旋转的润滑油，攫取权力同时也就是攫取财富和社会地位。但在金钱本位的商品流通社会，一切都可以用经济的尺度来衡量，女性对同工同酬和直接参加社会财富分配的要求使她们在某种程度上改变了上帝的选择和自己的命运。“精神断奶”在西方原是用来形容知识分子群体改变自己对某一特定阶层依附的状况，女性的“精神断奶”则标志着这样一种历史性的转折：在此之前，女性是按照男性的标准来评判自己的价值，但在此以后，女性获得独立的群体意识，她开始自己判断自己的存在价值，自己去争取自己的社会地位。

其实波伏瓦所倡导的女性“精神断奶”不过是萨特自由选择理论的延伸。所谓“女子不是天生的，而是生成的”实际上是对萨特“存在先于本质”这个根本命题的一种佐证和诠释。萨特认为人的本质不是上帝或一种普遍抽象的人性理论可以规定的，人之初只是作为一种纯粹的主观性存在，他是绝对自由的，是靠自己的“选择”来决定自己的本质和命运的。这种理论实际上是大战劫难之后的一种愤世嫉俗之作，是被毁灭压抑的人性绝望的呼唤。这是一种介入哲学，与官场失意后便避世隐身、寒江独钓在情趣上是大相径庭的。

对弗洛伊德的反叛

在20世纪初崛起的弗洛伊德学说以潜意识的理论为揭示人类行为的奥秘找到了一条新的通道，打开了人类传统理性没有触及并且遗忘了的天地，在某种程度上拯救了濒临崩溃的古典心理学。反理性主义的精神分析思潮当时在西方左翼青年和批判意识甚笃的知识界备受青睐，时髦的意识流、荒诞派、超现实主义、未来艺术都在为这一思潮推波助澜。思想家在理论上的最大悲剧就在于把自己领域中获得证实的法则推而广之，誉为放之四海而皆准的真理。弗洛伊德也没跳出这一天数，他在完成修真炼性、安身立命的精神分析学说之后，就再也钻不出他那个“俄狄浦斯恋母情结”，后者成为他衡量一切的天平和施展宏图大略的开山斧，从这儿出发，他不仅要分析达·芬奇、莎士比亚、歌德等文学巨匠的“儿童性欲体验”，而且要找出战争、宗教和文化的深层起源。

波伏瓦无疑属于最早那一批从理论上反叛弗洛伊德的知识精英，这种反叛与存在主义的兴起完全是同步的。波伏瓦认为弗洛伊德虽然成功地描述了人性的本我、自我和超我三维结构，但他却荒谬地把这一理论推向所有领域，把情欲作为解释人类行为的唯一动因。弗洛伊德的另一理论错误是把人类和生存着的个人都视为已有定命，战争不过是人类“死亡本能”和“集体神经官能症”的宣泄，“俄狄浦斯情结”是产生一切“宗教、社会、道德、艺术的源泉”。与此相反，波伏瓦认为女性的真义就在于她是一个活的存在，生理上的差别和心理上的什么“情结”都无法规定她们生命的轨迹，她们是靠自己的价值选择来开拓自己的解放之路。

应当指出，具有强烈社会批判色彩的法兰克福学派思想家们在对待弗洛伊德的态度上与波伏瓦走的完全不是一条路。这些思想家在战时为躲避纳粹的迫害，大都去美国修炼过若干年，他们虽非弗洛伊德的真传弟子，却自恃有胆识把性欲学说推入社会改造领域，还别出心裁地要把弗洛伊德主义移植到马克思主义的土壤中，而波伏瓦则努力把二者严格分开。在这方面有代表性的是那个被誉为“新左派精神之父”和“学生运动先知”的马尔库塞，虽说目前在西方的书摊上，马尔库塞那些旋风式的社会批判著作已备受冷落，但在那个迫使戴高乐下台的法国1968年学生运动中，他是当之无愧的精神领袖，着实地风流了一阵。马尔库塞的社会反叛理论使那个时代富有献身精神的青年男女们如痴如狂，他们日夜都在编织爱欲与文明的双色梦，个个都把自己视为窃火于人类的普罗米修斯。

波伏瓦和马尔库塞都是60年代西方学生运动的崇拜偶像，但两人的结局却不尽相同。随着苏联赫鲁晓夫秘密报告的披露和索尔仁尼琴对古拉格群岛劳改营的描述，特别是布拉格事件发生之后，西方战后左翼知识分子在论坛上一花独香的时代过去了，“幻灭”和“彷徨”的协奏曲伴随着知识界一个个孤寂和苦闷的灵魂，马尔库塞似乎早已成为传说中的绿林侠客，远离动荡的社会现实，人们只是在后来西欧“后工业社会”理论的独特性中依稀看到法兰克福学派变异了的遗踪。但波伏瓦却始终声名不减，虽说她对男性世界的控诉在很多人看来未免感情用事，但她在人们心目中的形象却愈来愈亲切，生前她一直是世界公认的女权运动精神领袖。

自从人们发现了个体的胚胎生成与人类的整体进化有相似之处这个伟大真理之后，把个体和系统等同起来并互为参照随之变成一种习惯的思维推论方式，从而造成论证的简单化和恶性循环，弗洛伊德的悲剧也在于此，他总是试图以他所发现的个体意识结构和情感法则来解释人类的文化发展。西方19世纪是从复杂现象中抽象出简单规律的世纪，但到20世纪下半叶，知识的探索趋向正在从简单的普遍规律转向复杂的具体。

凯恩斯式的“革命”

波伏瓦逝世后，法国报界称波伏瓦是“时代的一个标志”，认为20世纪在影响普通人的日常生活方面，只有凯恩斯的作品可以与《第二性》相媲美，两者都不仅仅是提出了新的思想，而且为人们创造了新的生活方式。在理论上对一个学者这般评论对男子来说也是一种殊誉。我们知道，凯恩斯是英国经济大师马歇尔教授的得意高足，循着学术上近亲繁殖的传统法则，他也在剑桥这个古老学府拿起了教鞭，那可是个牛顿从苹果落地悟到万有引力定律的神奇地方，挟着先辈们在知识创造和思想更新上的余威，凯恩斯以《就业、利息和资本通论》震撼了世界，在1929年西方危机过后的那个大萧条时代，这个思想界的“第三梯队”横空出世，一反过去倡导经济平衡与自我调节机制的古典经济学抑制通货膨胀的传统做法，积极主张以政府干涉来保证充分就业，从而使日薄西山的那条百尺长虫重新看到经济重振的曙光。尽管凯恩斯的理论在西方通货膨胀和失业齐头并进的现实面前已有背时之感，但他却在经济领域创造了整整一代人的生活方式。借用一下在中国很走红的美国心理学家马斯洛的五层次需求理论，如果说凯恩斯是在社会需求这个层次改变了人们的生活方式，那么波伏瓦则是在更基础的生理需求这个层次变革了一个时代。君不见西方对避孕药和女子堕胎自由权的承认曾经历过怎样的变革“阵痛”，至今在有些文明国度仍余痛未消。

欧洲虽有14世纪肇始的文艺复兴和18世纪的启蒙运动这两次对传统社会深层价值观念的强烈震撼，但直到20世纪60年代兴起的女性解放运动之前，作为西方伦理观念支柱的基督教文化仍是维系两性关系和家庭组织的主要凝合剂。尽管宗教已被相继从科学、政治、哲学、艺术等领域驱逐出去，但家庭伦理仍是宗教固守的最后堡垒。在弥尔顿的《失乐园》中，夏娃曾对亚当说："上帝是你的法则，而你是我的法则。"这句话就是了解西方60年代以前两性关系的钥匙。两性在经济上的平等和在观念上的平等并不是等同的，由于传统的惯性，在某些时候可以起先导作用的思想在另外的时候却可能迟滞半个世纪。现在已有隔世之感的两性差别观在当时代表了十分普遍的心理：文化智慧是男性的天地，女性只有自然本能，男性是理论抽象思维的巨人，是力量、创造和权力的象征，而女性只是情感的尤物，只能囿于感受和想象，头发长见识短。总之，就像古代要引用一条垂直线来证明一条斜线一样，男性的高贵所证明的就是女性的低贱。

波伏瓦的《第二性》出版后一版再版，被翻译成十几种文字，至今仍摆在巴黎各书店畅销书普及本的柜台上，但该书在1949年问世时却是一个耸人听闻的事件，在舆论界引起轰动。有史以来，还没有哪个作者，以如此入木三分的犀利笔触，把神秘的女性剖析得像冰块一样透明。波伏瓦的理论分析大体可以分为三个层次：第一个层次是生理、病理层次，当然也凝聚了不少皮亚杰关于儿童认知的研究成果；第二个层次是心理、精神层次，阐述了存在主义与弗洛伊德主义在人性问题上的区别；第三个层次是经济、社会层次，波伏瓦在这儿提出了她自己的"历史唯物主义"。波伏瓦的基本命题就是：决定女性在社会中地位的，不是任何生理上、心理上或经济上的因素，而是人类文化之整体，正是后者造成了男性与无性之间的"女性"，一个人才会被注定为"第二性"或"另一性"。

在以往关于妇女社会地位的理论中，经济决定论是最为深刻的，即认为妇女的最终解放取决于女子在经济上的独立。但波伏瓦认为，女性的被压抑和轻视并非一个纯经济的事实，即便女子在经济上获得了解放，她的行为仍受到社会传统观念那个潜网的种种束缚，她也不是自由的。因为在人们心灵的墓碑上，已经深深刻下千古形成的信条：男子的使命是修身养性齐家治国，而女子的命运是生儿育女树德殉道。所以，要完全改变女性的非自由状态，就必须改变造就了目前男女差异的整个文化，这涉及生理、心理和社会各个层次的价值观念。

西方在哲学本体论上曾分成对立的两大派：一派言“超越”（transcendence），认为本体是超越现象和经验的，处在感觉无法企及的彼岸；另一派言“内在”（immanence），主张本体即在我心，世界的真义就在人们的经验感觉之中。波伏瓦十分巧妙地把这种分野运用到对人性的分析上，认为每个生存着的个人都包括“超越性”和“内在性”两个方面：在争取事业成功的坎坷路途上，人们需要超越家庭的利益和樊篱，把感觉向未来和宇宙伸展，但为了在疲于奔命时找到自我肯定，人们又是内在的，需要家庭这个避风港，以便停泊在社会风浪中波动起伏的生命之舟。但传统的文化将人性这两种特征人为地割裂开来，把“超越”只赋予男性，使他们日夜惦念着“天将降大任于斯人也”，女子只能是“内在”的，永远走不出累累“情结”构成的怪圈，稍不循规蹈矩便会有“红杏出墙”之嫌。

20世纪是观念变革迭起的时代，想以一句口号、一个理论就推倒一种传统或实现一个“断裂”的大有人在。但像波伏瓦这样，能够成为解放运动的一面旗帜，改变整整一代青年男女的生活方式，这在风尚和时髦经常变幻的西方也是少有的。

未来并非总是美好*

1988 年美国传出白宫秘闻，第一夫人南茜信奉占星卜卦，与苏联头号人物戈尔巴乔夫的哲学博士夫人争风斗艳时常用星相术对付辩证法，一时间记者们推波助澜，谓里根在签署中导条约之前也曾向星相学家求命问天，致使世界舆论大哗。尽管白宫一再出面辟谣，但深宫之事真真假假、扑朔迷离，鬼才知道。不过美国人对未来的钟情和向往是世人皆知的，未来学在美国也备受青睐，这大概是由于一个新生的民族没有千年的祖宗功德和出土文物可供炫耀，他们所有的希望和期冀都系之于未来和背水一战。

实际上，未来学是一门从社会学、政治学、宏观经济学、哲学和人类文化学中发展起来的边缘学科。1943 年，在美国执教的联邦德国政治学家弗莱希特海姆（Ossip Flechtheim）首次提出"未来学"的概念，20 世纪 60 年代中期，美国经济学家贝尔提出"后工业社会"理论，紧接着具有未来学研究中心地位的美国哈德森研究院院长卡恩（Herman Kahn）的《2000 年》（*The Year 2000*）一书问世，从而为未来学的建立奠定了基础。70 年代，美国社会预言大师托夫勒发表《未来的冲击》，罗马俱乐部推出《增长的极限》（*The Limits to Growth*），卡恩又写了《即将到来的事

---

* 本文原刊于《读书》1988 年第 12 期。

物》(*Things to Come*)，使未来学名声大噪。进入 80 年代后，托夫勒的《第三次浪潮》和奈斯比特（John Naisbitt）的《大趋势》（*Megatrends*）更是轰动一时，自此，未来学作为一个独立的研究分支成了和美国的名字相连的宠儿，美国被公认为是未来学人才荟萃的中心。最近两年，美国这块风水宝地又猛不丁地钻出一个印度血统的著名经济学家莱维·巴特拉（Ravi Batra），他的《1990 年大萧条》(*The Great Depression of 1990*) 以预告世界末日的语言刺激了世界读者的胃口，被美国《纽约时报》列入 1987 年 15 本非小说类畅销书。中国现在的翻译大军在译书的数量和速度上都有惊人的提高，这本书已由中国国际信托投资公司国际研究所译成中文，该公司第一副董事长唐克先生还亲自为译本作序，足见这本书在中国企业家心中的分量。

大萧条的阴影

《第三次浪潮》当年在中国发行 50 多万册，引起初敞门户的中国人一阵青春期骚动，这次的《1990 年大萧条》看来不会有这种"轰动效应"，因为这两本书有本质的不同，前者属于未来学中的"乐天派"，后者则是"悲天派"。在温饱线上做着各种色彩变迁发迹梦的人们是宁可保持对未来"大好形势"的"乐观情绪"，也不愿体味一下自讨苦吃的"忧患心理"。

作为一位寻求对通货膨胀和经济萧条作正确阐释的周期学派分析家，巴特拉的预言让人噩梦迭生。1929 年的那场动摇西方文明根基的大萧条至今令老一辈创业人嫉恨新一代娃娃们过得太滋润，不知血本赔尽是啥滋味，那时的股票、物价、利息率、工资像洪水破堤一样跌宕而下，人们长期垒筑起的心理支柱在一夜之间崩溃了，大规模的贫困在瞬间把人类推到地狱的边缘。根据巴特拉的预言，这一惨景将在 1990 年卷土重来，而且要持续 6 年之久，这真有点像现代超现实主义艺术奇才达利（S. Dali）的静态时空荒漠画面一样让人心灵震颤。

早在 1978 年末，巴特拉就曾作出五项耸人听闻的预言：1. 伊朗国王将在 1979 年被一次革命推翻，宗教精神领袖霍梅尼将出山掌玺；2. 在 1980 至 1981 年间，伊朗和伊拉克将爆发一场至少持续七年的血战；3. 在 1986 至 1987 年间，欧洲将会经历一次严重经济衰退；4. 在 1989 至 1990 年间，美国将发生大萧条，进而转变成世界经济的空前劫难；5. 在 90 年代的世纪转折点上，资本主义和共产主义制度都会发生根本变迁，随之而来的是全球性黄金时代。现在前两项预言都奇迹般应验了，第三项似乎已成为天方夜谭，剩下的就是我们要面对的大萧条和还在云朵中的黄金时代。

巴特拉在论证他的预言时首先采用印度著名博学人物萨尔卡在《人类社会》一书中阐述的社会周期规律理论，把社会发展的长周期像切萝卜条那样分成劳力者、尚武者、智者和聚财者四个时代，认为西方文明到商人以金钱为支点旋转乾坤的 14 世纪中叶已完成一个长周期的变迁，现在又发展到“聚财者兼劳力者”这样一个时代转折点上，巨额财政和贸易赤字、家庭解体、离婚率上升、吸毒、酗酒都是这一时代的典型特征。以这种历史周期理论为基础，巴特拉分别对美国的货币、通货膨胀和政府管制的长周期波动轨迹进行跟踪研究，得出他“1990 年大萧条”的惊世箴言。

巴特拉是个信奉传统历史决定论的经济学家，如果说他在经济分析上颇多令人三思的真知灼见，那他在历史哲学上还没上完幼儿园。他认为美国经济每10年至少有一次衰退，每30年或60年有一次大萧条，萧条蓄之愈久，爆之愈烈。上一次大萧条是在30年代，到90年代隐患已积累了60年，并且爆发是不可避免的。这种西游记中历尽九九八十一难方能取得真经、终成善果的天数论已被20世纪初历史哲学的脱俗和尚们不知诵念了多少遍。然巴特拉关于财富集中和巨额预算赤字是美国经济大萧条的参数的看法的确让人受益匪浅。美国20年代财政政策的巨大失误就是让将近1%的家庭掌握了国民财富的1/3。根据巴特拉的同构分析，80年代美国经济的各种参数与20年代有惊人的相似之处，这就难免人们不昼夜做噩梦了，而凯恩斯经济学、货币主义或里根供应学派都有可能随这噩梦一起破碎。1987年10月19日全球股价狂跌的"黑色星期一"还让人记忆犹新，那场泪洒血染华尔街的大风暴把伦敦、巴黎、法兰克福、东京、香港等世界金融中心吹得像推倒的多米诺骨牌，让多少金融豪客捶胸顿足，呼天号地，痛不欲生。这难道就是1990年大萧条的前奏?

未来学家一条秘而不宣的铁诫就是话不能往绝处说，深悟此道的巴特拉宏论天下之后也抛出一副起死回生的治世药方，告诉人们可能的应急措施和创造新社会的改革途径，但这只是为日后的解说留下的活路。

忧患意识

忧患意识和批判精神是知识分子主体人格的两大固有特性，前者的病态发展会演变成隐身避世乃至断尘出家，后者弄不好就成了发高级牢骚和骂娘。

未来学家们的忧患意识很大程度上来自对社会发展失衡性指数增长的清醒认识。根据一个古老的波斯传说，一个国王和朝臣对弈败北，许下可以满足任何要求的诺言，然这位聪明的朝臣要求的却是收取在棋盘 64 个方格中按指数放上的米粒，即第 1 个方格放 1 粒，第 2 格 2 粒，第 3 格 4 粒，如此类推下去，国王连想也未想就首肯了，结果到第 40 格时已达 1 万亿粒米，倾国王全部库存也无法偿清。这就是未来学国际研究机构——罗马俱乐部在《增长的极限》一书中描绘的指数增长，这份由马萨诸塞理工学院米都斯（Dennis L. Meadows）教授领导的 17 人研究小组在 1972 年公布的报告考察了限制社会增长的五个基本因素：人口、粮食生产、工业化、自然资源和污染，并以马尔萨斯式的语言道出人类所面临的从化肥施用到城市扩大都在按指数增长的困境。

又过了近 10 年，美国善有惊人之笔的著作家里夫金（J. Rifkin）和霍华德（T. Haward）合写了《熵：一种新的世界观》（*Entropy: A New World View*），用几乎同样的语言描写了可怖的指数增长：

“人类人口达到 10 亿花了 200 万年，但增加第 2 个 10 亿只用了 100 年，第 3 个 10 亿只花了从 1930 年到 1960 年这 30 年，增长第 4 个 10 亿只用了 15 年，1975 年世界人口达到 40 亿。按目前 1.7% 的人口平均增长率，到 2015 年人类总人数将达到 80 亿，2055 年将高达 160 亿。”

中国传说中的愚公是很懂这个指数增长秘诀的，所以会有子孙延绵不绝，千秋万代搬山的妙语，只是他完全没有考虑子孙的口粮和生活水准问题，因而也不会有“忧患意识”。

里夫金倡导的熵的新型世界观与诺贝尔化学奖得主普里高津的不可逆转时间观有明显的吻合痕迹，只是后者的“耗散结构理论”在茫茫黑夜中划了一道闪电，而前者的封闭式内耗结构理论在忧患的心头又布下层层愁云。里夫金把时间观念由循环往复到直线性流逝的变化用于解释历史观的变迁，认为决定哲学、政治、经济、教育、宗教未来发展的是熵的定律，即热力学第二定律，这与统治过一个时代的牛顿－笛卡尔世界观是根本不同的。古希腊神话曾把历史分为黄金时代、白银时代、青铜时代、英雄时代和铁器时代五个阶段，从鸿蒙初辟的莺歌燕舞到铁器时代的尔虞我诈，历史在不断衰亡，这都是由于潘多拉打开了罪恶之盒，直到宇宙达到极度混乱，上帝他老人家实在看不下去，才出面指点迷津，于是一切重新开始，历史就是这样从无序到有序周而复始、循环不止。基督教摈弃了古希腊的循环观，把历史看成一个线性衰亡过程，从创世、原罪到赎罪和最后审判，人类永远不会改变这先天注定的堕落命运。“进步”这个目前人人都在以此自诩的概念是 18 世纪中叶才产生的，1750 年法国经济学家和政界人物杜尔哥（Anne-Robert-Jacques Turgot）在一篇论文中对柏拉图、亚里士多德、圣保罗和圣奥古斯丁等列祖列宗提出公开责难，首次把历史看成直线发展的累进过程，历史“进步”的观念从此成为资本主义在弱肉强食中高歌猛进的重要心理平衡砝码。但让人忧虑的是，以非再生资源为代价的工业时代在时间上还不足人类历史的 0.2%，然而 80% 的人口增长却发生在这个时期。熵的悲壮定律最终改变了人们对世界的观察角度，从钻木取火到煤、石油、核能和太阳能，这不再只是代表着人类进步的上升曲线，同时也是人类走向耗尽能源的衰落曲线。熵的定律是让人沮丧了，但科学新观念并非总是让人欢欣鼓舞，也有忧患和“乍暖还寒，最难将息”的时候。

事实上，从斯宾格勒的《西方的没落》到保罗·肯尼迪（Paul Kennedy）的《大国的兴衰》（*The Rise and Fall of the Great Powers*），都反映了一种浓重的民族忧患意识，这种意识客观上强化了时代变革精神和超越经验的心理。

欧洲人的傲慢

初到巴黎第一大学（索邦—先贤祠大学）叩响深院大门时，我就感到一种历史的沉重。它的前身是13世纪中叶创立的索邦神学院，是欧洲最早的几所大学之一，创立之初曾成为一人之下、万灵之上的宗教法庭，长期充当正统保守势力的堡垒，16世纪曾斥新派耶稣会为异端，17世纪打击过詹森教派，18世纪又常与启蒙大师们过不去。虽说现在校院里矗立的雕像多是开辟理性时代的伟人，以往的经院迂腐习气也被拉丁区的摩登春风吹得荡然无存，但那种欧洲人的傲慢劲却时常从教授们的言谈中流露出来：美国有什么思维创造？未来学？那不过是可口可乐加口香糖！

说句良心话，未来学的许多先驱思想是在欧洲萌生的，这并非吃了几年法式面包就也神气起来，而是欧洲未来学的发展的确有它自己的道路。早在20世纪30年代末期，法兰克福学派的代表人物之一瓦尔特·本雅明（Walter Benjamin）就在一本题为《机械复制时代的艺术作品》（*Das Kunstwerk im Zeitalter seiner technischen Reproduzierbarkeit*）的书中提出一个本质性的命题，即科学技术的发展将会从根本上改变人们传统的价值观念和心理状态，使社会从一元向多元转化。1954 年，柏林大学教授罗伯特·容克（Robert Jungk）出版了《未来已经开始》（*Tomorrow is already here*）一书，在刚刚治愈大战创伤、期求繁荣安定的欧洲知识界引起震动。1973 年，容克在《人是关键》一书中进一步完善了他的未来学理论，认为新的科学技术已经进入一个批判时期，在 2000 年以前，危机有可能变得异常尖锐。他运用大量事实来论证一个新的历史时期已经开始，这表现在多数人还未意识到的，但就在我们周围的新价值观念、新处世态度、新人群团体和新社会结构上。因此，只有适应未来变化、运用崭新思维方式的“人”才能转变走向灾难的进程，才能改变把人异化为产品的社会。从血脉上说，容克的思想是德国社会批判理论的继续，不过他的丰富想象力使他斗胆直闯未来学龙门。

在法国，未来学的发展带有更加思辨的性质。1964 年出版的法国哲学家加斯东·贝尔热（Gaston Berger）的《时间现象学和社会展望学》（*Phénoménologie du temps et prospective*）一书提出“社会展望学理论”。从此，社会展望学（Prospective）成了法国未来学的代名词，而提到美国未来学则用 futurologie 一词，以示发明权上的区别。贝尔热通过对时间进行现象学的考察来论证社会展望的可能性，指出社会展望学不是依赖某些本质性的抽象规律，而是依赖于现象的具体预测。他从理论上阐明所谓“人本身会变成机器”是一个虚假的命题，对未来持乐观态度。法国在未来学研究上比较有成效的是巴黎“应用社会展望学研究所”的主任安德烈—克莱芒·德库夫莱（André-Clément Decouflé），他从 1970 年起不断抛出压阵著作，1980 年出了《2000 年的法国》（*La France en lan 2000*）一书，直露盖世锋芒。他认为社会预测可追溯到古代的占卜算命，但从本质上讲，乌托邦和科幻小说都是把未来当作想象的对象，而未来学或社会展望学则是把未来当作行动的对象。他甚至在未来学和社会展望学之间作出微妙的区别，认为未来学运用的方法是“预言”，而社会展望学运用的方法是“推测”。针对美国卡恩领导的哈德森学院以前公布的一百项到20世纪末可能完成的重大技术革新，他介绍了法国《未来的身影》一书中所列的从1800年直到2100年的重大技术发明，遍及交通运输、信息通讯、材料制造、生物化学、物理五大领域。目前，法国政府把“信息启蒙教育”和“高速普及信息知识”作为一项重要施政国策，这使未来学在法国成为新的研究热门。

在欧洲知识界引起最大争议的未来学家还是英国剑桥大学出身的加拿大人马歇尔·麦克卢汉教授（Marshall McLuhan，由于他的理论特色完全是欧洲型的，我们暂且把他算作欧洲未来学的代表），他也被视为传播学的重要创始人。1964年，他的代表作《古登堡星系：印刷人的产生》（*The Gutenberg Galaxy: The Making of Typographic Man*）问世，在整个西方知识界掀起轩然大波，赞赏、质疑、反对的声音汇成一片，不几年，研究麦克卢汉的书蜂拥而至。麦克卢汉认为文艺复兴时期是从手抄字母文化向机械再生文化转变的时期，而我们现在生活在一个新的历史转折点上，即从书写印刷视觉文化向电子信息同时性、口语性文化过渡的时期。他还认为由于印刷技术使我们过分依赖于视觉而造成一个左脑支配的社会，这个社会产生了工业化、军国主义、华尔兹舞、下意识、三维世界、电影、侦探小说、马基雅维利主义、精神分裂症……现在新的信息时代到来了，它又会给我们带来什么出乎意料的东西呢？麦克卢汉还认为，中国的印刷技术知识所以没有带来历史性的转变，是因为中国的印刷没有实现商品性的再生，而成了新的祈祷注经工具。后来麦克卢汉把主要精力用在研究传播媒介上（包括话语、货币、文字、时装、电视、电子信息），认为新媒介组成的新环境会改变我们的艺术、宗教、哲学和政治经济结构。我们平常视作“形式”的那些东西其实本身就是内容。新环境是个“潜意识的汪洋大海”，人们像鱼儿一样，不知道自己是水中君子。

从特点上说，美国的未来学运用的是实证方法，力求掌握尽可能多的资料来做战略分析，而欧洲未来学则仍具有传统的思辨性质，注重理论创造上的深度。美国的未来学主要依附于经济学和社会学的研究，而欧洲的未来学则更侧重于整体文化的探索。当然，这种区别并非绝对的。在欧洲知识界当中，不少人认为美国贫乏的历史使他们缺少智慧驰骋的疆域，但这种傲慢已逐渐被信息社会的迫近打破，欧洲人已开始认真地考虑，过于沉重的历史是否会削弱对未来的追求欲望，而且欧洲各国政府也都期望“信息革命”能像当年的“绿色革命”改造农业结构那样改造工业结构，从而走出通货膨胀和失业的危机，这些都是未来学和长期战略研究走红的原因。

从哲学的角度说，未来学的产生也有它的必然性。在人们目前的知识结构中，主要的认识对象是现在和过去，主要的认识方法是经验的和逻辑的，随着科学的进展，人们的认识必然向未来伸展，未来学的产生就标志着人们从反思的时代走向想象的时代。

共和国真义考*

1989年乃法国大革命200周年。200年在中国历史老人的记忆中也就是打个盹儿的工夫，但它却几乎相当于美国的全部历史。哲学思辨不及德国、经济创议不及英国的法国学者们一向为他们在政治艺术上的超凡才能和风流倜傥感到自豪。近两年，法国人已经在沸沸扬扬地筹备纪念自己的也是人类的那个伟大日子了，伴随而来的是对西方政制的全面思考，“共和国”这个古老而又富有生气的名字重又回到话题上来，著书撰文评头论足、深研细究者不乏其人，连巴黎拉丁区的时髦学生在谈情说爱之后也会偶尔激动地喊一声“共和国万岁”。让—路易·凯尔莫纳（J.-L. Quermonne）在1986年问世的《西方诸政治制度》（*Régimes politiques occidentaux*）一书充满对共和国前景的揣度，可说是生得逢时、来得走俏。凯尔莫纳是法国现代政治家的摇篮——巴黎政治学院的教授，他同时还担任法国政治基金会的研究指导主任，长期主持讲授西方政体结构和发展变迁史，是颇接近权力阶层的一位政治智囊，也是研究法兰西第五共和国的专家，著有《第五共和国的行政组织和政治体制》（*Administration et politique sous la Cinquième République*）、《第五共和国的高级公职》（*Le gouvernement de la*

---

* 本文原刊于《读书》1989年第1期。

France sous la Ve République）等书。

目前西方创立的民主政体已波及世界上约十分之一的国家，凯尔莫纳在他1986年的新作中除对这一制度进行了全面总结概括外，还试图回答今后几年在政治体制方面可能提出的问题，因而受到西方政界和学术界的关注。

政治学的传奇身世

大概是由于从政的仕途官运与身世门第大有关系，政治学界也受此影响特别关心自己祖宗的野史，关于政治学起源的争论至今未休。根据一种最新的观点，政治学作为一门学科并不是由柏拉图、亚里士多德和霍布斯这些带有神圣光环的政治哲学大师创立的（这些闲云野鹤式的人物哪里会懂现代法、术、势的真谛！），严格地讲，政治学是20世纪重大社会科学的最后一位产儿，至少应比社会学更年轻一些。但这种说法似乎过于苛刻，因为早在18世纪那个轰轰烈烈的启蒙时代，思想家们就已经提供了关于国家起源、人权平等和政府职能等方面的专著。按照更为公允但亦颇有争议的看法，西方近代政治学的创始人应是意大利16世纪的政治家马基雅维利。这位传奇怪杰出生在文艺复兴运动的发祥地佛罗伦萨，曾是佛罗伦萨共和国负责外交和国防的高官，经常衔命出入意大利和外国的宫廷，是位深谙政治权术的人物。他那本惊世骇俗的《君王论》堪为千古绝唱，被称为400年来形成欧洲人现代思想的十大杰作之一，近几年在西方又成为研究的一大热门，但历史上对他的叫骂声也从未绝耳，他倡导的“像狮子一样凶狠，像狐狸一样狡猾”的统治之术至今令政治圈外的人感到恐惧。

一种传统的评判认为，《君王论》属于过去残暴和背叛都是司空见惯的合理手段的时代，这些手段在今天是会断送一个政治家的命运的。但《君王论》的独特地位在于，它是从一个全新的出发点来讨论政治的。在此之前，政治只是哲学盛宴上的一碟小菜，所有那些被称为“政治理论”的玩意儿几乎都是对神启抽象原则的诠释和注解，充其量也不过是维护道德信条的实用说教。《君王论》撕掉了神启原则的虚伪面纱，第一次把政治的血肉和筋骨剖析给人们看，开经验和实证思想之先河，而这一思想作为科学立论的方法问世，还经历了一个世纪的反刍和咀嚼。人们那时才真正体味到马基雅维利那句名言的伟大意义：“我所遵循的是事物的实际真谛，而不是人们对事物的想象。”实际上，只有一个从想象的酣梦中惊醒的民族才能深切领悟到那过去了的一觉睡得是何等昏沉！《君王论》是马基雅维利潦倒后的闲暇之作，要不是教皇的神圣联盟军队把他打入冷狱，他或许还写不出这种点破红尘的旷古之作，近代政治学也要因此往后推迟若干岁月。

关于严格意义上的政治学肇始于20世纪初的看法也并非没有道理。19世纪末叶，人们还普遍认为，政治学只是哲学、历史学、经济学、社会学、法学、人类学等学科的一门交叉学问。实际上，即便是被称为西方当代政治学的那些思想宗师们，如贝勒托、韦伯、詹姆士、托克维尔、杜尔凯姆（又译涂尔干，像个蒙古骁将的尊号），也都不是首先属于政治学的领域。政治学的对象、方法和内容也都没有严格公认的界定。直到1948年，联合国教科文组织在巴黎召开政治学专家国际群英会，各路豪杰几经斡旋，在餐桌上喝着香槟酒把政治学的地盘大卸八块，从而确立了政治学这个术语的现代内涵，政治学从此分成四大领域：一、政治理论研究，包括政治思想史；二、政治机构研究，包括政体、行政组织和各级政府，目前被单独称为"行政学"；三、政党、社团和公众舆论研究，这个分支现在叫做"政治社会学"；四、国际关系研究，主要内容是国家的外交政策、国际政治及国际组织，当然还涉及国际法的问题。第二次世界大战后政治学领域这个四分天下的会议意义着实不小，一方面它使政治学在西方大学和研究机构中成为一个单独学科，另一方面它也避免了政治学四分五裂的局面，否则随后兴起的行政学很可能远嫁他乡，超出政治学另立门户。

共和国的不凡来历

Republic 这个词在西方文字中有两层含义，一是泛指国家，如柏拉图的《理想国》一书的名字用的就是这个词，另一层含义是指基于公民选举建立的政体，就是我们现在通常所说的共和国。

共和国作为一种政体概念起源于对政体的分类。柏拉图这位西方的孔夫子大概是第一个描绘出政体堕落曲线的人，他认为在现实中政体按君主制、寡头制、民主制、僭主制的顺序依次恶化，处于曲线最高峰的"理想国"就是君臣严明、各司其职的君主制，还说"理想国"的最高统治者应是"哲学王"，这有点像中国旧时的知识分子怀才不遇后发几句前无古人后无来者的高级牢骚。沿柏拉图他老人家的探索路径，后生小子亚里士多德在他的《政治学》一书中也按高低优劣的次序把政体分为六种：君主制、贵族制、共和制、民主制、寡头制、僭主制。根据统治者人数多寡这个简单标准，亚氏又把六种政制分为三种类型：君主制和僭主制是由一人独裁，贵族制和寡头制是少数人掌玺，共和制和民主制是多数人统治。这是最早的政治体系类型学。尽管亚氏所说的多数人是不包括与牛马同类的奴隶的，但他首次提出，共和制应在宪法上规定：破除终身制，让公民轮流执政，国家大事和审判的议决都应对民众公开。而此时在中国政坛乃至此后几千年，人们对“宪法”、“共和”、“民主”这些概念还是非常陌生的。

记得刚去法国的时候曾去参观波尔多郊外的孟德斯鸠男爵城堡。城堡四周环水，形式别具一格，五个古朴的尖顶直刺青天，大概也属于哥特式的建筑，城堡内有一个很大的家庭图书馆，一本本18世纪发黄了的精装书塞满四周的壁橱，中间玻璃柜内陈列的就是那本被誉为“理性和自由法典”的原版书——《论法的精神》(又译《法意》)。这位法学界常常提到的老祖宗其实也没跳出共和政体、君主政体和专制政体的三维结构，只不过他颠倒了柏拉图的政体堕落曲线。孟氏激烈抨击“朕即法律”的专制政体，倡导权力制衡，在《罗马盛衰原因论》(*Considerations sur les causes de la grandeur des Romains et de leur decadence*)中热情讴歌过共和国，但在英国“光荣革命”光荣了那么一阵之后，他就转而哼起君主立宪的小调。美国的某些山姆大叔们曾否认美国《独立宣言》是欧洲启蒙思想的直接产物，认为倒是法国的《人权宣言》是以美国的《人权法案》尤其是1776年弗吉尼亚州的《权利宣言》为蓝本，这桩官司至今还未了清。然而不可否认的是，孟氏的三权分立学说和宪法至上的思想启迪了设计新世纪的规划大师们。

在今天法兰西自由、平等、博爱这面蓝、白、红三色旗上，大概更多地织进了卢梭的热情和才思，但这位大才子在《忏悔录》中却患上知识精英的伤感忧郁职业病，在“世人皆醉我独醒”的怨天怆地中寻找一丝心灵安慰。真正在傲慢的欧洲人头上浇了一瓢凉水的是托克维尔的《论美国的民主》，欧洲人一下子发现，从文明圣地跨洋渡海去蛮荒大陆碰运气的三教九流们竟在大洋彼岸构筑起一个新世界，他们不仅在政体组织形式上创造了一些令欧洲人惊讶不已的东西，而且在国号上变革祖制，跳出欧洲政治学的传统理论概念，起名“合众国”。美国腰缠万贯的现代牛仔大概很忌讳提及祖辈与欧洲的那些瓜葛，他们津津乐道的是自己的“创业精神”。但试问美国共和党和民主党的领袖们，有哪个会忘记历史上民主共和与君主立宪的那场人角斗？

普遍的“公民意识”

今天世界上称作“共和国”的国家已遍及五大洲，“联邦共和国”、“民主共和国”、“人民共和国”、“联合共和国”，花样翻新，名目繁多。“共和国”像是一个叫响了的商标，不仅超越了国体的差别，有时甚至超越了政体的差别。仅就西方“共和国”的内涵来讲，发展到今天已可被笼统地称为“西方民主政体”，主要分为总统制和议会制两大类。尽管各国在宪法的规定上有或多或少的差异，但基本的原则是相同的：权力分离原则、两党或多党制原则，多数派执政和尊重少数派原则、直接和间接选举原则以及非中心化原则等等，这是西方乳臭未干的中学生在咖啡馆里都能谈上十条八条的。凯尔莫纳《西方诸政治制度》一书的可取之处是它凝聚了西方政治学界在阐释这些原则方面的最新成果，而且凯尔莫纳提出了一个久为人们忽略了的中心问题，即共和国民主政体的所有根本原则都是建立在普遍的“公民意识”上的。

1789年法国《人权宣言》的全称是《人权和公民权宣言》。人权和公民权是两个概念，人权是每个人都享有的，而公民权只属于共和国的公民。人权是“自然的、不可剥夺的神圣权利”，主要指自由、安全和享有财产的权利以及法律面前的平等权，而公民权则是指公民参与政府事务的权利。所谓“公民意识”包括政府对公民权利的尊重和公民对自身参政权利的自觉这两个层次。

在第一个层次我们触及政治学中著名的“合法性原则”问题。根据法国政治学巨头之一迪韦尔热（M. Duverger）的定义，合法性原则有两重意思：一是指一个国家的政府必须遵循与本国体制相应的价值观念；二是指一切政权都必须服从它的人民的普遍意愿。政府不仅不是基于血缘宗法关系获得权威的“父母官”，而且要像“独生子女”一样向公民证明自己出生的合法性。现代政治学的开山鼻祖之一韦伯曾提出三种合法权威的理想形态：一、传统合法权威，政权的合法性来自“对古老传统神圣性的既定信念”，根植于人们习惯遵守的一些永恒价值准则，如世袭君主制就是以此获得合法性的；二、超凡合法权威，政府的合法性只是由于臣民对某个人所代表的事业的忠诚，由于这个人所具有的超凡气质、盖世雄才或首脑人物独具的秉性而对他产生的崇拜和信仰，那些拯斯民于水火的国父式人物多半属于这一类；三、理性合法权威，在此情况下，政府的合法性不再求助于传统信念或超凡人物的作用，而是靠恪守融入政体骨髓的理性原则，目前处于理性原则之冠的就是民主原则，政权的所有行为都必须符合宪法、法律和民意，只有这样才具有合法性。早在英国 1215 年的《大宪章》和美国 1776 年的《独立宣言》以及法国 1789 年的《人权宣言》中，民主就被作为摆脱王权的中心理性原则明确或含蓄地规定下来，如今在共和国旗帜下制定的国家宪法都在总纲中铭刻下这一原则，而且很多国家在宪法或基本法的总纲中都严正注明不准修改宪法总纲的条款，如法国规定“政府的共和国形式不能作为修改案的对象”，联邦德国规定宪法的前20条禁止修改。因此，“公民意识”首先意味着政府要立足公民权利的舞台来导演自己威武雄壮的一幕。

“公民意识”的第二层含义是公民在参政上的自觉，换句话说，老百姓应懂得自己法度无边的招数和兴国安邦的绝技，至少对以下五点应像佛祖对真经一样熟悉：一、通过自由普选来选择政府，投票自由保密，候选人公平竞争，选举过程透明公开；二、政府由总统大选或议会选举中产生的多数派组成，政府以此获得它的现实合法性；三、必须尊重少数派（反对派），反对派有自由批评政府和在下一届选举中东山再起、入阁掌玺的权利；四、政府和公民都必须遵守宪法，应有一个独立的法律机构监督和检查政府的行为是否违宪；五、公民的基本权利应得到切实保障，政府和任何个人都不得侵犯宪法规定的公民权利。最后一条乃五岳之尊，少了这一条就没了灵性。

当一个国家的民众还未获得普遍的“公民意识”，甚至对“公民”这个概念还十分模糊的时候，是很难侈谈什么“共和国”的。

“大同”与“共和”

中国人把“共和”当作一种政体来探究大概起始于因《戊戌奏稿》大成气候的康有为，这老先生耗尽青春年华精读四库全书后，终于看到了严复翻译的孟德斯鸠的《法意》和斯宾塞的《群学肄言》(《社会学研究》)，“乃知西人治国有法度”。而中法战争中清王朝的一败涂地使他顿悟祖宗之法的“微言大义”，于是毅然舍弃考据帖括之学，风风火火地搞起托古改制、变法维新。

康有为的“公羊三世说”可说是中国最早的政体类型学。“据乱世”（君主制）、“升平世”（君主立宪）、“太平世”（民主共和）虽是讲的世道沿革，但已涉及政体结构问题。“国之所立，以为民也”的共和大同思想令国人耳目一新。其真传弟子梁启超对政体分类作了更明确的界定，划为“多君为政之世”（据乱），“一君为政之世”（升平）和“民为政之世”（太平），这就是以执政者的人数为标准所作的简单分类，是亚里士多德在《政治学》中用过的方法。实际上，中国人到19世纪末才终于醒悟到：“盖地球之运，将入太平，固非泰西（西方）之所得专，亦非震旦（中国）之所得避，吾知不及百年，将举五洲而悉唯民之从，而吾中国亦未必能独立而不变。”（梁启超：《论君政民政相嬗之理》）这在当时可说是振聋发聩的醒世之言。

然而，康有为的大同共和世界与西方的共和国学说似相去甚远，西方共和制的主旨是权利平等，讲的是公民参政议政的道理，而大同世界的中心是“举天下之田地皆为公有”，讲的是平均地权。这大概就是所谓海岸“蔚蓝色文明”与内陆“黄色文明”之间的差异吧！但在一个还没有根本解决温饱问题的国度，又怎能让庶民百姓不去眷恋生斯养斯的黄土地？

“大同世界”与“共和国”的另一个差别表现在理论性质上，康有为的政体类型理论仍然属于政治哲学的范畴，所谓大同世界只是一种带有乌托邦洋味的道德理想，而共和国学说是从天国下凡的实证应用理论，像烹调大全一样属于一种实际操作规程。

西方政治学中政治哲学的陨落有点像经济学中政治经济学的

被冷落，标志着人们的兴趣从价值判断到功能判断的转变。在西方政治学还没有走出哲学的佛掌时，关于共和民主政体的研究集中体现在创立千古垂史的理论体系和万世不变的奠基原则，如“正义”、“民主”、“自由”、“人权”等等，都是赖以哲理论证树立起来的。但从19世纪末开始，特别是第二次世界大战以后，应用学科在政治学中爆炸性地扩展，社会要求的不再是百科全书式的博学巨擘，而是解决各种具体问题的高级专家。选举制度、投票行为、压力集团、政党、社团组织、政治决策、民众舆论，每一个细小的分支都可以造就变革时代的人物，每一道陡峭斜坡或崎岖山径都有玩命的攀登者。

近十几年来，西方政治哲学又有奇迹般复兴的苗头，哈佛大学政治学家和法学家约翰·罗尔斯（J. Rawls）1971年的《正义论》（*A Theory of Justice*）和美国政治学多元学派的著名首领罗伯特·达尔（R. Dahl）都代表了这种新的时髦。但这并非西方老爷子在尝遍山珍海味之后也想返过头来吃点栗子面窝窝头，而是思维在其螺旋上升过程中总会出现更高层次上的复归，它不是对走向具体总趋势的否定，毋宁说是多元世界里的老树新花。

政治是门很少浪漫色彩的学问，我们有志于造福未来十亿娃娃的勇士们，还是少唱点什么“新潮型”、“开拓型”的高调，多编制些调控社会进展的具体民主程序。

微型权力专家：福柯 *

米歇尔·福柯（Michel Foucault）是一位奇才，奇就奇在他总是超越人们的常规认识，道出些叫人大感困惑但又颇受启发的玩意儿。他不是那种思想上的“二传手”，他总是充当大臂力扣球的角色。他算不上那种前后左右霞光万道、祥云朵朵、紫气东来的精神领袖人物，他也不愿和大家在同一条研究道路上挤得人仰马翻，他喜欢独自另辟蹊径，研究一些从未被人系统探索过的东西。福柯被称为巴黎结构主义巨头中最年轻的一位，但他自己却宣称从未有意使用过结构主义方法，对这一称号不以为然。瑞士发生认识论创始人皮亚杰曾指责福柯，说他以自己的直觉和自傲，试图以思辨的即兴之作取代一切科学的方法，是“没有结构的结构主义”。福柯在后来对此作出解释时说，他使用的是“知识考古学”的方法，是探索观念史的主题和界限、测量历史领域中占主导地位的那些观念变化。

福柯的《规训与惩罚：监狱的诞生》（*Surveiller et punir: naissance de la prison*）是一本还不太为国人所了解的著作，这本著作目前在法国已成为行政管理学的必读书，在美国则被视为越轨行为社会学的杰作。福柯这本书的用词怪异，语义模糊，有时

---

* 本文原刊于《读书》1989 年第 2 期。

甚至到了佶屈聱牙的程度，让我们这些读惯方块字的中国学生费力耗神，颇感头痛。这里仅就《规训与惩罚》一书谈谈知识结构和权力结构的互动作用。

惩罚的密码和规则

惩罚是一门惨酷的艺术，里面凝聚着很多人类在折磨自身上的“创造性想象”。早在公元前巴比伦的《汉谟拉比法典》中，就有282条法规的详细阐述，我们在里面可以找到诸如沉河、焚烧、溺死、断肢、砍头这样一些骇人的字眼。表面看起来，这些只是人类为造成肉体的痛苦而采取的有针对性的个别制裁手段，如说谎者割舌，偷盗者断手，逃跑者裂肢，反叛者枭首等，但实际上，这些手段之间存在着深层的法律密码，后者把犯罪的性质与体罚的部位以及痛苦的长短、程度联系起来，那些表面看来都是偶然性手段的东西，实际上是经过精密考虑和计算的。然而，在18世纪以前，人类的体罚手段和认识手段一样，在知识结构上都没有完成理论上的抽象。

直到18世纪末期，权力阶层才学会了惩罚的经济学，对刑法进行了新的道德和政治论证，废除了旧的习俗和命令，创立了新的法律和量刑理论。在1769至1791年的二十几年中，俄国、普鲁士、宾夕法尼亚、奥地利和法国相继颁布了新刑法，从而开辟了历史上刑法的新时代。这个新时代意味着一种双重的变革：一是废除公开示众的污辱性场面，如钉耻辱柱，身着犯人的多色衣服和五花大绑游街；二是废除体罚和折磨。对这一变革的实现，过去西方一般都是从人道主义的角度去解释，因为在18世纪中叶，我们在西方法律学家、法哲学家和政府要员的著作中可以听到一种普遍的呼唤：

“废除非人性的惩罚，对轻罪的刑罚要有所节制，只对杀人犯处以极刑。”福柯并不否认人道主义在这一变革中的作用，但他认为问题并非这么简单，这一变革还有它更深层的认知结构上的动因。

福柯认为，刑法新时代的本质特征是把“时间”作为统一的量刑标度，过去是用各式各样的拷打折磨来体现处罚的轻重，而现在只需用监禁的时间长短来度量就可以了，轻者 1 月或半载的囹圄岁月，重者 10 年、20 年以至终生的铁窗生涯。在极刑方面也有类似的变迁过程，过去人们有上百种的处死技术，用剑刺死那还是对骑士和贵族的“照顾”，处死百姓庶民有剜眼、碎割，甚至还要鞭尸、焚烧。但从 18 世纪末开始，欧洲采用统一的极刑工具——断头台，法国著名的 1791 年刑法第三条规定，不管犯罪者的身份和地位，一律以断头台执行死刑。在福柯看来，在惩罚手段上对监禁时间这一统一标度的发现，意义不亚于牛顿发现了统一苹果落地运动和行星运转的万有引力定律或亚当·斯密发现了价值和货币学说，它们都是人类理性在走出纷杂现象，寻求“普遍规律”进程中创造的伟绩。

我们都熟悉证人出庭时起誓的一幕：他将右手举起说，“我讲真话，全都是真话，我只讲真话”。这种形式至今仍在沿用。从神权审判到宗教法庭审判和现代法庭审判，有一个共同的三部曲程序，就是断清罪行的程度，断清责任者和断清依据的法律。但在这种不变中隐藏着一种巨变，就是从“审判肉体”转变为“审判灵魂”，并由此创造出一整套控制、改造、监视、强制、惩罚的现代系统。福柯的主旨就是要通过研究惩罚手段的变化来揭示权力关系的变迁史。

我国古代在惩罚技术的发明上可说是走在世界的前列。早在秦朝时死刑的方式就有：戮、弃市（弃杀于市）、腰斩、车裂、阬

（活埋）、凿颠（凿顶）、抽肋、囊扑（以囊盛受刑人，扑而杀之）、枭首、夷族。此外还有徒刑、笞刑、徒边、禁锢等。这些刑法后来日臻完善，发展成中国封建时代著名的五刑：墨（即黥）、劓、刖、宫和大辟，就是脸上刺字、割鼻、断足、去势和斩。直到辛亥革命前，清帝光绪新政变法，懂得了“世有万古不易之常经，无一成罔变之治法”，于是“参酌各国法律”，制定了《大清现行法律》和《大清新刑律》，废除了凌迟、枭首、戮尸、缘坐、刺字等酷刑。至于以监禁时间的长短作为惩罚轻重的统一标度和以枪毙作为死刑统一执行手段，那还是从西方引进的新技术。正如在中国天人合一的知识结构中，可以产生李时珍《本草纲目》那样包罗万象的植物分类学，但却不可能出现以抽象分析手段为基础的分子理论，在中国的刑律学说中，如果不是引进了寻求普遍规律和理论抽象的观念，我们至今也不会想到以监禁时间的长短把数百种惩罚手段统一起来。

福柯不是像其他历史学家那样简单地从人道化方面解释惩罚方式的变迁，而是从知识结构的更深层次来探索，这样就开辟了一条历史诠释的新途径。福柯使用这种方法，操笔撰书像杂技演员耍杂技，在那些已被熟知的历史领域一玩就是一个新花样，似乎早已耕翻过多少遍的知识土壤在他手下都成了未被开垦的处女地，任他红花绿叶地装扮。他的结论往往叫人瞠目结舌，却又发人深思，予人启示。

对“现代化”的探讨

在西方的语言里，“现代”是和古典时代相对应的，“现代化”

并不是指未来的事情，而是指从古典时代向当代的转化，这种转化不仅仅发生在经济领域，而是包括组织形式、权力结构、思维方式、生活习惯以及艺术观念等各个层次。关于“现代化”的研究课题，目前在西方是一个热门。人们在走过那段跨越世纪的路程后，回首往事，才发现每一步都那样坎坷悲壮。

福柯在《规训与惩罚》一书中要回答的一个重要问题就是，西方现代社会的权力是如何构成的？它与知识的结构有什么关系？在福柯的笔下，现代监狱的模样并非在几根铁栅上加一把大锁，也不是关押基督山伯爵的那种孤岛地牢，而是一个按照严密组合方法建立起来的圆形空间系统。这个系统有一套完整的程序，对惩罚轻重的等级处理和禁锢空间的分配都是依据科学的理性原则，犯人在那儿受到隔离、禁闭和行为约束，他们的行动按照统一的时间表进行，监狱有一整套控制、监视、管教、改造和惩罚的组织管理手段，由此建立起现代的纪律和训练观念……这就是福柯发现的现代微型权力结构，并以此作为掀动整个社会的杠杆支点。在他看来，最早的现代社会组织管理模型就是美国在18世纪末建立的费城沃尔纳特（Walnut）监狱，今天的医院、军营、学校、工厂和行政机构都是按照这一模式建立起来的。社会如同一座大监狱，各个机构那一道道高墙就是囚室的四壁，宽阔的街道只不过是监狱中散步的走廊和放风的庭院。

福柯带有强烈社会批判色彩的分析是惊世骇俗的。他自信从监狱的诞生过程中发现了现代社会的知识——权力共生结构，认为人类在知识结构中追求统一规律的过程与在权力结构中追求行为规范化的过程是同步的，二者之间具有陈陈相因的关系，整个现代社会的组织系统就是建立在这个共生结构的基础上。

美国哈佛大学的社会学教授皮佐尔诺（A. Pizzorno）认为，福柯对“现代化”的探讨与德国著名社会学家韦伯的思想有异曲同工之妙。韦伯在考察西方现代化的过程中，把新教精神视为一种特殊的生活行为方式，他称之为主体的“自律行为”，后者使生活本身实现最大限度的理性化，成为一种寻求拯救的简单工具和手段，这与西方中世纪追求超俗生活的天主教精神是完全不同的，而与资本主义的规范化现代管理方式是相辅相成的，其主题都是使个人行为的多样化服从组织管理的单一理性化过程。

然而，现代化进程中这种从“多样”至“单一”的行为约束过程在另一些人眼里却是从“唯一”走向“多样”的观念解放过程。法兰克福学派的代表人物本雅明在《人、语言和文化》（*L'Homme, le langage et la culture*）一书中通过艺术品观念的变迁阐释了现代化的观念。在本雅明看来，古典艺术品的价值和它的“唯一性”是分不开的。原始图腾、宗教偶像和深藏在博物馆的雕塑，这些艺术品的身上都有一个神圣的“光环”，普通人是没有眼福饱览的，这种“唯一性”越是达到万众顶礼膜拜的程度，那些带有“光环”的艺术品就愈显示出其“仅此一件”的价值。然而，现代的再生产技术打破了这种“神圣光环”，使艺术品的价值观念发生了根本性的变革，艺术品的表现价值在一定程度上压倒了其文化价值，如小说、油画、艺术照片、唱片、磁带这些现代艺术品，其价值不再是以唯一性和原本性来衡量，而是以发行量和大众性来测定。这种变迁我们姑且戏称为一与多的辩证法，它反映了民众深层心态的变化，而这变化又是与现代化再生产技术的出现分不开的。艺术上的达达主义如果作为一种孤立的现象来看往往被斥为艺术上的荒诞行为，但如果我们把它放在以上所说的艺术品的价值观念变迁中来分析，就会发现，达达主义者之所以喜爱把一些地铁票、破报纸、烂布头和铁钉等杂乱物品粘贴在油画和雕塑上，那本意是要以现代文明的再生产物品来亵渎和摧毁传统艺术品的神圣光环，他们要创作的不仅仅是几件艺术品，而是一种新的现代的艺术观念。

福柯很有点达达主义者的反叛精神，他的批判和参与意识使他动辄就想变革传统观念。中国的知识分子有“士为知己者死”的信条，刘备三顾茅庐，就使诸葛亮受宠若惊，从此为报“感遇之恩”，终身风尘仆仆于蜀汉之域，精忠辅助先帝遗孤，不敢有半点非分的奢望。福柯则不同，他既有西天取真经的求知精神，又一脑子回花果山水帘洞做大王的自主意识。1984 年福柯在一次与记者的对话中谈到知识分子的角色时说：“知识分子的工作并不是塑造别人的政治意志，教导别人做什么，而是通过在自身领域所作的分析研究对那些明显的公设再次提出疑问，动摇传统的思维和行动方式，打破常规，重新衡量机构的组成法则，这就是知识分子的特殊工作，知识分子正是通过这种思索来参与政治意志的塑造，从而尽到公民的责任。”这就是被美国学术界誉为 70 年代法国“最有力”思想家的福柯。

站在世纪转折门槛上的人

法国存在主义和结构主义这两代人当年在世界智坛上纵横驰骋，各人的嬉笑怒骂，都自领一段风骚，很使人想起伏尔泰那个英雄辈出的时代。但与那些有过“显赫”生涯，养成“超人”气质的学者不同，福柯不是老把眼盯着那些有轰动效应的时代主题，而是善于从一些被人忽略了的微根末节去把握时代跳动的脉搏。福柯在1983年的第一堂课上曾引用康德的话说："对于人类进步的可预见性特征，我们不应只从那些伟大事件中去寻找，而应到那些更为不显赫、更难以察觉的事件中去搜索。"福柯研究的对象都是些被称为越轨行为的社会边缘现象，但他却是一个真正站在世纪转折门槛上的人，任何事物经过这个门槛都要被他打上时代的印记。表面看来他对各种现象的研究似信手拈来，十分洒脱，实际上却有一个严密的思想系统。

福柯曾在他的方法论奠基之作《词与物》（*Les Mots et les Choses*）一书中把西方从文艺复兴至19世纪的知识结构变迁划分为三个阶段：文艺复兴时期（16世纪）的知识结构是建立在"相似原则"上的，人们根据相似关系从已知中发现未知；古典时期（17、18世纪）的知识结构是以"秩序原则"建立的，"秩序"成为人们垒筑知识大厦的构架，这方面有代表性的就是林奈和布封的博物分类、亚当·斯密和大卫·李嘉图的财富分析以及语言学中对普遍语法的探索。塞万提斯笔下的堂吉诃德就是处于这两个时期转折点上的人，当他以过去书本上的相似原则来解释新的世界秩序时，就出现了"骑士斗风车"的笑话。在现代时期（19世纪）的知识结构中起主导作用的是追寻最终根源的"因果律原则"，探索现象背后的普遍规律成了这个时期一切学科的主题。福柯对监狱、疯癫、诊所和性欲的研究都是为了揭示知识结构从古典时期向现代时期的转化。

监狱的诞生、疯人院的诞生、临床医学的诞生，都悄悄然地发生在世纪转折点上，这难道仅仅是偶然的巧合吗？监狱、疯人院和诊所，这些并不只是社会权力的朴素外衣，而是将知识转化为权力，又将权力转化为知识的社会机器。福柯通过细致入微地描写这些微型权力结构诞生的过程，向人们揭示了一个新的时代是如何到来的，并以此获得微型权力专家的称号。但福柯又不仅仅满足于此，他在后期对自己的思想作出澄清时说，他是想研究同一类型的权力形式怎样产生了极为不同的知识结构。如在《古典时代疯狂史》（*Histoire de la folie à l'êge classique*）一书中，福柯揭示了医院如何使“禁闭”成为现代通行的管理越轨者的手段，与这些手段相适应的知识结构就是对疯癫要进行净化治疗，于是给病人吃肥皂、奎宁、酒石和醋，这在现代看来是十分荒唐的。但在另一本书《临床医学的诞生》（*Naissance de la Clinique*）中，福柯又揭示了医院的形式如何促成了解剖病理学的产生，从而把分析的精神带入现代科学，在福柯看来，敢于解剖尸体实在是一项越过世纪门槛的壮举。

福柯在美洲大陆的影响甚至超过了他在故乡法国的声望，在那儿他被视为一个开拓研究越轨行为新天地的人，其实那些在马背上成长起来的牛仔后代并未真正了解这位法兰西血统思想家的宏大抱负。法国在大动荡时代崛起的一代有血气学者，个个都有卢梭式的胆略和伏尔泰式的气魄，还往往带点一言兴邦丧国的狂劲。福柯的真正意图在于：找到前人没有发现的权力诞生的秘密，并在传统的社会机构废墟上踏出一片现代知识的新绿。

资本主义的再认识*

“文革”浩劫之后，改革事业勃兴，国门敞开，几万名历尽故道风雨积淀下的一代学子奔赴西方求学，而面对他们的是一个在理论上熟悉但在现实中陌生的社会。每个人头脑里都有一连串的问号，他们在观察着，也在思索着：社会上的“高老头”和“于连”式人物是否还保持着过去那副嘴脸？生活在中下层的工人阶级是否还有建立无产阶级专政的意识？条顿民族后代的心理深处是否还有那种可憎的种族优越感？资本主义的前途是日薄西山还是绿色常在？

资本主义近300年，其中的血和火、鲜花和尸体、呻吟和呐喊、苦难和繁荣，有它的如泣如诉，有它的卑鄙和自豪，也有它的忧虑和向往。对此西方的知识界也在不断思索着，由于这是一种对自身历史的反思，因而具有它特有的深刻性。法国巴黎第八大学经济学教授米歇尔·博德（Michel Beaud）的新著《资本主义史》（*Histoire du capitalisme*）是众多研究资本主义的著述中较有特色的一种，不仅资料翔实，且观点不凡，较少偏见。该书最早出版于1981年，被列入“经济与社会”丛书，而后在1987年出了新版，增加1978—1986年这段历史。米歇尔·博德生于1935年，是近些年

---

* 本文原刊于《读书》1989年第4期。

才开始崭露头角的中年学者，他的其他重头著作还有《辨识资本主义》（*Lire le capitalisme*，1976）、《左派的经济政策》（*La Politique économique de la gauche*，1983）和《经受历史考验的社会主义》（*Le Socialisme à l'épreuve de l'histoire*，1985）。

关于资本主义阶段论

在目前西方关于资本主义阶段分期的研究中，一种比较流行并被普遍接受的观点是，资本主义的发展可分为三个阶段：前工业化阶段、工业化阶段、后工业化阶段。这种阶段论虽清晰明了，但简单粗糙。此外还有比较细致的分期，如美国得克萨斯大学教授罗斯托的"经济成长阶段论"，把资本主义分为五个阶段：为起飞创造前提的阶段、"起飞阶段"、成熟阶段、大众高消费阶段和追求生活质量阶段。不过罗斯托声称这种阶段论适应于一切社会，而且是"非共产党宣言"，气魄虽大，但欠深刻。

米歇尔·博德的划分更为细腻，而且给出了具体的时间区域，他把资本主义的自身发展分为六阶段。第一阶段是三次革命的阶段（整个18世纪），美国"独立革命"的宣言成为"第一个人权宣言"，法国"大革命"将自由、平等、公共意志、个人产权等原则写在资产阶级的旗帜上，英国"工业革命"的蒸汽机轰隆声击碎了村野的田园诗梦，保证世界和谐的新上帝是一只"看不见的手"。第二阶段是工业资本主义的上升阶段（1800—1870），这是谁掌握制海权谁就掌握世界的时代，深层运动的方向是"工业化、都市化和劳动工资化"，1830年"社会主义"一词出现，但共和国成为现实选择的道路。第三阶段是帝国主义的形成阶段（1873—1914），英国的霸主地位结束，工业和技术的第二时代到来，垄断组织和跨国公司出现，繁荣、危机、萧条、复苏的周期形成，大萧条导致第一次世界大战爆发，资产阶级初次做“世界末日”的噩梦。第四阶段是“大动乱”阶段（1914—1945），大战使资本主义旧有体系濒临崩溃，多数社会党人的“爱国主义”使“无产阶级国际主义”成为美丽神话，罗斯福推动资本主义改革，谴责“工业专制”与“经济君主”，美、苏两阵营进入“冷战”时代。第五阶段是“大跃进”阶段（1945—1978），在近四分之一世纪的时间中，资本主义的发展速度达到19世纪中叶以后的最高水平，成为继1870—1895年和1920—1930年之后第三个繁荣时期，富裕时代的到来成为一种普遍看法，经济学家坚信掌握了“避免重大危机和长期衰退”的钥匙，但危机再次出现。第六阶段是“转变”阶段（1978—1986），美国和西欧的霸主时代结束，工业资本主义的统治时期也结束了，经济发展受到“东西”两方、“南北”两部相互依赖性的制约，新技术时代来临，世界进入多极。

在这六个阶段之前，还有一个资本原始积累的“过渡时期”（1500年至17世纪末），这是从“黄金梦”到“资本潮”的过渡，它标志着这样一种财富观念的转变：对财富源泉的探索从流通领域转到生产领域，人类终于发现劳动是财富最终源泉这个“秘密”。

根据列宁的学说，资本主义分为资本原始积累阶段、“自由”资本主义阶段和垄断资本主义阶段。目前在重新认识资本主义的讨论中，一般把第二次世界大战后的资本主义称为“现代资本主义”，但缺乏明确的概念规定。为了对资本主义有更深入的认识，显然有必要对资本主义的发展进行更细致的分期研究，以便使资本主义恢复、发展经济的措施和经济管理的改革成为我们的借鉴。

关于帝国主义的特征与法西斯现象

在第二次世界大战之前，帝国主义首先是一个经济的概念。列宁在《帝国主义是资本主义的最高阶段》一书中概括出帝国主义的五大特征：垄断组织、金融寡头、资本输出、跨国公司、列强分割世界完毕。这种分析受到英国经济学家霍布森（John A. Hobson）《帝国主义》（*Imperialism: A Study*）一书和德国社会民主党领袖希法亭（Rudolf Hilferding）《金融资本》（*Das Finanzkapital*）一书的启发，但列宁的独到之处在于，他认为帝国主义不仅仅是一个纯粹经济的概念，还是一个政治概念，因而需要"另下一个定义"，即帝国主义是垄断的、寄生的、腐朽的和垂死的资本主义，是资本主义的最高阶段。尽管这个定义目前看来有些地方不够准确，但列宁是最早从政治概念上规定帝国主义的思想家之一。

第二次世界大战前的西方学者普遍相信，资本主义不是一个人或一种机构，也不是一种意愿或一种选择，它是通过生产方式实现的逻辑，一种盲目的执拗的积累逻辑，因而帝国主义的出现是经济发展的必然。西方政治学界把帝国主义作为一种政治现象研究基本上是第二次世界大战以后的事。50年代初，当代著名的德裔美籍政治思想家阿伦特（H. Arendt）发表了他近千页的巨著《极权主义的起源》（*The Origins of Totalitarianism*），该书分反犹太主义、帝国主义和极权主义三大部分。阿伦特认为帝国主义有三个政治特征：一是把扩张作为政治的最高目的，二是把种族作为政治团体的基础，三是把官僚体制作为统治和控制的法则。在她看来，19世纪末的经济大危机使资本主义的经济扩张受阻，因而政治扩张对于资本主义扩大势力范围有了特殊意义，种族主义应运而生，法国的纨绔子弟一夜间承担起“黑人力量领袖”的“使命”，英国附庸风雅的绅士顿时成了“高贵的白人”，德国土头土脑的容克地主全都魔术般地变成“雅利安优秀人种”，所以在政治学上，人种并不表示人类的渊源和人的自然出身，而是表示人权的死亡和人的本性的丧失。

西方知识界从对帝国主义的纯粹经济分析到政治谴责是一个十分重要的转变，促成这种转变的代价是极其昂贵的：第二次世界大战死亡5000万人，财富损失达4万亿美元。4万亿美元是个什么概念？按1950年的水平计算，它相当于美、苏两大国近10年的国民生产总值之和，换句话说，它使世界经济的发展至少倒退了20年！

大战后西方民众反思的对象首先就是导致战争的法西斯主义。在这种反思中既有对英、法姑息养奸政策的谴责，也有对希特勒战争狂人秉性的精神分析学剖析，还有像阿伦特，已经从体制上看到帝国主义导致共和政体的堕落，造成对民主、法制的蔑视和破坏。然而，在这种反思中，还有被我们以前所忽视的更深刻一面，这就是民族共忏悔的精神和对法西斯主义大众心理的揭示。这一点当我们了解到当年面对希特勒唾液四溅的叫嚣德国万众欢呼的场面就会有更切近的体会。

德国纳粹对德国人民的愚弄也是在“自由”、“革命”、“反资本主义”这些迷人的旗帜下进行的，除了种族主义、仇外主义和沙文主义，他们也在玩弄“爱国精神”、“民族情感”和“拯救大众”的把戏。纳粹党的全称就是“德国民族社会主义工人党”，在它1920年的党纲中也有把一切股份公司国有化，使其成为民族共同财产的主张。纳粹鼓动家斯特拉瑟（Otto Strasser）说：“德国的工业和经济掌握在金融资本的手中，这就丧失了任何社会解放的可能性，使德国社会党人的一切梦想成为泡影……我们，德国年轻的兵士，我们，民族社会党的革命者，我们进行着反对资本主义和帝国主义的斗争……”（转引自布朗扎［N. Poulantzas］的《法西斯主义和专制》［*Fascism and Dictatorship*］，第207页）纳粹党人的赞歌还唱道：“我们是卐军队，高举着红旗，为了德国的劳工，我们要踏平自由之路。”（转引自赖希［W. Reich］的《法西斯主义群众心理学》［*Die Massenpsychologie des Faschismus*］，第80页）战争祸首希特勒在他的自传《我的奋斗》（*Mein Kampf*）中还写道：“作为民族社会党人，我们在自己的旗帜上看到我们的纲领，红色是我们运动的社会思想，白色是我们的民族思想，卐字是取得雅利安人胜利的战斗使命，这个胜利也是创造性劳动思想的胜利，它曾一直是也将永远是反犹太人的。”一个不容否认的事实是，在1934年纳粹党的党员中，有32%的工人，20%的商人和手工业者，11%的农民。希特勒的口舌戈培尔公开地说：“宣传的目的就是征服大众，为此目的可不择手段。”

这一切德国人民是不会忘记的，他们要把自己心灵的创伤连同那个荒谬的悲剧一起刻在历史的耻辱柱上。第二次世界大战后，全民族共忏悔的精神在德国远比在日本显得深刻。直到今天欧洲人仍在继续反省历史上那可怖的一幕：1987年，奥地利总统、前联合国秘书长瓦尔德海姆因被指控与纳粹有染而在全世界掀起轩然大波，法国一名大学生的博士论文论证纳粹当年没有使用屠杀瓦斯房，从而引起整个欧洲舆论界的震惊，已故德国存在主义哲学大师因在纳粹统治的学校任过校长而被重新推上是非曲直的审判台。历史毕竟是历史，它可以过去，但不会死亡，更不会被忘记！

关于资本主义的改革和对它的认识

资本主义的改革大致可以分为三次，从时间上来说，基本上都发生在马克思去世之后。

第一次改革是在19世纪末开始的。1875年，英国首先通过了《雇主和劳工法》，用以取代1867年的《主人和仆人法》。该法给予工会以合法地位，并允许成立不使用暴力的工人纠察队。此后在1906—1911年，先后颁布了便利工会活动法、工人退休法、家庭劳动法、失业津贴和疾病保险法。与此同时，德国颁布了疾病保险法、事故保险法、老年保险和60岁退休法；法国颁布了结社自由法、限制工时法、卫生保健和社会保险法、劳动事故法、工作退休法和周末休假法。美国各州在此期间也都先后颁布少年8小时工作制、童工劳动规则和劳动事故等法律。这些改革措施基本上形成了现代资本主义福利制度的雏形。

资本主义的第二次改革以罗斯福1933至1941年任美国总统的九年间实行的“新政”（New Deal）为代表。这是一次大规模的全面改革，涉及经济、金融、社会、外交等各个层面。在罗斯福掌玺的新政时期，美国共颁布新政法案775项。经济改革的核心是《全国工业复兴法案》，该法案采用凯恩斯的经济理论，强调国家干预经济生活，实行“有调节的资本主义”，同时还规定企业实行新的民主管理，工人可以自由组织工会，选派代表与雇主谈判，签订“集体合同”，每周工作时间由原来平均50小时降到40小时，最低工资企业工人每小时40美分，其他行业每周12—15美元。在社会改革方面颁布了《社会经济条例》、《联邦紧急救济法》、《公平劳动标准法》等法案，集中解决失业人口的就业、住宅和生活问题，建立养老金制度，对病残及贫困母子、流浪儿予以津贴补助。这些对工人的让步起到缓和危机和社会矛盾的作用。在外交方面，提出对拉丁美洲的“睦邻政策”，在某种意义上促进了非殖民化进程。

资本主义第三次改革是指第二次世界大战结束后迄今这段时间，它的特点不是短时期内集中的改革法令颁布，而是逐步的改良和完善，但概括起来，不外乎以下几点：（1）在政治方面，完善西方民主制，实行普选和重大事件公民投票裁决；加强舆论监督机制，使它成为“第四权力”；淡化意识形态，承认共产党合法地位；公务员政治意向与政权分离；实行非中心化。（2）在经济方面，对铁路、银行、邮电、石油、能源、钢铁、采矿等国家命脉部门实行大部国有化（近年来的新私有化趋势另当别论）；对生产、流通、分配、消费四大领域进行一定的国家干预和计划调节；加快传统工业向高技术工业的转变。（3）在企业管理方面，实行产权与管理权分离，形成在生产中起领导作用的强大经理阶层；改革血汗制、泰罗制和官僚制（或曰科层制），注重人际关系的培养；吸收社会主义的一些管理方法，如我国《鞍钢宪法》中的“职工参与决策制”就备受瞩目；此外还实行了鼓励股份制中小股参与的政策。（4）在社会方面，缩短劳动工时，规定工人每周工作39小时，每年5周带薪假期；规定了最低工资标准和工资每年以略大于物价上涨率的幅度增长；实行生老病死保险和失业、贫困救济，社会福利开支已占政府财政总开支的一半以上；对高收入阶层增收所得税；解雇需经劳资委员会仲裁。（5）在国际政策方面，基本放弃武力殖民和武力解决一国走何道路的政策；强调多极世界、国际势力均衡和相互依赖。

国际共运内部对资本主义的认识也发生过分歧和变化。第一次分歧和变化是在恩格斯去世以后，当时德国社会民主党领袖伯恩施坦认为，现实说明资本主义并未朝着我们宣布的革命方向发展，改良措施使阶级矛盾得到调和，因此工人政党可以通过议会合法斗争“和平长入社会主义”。这种思想得到法国社会主义理论家饶勒斯（Jean Léon Jaurès）的赞同，并很快成为国际现象。此后，“共产主义”和“社会主义”在西方成为两个性质不同的概念，以前者命名的政党多数坚持马克思主义和暴力革命学说，而以后者命名的政党一般都主张“议会道路”，被称为“修正主义”或“改良主义”，后来基本上都放弃马克思主义。

第二次大的分歧和变化是在斯大林去世以后，苏共领导人赫鲁晓夫认为国际形势发生变化，主张社会主义与资本主义和平共处，努力使两种制度的斗争转变成两种意识形态的斗争，在和平共处下展开经济竞赛，促使发达资本主义国家和平过渡到社会主义。这种看法实际上已隐含了一种新的判断：即帝国主义作为一个时代已经过去。其实在此之前，法、意、美等国的共产党领导人多列士（Maurice Thorez）、陶里亚蒂（Palmiro Togliatti）、白劳德（Earl Russell Browder）都已先后宣布放弃暴力革命，有的还入阁参政，赫鲁晓夫的呼吁得到他们的广泛响应。这种思潮当时还掺入了一种西方的看法，即认为社会主义的完善形态或许就是瑞典社会，那里实行计划经济与市场经济、私人企业和国家企业的混合所有制，社会不平等现象减少，社会福利制度完善，社会丑恶现象大部分消失，而这些与西方民主制度相辅相成地融合在一起。

第三次分歧和变化是伴随社会主义国家近些年来的改革运动而发生的，重新认识资本主义再次成为热门话题，迄今为止主要的社会主义国家在以下几点达成共识：（1）资本主义的改良使那里的人民生活得到改善并使阶级矛盾弱化；（2）资本主义仍具有巨大的发展潜力；（3）世界正在走向多极，“缓和”和“发展”是当今世界的主题；（4）一国所走的道路应由该国人民自己选择。

历史的轨迹托出一个创造—破坏的悖论：一方面，在几个世纪中，资本主义制度表现出惊人的创造性，从蒸汽机到机器人，从印刷到信息革命，从美洲的发现到太空探索，300年创造的财富超过前面的1万年；但另一方面，这个制度的破坏力也前所未有，对印第安人的屠杀和对他们财宝的海盗式掠夺，对传统乡村生活的野蛮摧毁、贫穷农民的无产阶级化和法西斯现象，对不可再生资源的浪费使用，环境污染和地球生物链的破坏，其中还夹杂着贪婪、宗教狂热、民族情感偏执、“文明教化使命”和种族主义。

对于西方学者来说，今日的资本主义究竟向何处发展，这仍然是一个谜。米歇尔·博德在书中曾含蓄地表示，工业资本主义时代即将结束，新技术资本主义时代即将到来。然而以资本积累为铁律的那个逻辑能否走出它自己制造的悖论呢？现实的重负面前理想是那样遥远、渺茫，价值准则之下道德准则是那样脆弱、单薄，金钱网络之中情感纽结是那样炎凉无常、趋时造作……人类最好不要停止忧患和思考。

整体观时代的到来 *

大凡一种时代科学观的酿成都要经过这样几个阶段：先是在某些研究领域出现常理难以解释的新现象，继而科学从理论上给予规定，提炼出新的思维方法，最后各个学科响起回音终于汇成时代观念的大潮。

“整体大于部分之和”这个在19世纪还被视为奇谈怪论的命题，已因系统论的普及而几乎成为妇孺皆知的常识。我们今天可以举出无数例子证明，系统整体所具有的组织机制和由这机制产生的新的系统属性是“部分之和”所欠缺的。

杰拉尔德·霍尔顿（Gerald Holton）1973年发表重头著作《科学的想象》（*The Scientific Imagination*），把科学整体观的讨论推向一个新的高潮，就连向来轻蔑美国学派学人的欧洲老夫子们也像喝了一杯巴西咖啡，牙缝里透出一连串的赞美。

霍尔顿是美国哈佛大学的科学史和物理学教授，早先受1946年物理学诺贝尔奖得主布里奇曼（Percy Williams Bridgman）点化出道，又在新实证主义维也纳学派掌门人之一弗兰克（Philipp Frank）手下修炼多年，后来出山闯天下，西装革履地步入哈佛，学得一身斯文，与他的两位大师直接以“同事”相称。霍尔顿仗着他深厚的

---

* 本文原刊于《读书》1989年第6期。

哲学功底，试图重振物理学主宰科学观念沉浮的雄威，有意或无意地承继了库恩（Thomas Samuel Kuhn）《科学革命的结构》（*The Structure of Scientific Revolutions*）一书未竟的事业。

科学整体观是我们时代的思维主旋律之一，它不仅在自然科学领域立住了根脚，而且已经深深渗透入社会科学的各个门科，特别是这一观念在应用科学中的普及，显示出思维对于实际社会操作程序的重大影响，连平庸的功利主义门徒也不得不刮目相看。但这对于处于文化低谷和理论淡季的人们或许只是一种来自异域的沙龙清谈。

科学想象的“主题氛围”

霍尔顿扛鼎之作《科学的想象》一书的根本概念是“主题氛围”，就渊源来说，这一概念与哈佛出身的库恩在《科学革命的结构》中点出的“范式”概念有貌离神似之处，不过霍尔顿是从更广泛的整体文化角度来界定这一概念的。“主题氛围”是指一个时代相对稳定的智慧贮存库所造成的美感“背景”和“气氛”，这种背景和气氛影响着科学家个人经验和理论直觉，影响着科学对世界图景的描述，使科学的发明也成为想象的作品。这一概念的主旨是把科学视为一个整体文化，排除科学与人文学说、技术与人类情感的历史误解，从而达到对人类文明和我们自身的更全面理解。

20 世纪以来，科学对自身的一项重大反思成果就是认识到这样一个事实：科学不可能在整体文化滞后的氛围中一路凯歌、单项突破。科学史、科学哲学、科学社会学和科学心理学的研究都表明，科学发现绝不仅仅与科学家的个人实践相关联，它实际上受限于一定时代的科学世界观、科学探索的历史逻辑轨迹、科学家的社会生活圈子、心理素质、思维和行为方式，以及整体文化的兴衰变迁。所有这些因素弥散成艺术和音乐中常说的“主题氛围”，刺激或限制着个人的追求，有时甚至决定着整个科学整体的探索趋向。

史蒂文·温伯格（S. Weinberg）在他的《基本粒子相互作用的统一论》一文中揭示了科学“主题氛围”的转变。20世纪以前，人类最固执的一个期冀就是发现某些简单形式的一般规律，并由此来解释自然的全部复杂性和多样性，从开普勒到牛顿，几代科学巨匠都是沿着这条路径苦苦求索。基本粒子的发现使新的“主题氛围”介入，人们开始以基本粒子相互作用的新术语来描述自然的统一观，然而在这种“主题氛围”中，我们仍可听到古希腊先哲“一切都是原子和虚无”命题的回响。

20世纪20年代，量子力学的新生造成科学“主题氛围”的突破性转变，从而烘托出具有时代特征的科学“现代性”。1927年9月，为纪念意大利电学大师亚历山德罗·伏特（电压单位是以他的名字命名）逝世100周年，在他的家乡召开了国际物理学会议，会上丹麦物理学家玻尔首次提出“互补性原理”，顿时石破天惊，乾坤为之一震，从此1927年成了古典科学和现代科学在时间上的“楚河汉界”。科学“主题氛围”的内涵与以前有了本质的不同，“清晰明白的证明”不再来自一种可以即刻理解的简单性和单一模式，而是来自一些不同描绘的相容并存。可以用德国诗人席勒的一句名言来形容这种“主题氛围”：“只有完全的整体引导我们走向光明。”至于玻尔互补观念的来源，人们有多种猜测，但玻尔的一段轶事或许露出一点端倪。1947年，丹麦政府决定授予玻尔荣誉勋章，盾形勋章上的纹样图案是玻尔自己设计的，图案中间是中国的阴阳太极图，上端用拉丁文字写着“相反的都是互补的”。

从科学观念的变迁中，我们可以看出这样几条“主题氛围”的转变线索：从连续性到间断性，从简单性到复杂性，从分析到综合，从不变到渐变再到突变。而当代最重要的“主题氛围”就是蕴含互补意识的整体性观念，时代的主旋律不再是“东风压倒西风”，而是共存与和谐。

在漫长的科学史上，“替天行道”的物理学一直在认识自然的舞台上唱主角，先是“世界服从自然统一律”的信念呼风唤雨，后是“宇宙乃互补和谐整体”的理论电闪雷鸣，人类对世界本质的竭思穷虑被誉为元物理学（metaphysics，或曰形而上学）。但物理学独霸天下的时代已随应用学说的兴起仙去，霍尔顿的大声疾呼中是否亦隐含着几丝心理失落的伤感惆怅和抑郁心头的怀旧思绪？

“社会大脑”的平衡发育

中国有句历世不衰的古老箴言：“一阴一阳谓之道。”著名的特洛特（Trotter）人脑两半球功能对照图大概可以从人体生理学上揭示这一古老哲思的奥秘。根据特洛特的理论，人脑左半球司管文字书写、逻辑、数字、序列、理智、分析、自我控制、优势感和现实兴趣，而右半脑司管话语、听觉、整体图像、情感、直觉、综合、心灵生活、即时性认知和恬静脱俗兴趣。加拿大社会学家麦克卢汉把这一理论推而广之，认为左脑和右脑代表了两种不同的知识形态和思维方式，前者代表着线性、逻辑和理性思维，后者则标志着整体思维、格式塔观念和生态意识。人类社会也是一个大脑系统，左脑社会和右脑社会分属不同的社会形态。在原始社会，文字还没有出现，口语和即时性环境造成社会右脑的统治地位，听觉和触觉文化优先于视觉文化，或者说文化还处于整体混沌状态，思想和行动、眼和耳、意符（能指）和意蕴（所指）都混合在一起。只是由于后来人们在延伸人身器官上有所倾斜，才使部落文化的右脑社会分崩离析。这段历史人们大概早已忘记或根本没有觉察。拉丁文字的产生使意符和意蕴分离，世界的全部复杂性和多样性浓缩进二十几个字母的排列组合，线性逻辑思维逐渐占据统治地位，人类各种感觉的同时运用被单一的视觉密码所取代。从16世纪开始，活版印刷带来的同质化观念慢慢侵入到艺术、科学、工业和政治等各个领域，造成一条条大批量生产思想产品的流水线，洪荒混沌文化被彻底击碎，左脑社会到来，人类思维愈来愈朝着逻辑理性的方向极化。中国的方块字所保留的结构空间和意象效果，使这种思维极化倾向势头减弱。

今天，电子信息的铺天盖地使我们重新返回右脑社会，西方的儿童重新在一个音响图像环境中长大成人，在商店、学校、银行、娱乐场所和办公室，人们越来越多地运用电子屏幕、触觉按键和音响器械，人类只是用眼从印刷书本的单一维度沿着线性文字阅读世界的时代过去了，新的大众媒介要求人们同时发挥各种感觉器官的功能。就像生活在16世纪右脑社会向左脑社会转折点上的人们一样，面对流行歌曲、摇滚乐、抽象画和霹雳舞，今天人们再次产生了价值失落感和迷茫的心理恐慌，人们耳边似乎响起原始部落的林鼓和吆喝，脑中似乎浮现印第安人的图腾鲜活色彩和跳神玩命狂欢。

麦克卢汉将大众媒介进行了功能分类，与左脑功能相联系的媒介被称为“热媒介”，而与右脑相联系的媒介被称为“冷媒介”。热媒介是高真度的，不太需要接受者方面的补充，它的信息传递是一种机械化的传递；而冷媒介则要求接受者一方积极参与，而且不单使用一种感觉器官，从而造成一种对流气氛。根据这个标准，照片是“热”媒介，漫画是“冷”媒介，电台广播是“热”媒介，电话和讲演是“冷”媒介，书和教授的授课是“热”媒介，对话、辩论和研讨会是“冷”媒介。冷媒介使人情感亢奋、想象奔驰，而热媒介让人囿于理智，循单轨突进。为了保证社会大脑的平衡发育，不再使我们的社会变成偏于一极的右脑社会或左脑社会，必须注意调整“冷”、“热”媒介的比例，使大众媒介有一个和谐的结构。

尽管麦克卢汉为了吊起读者的胃口，在使用概念上有时刻意追求刺激效果，不免有牵强附会、哗众取宠之嫌，但他所倡导的社会整体发育的思想却烘托出我们时代的“主题氛围”。

企业管理的双重协奏

近20年来，在企业管理学领域，技术和情感、理性和非理性的融合愈来愈成为一个中心议题。在这方面，美国卡内基技术学院的心理学和管理学教授西蒙独树一帜，饮誉四海。卡内基（A. Carnegie）是新泽西卡内基钢铁公司的创始人，该公司是摩根美国钢铁有限公司的前身，在20世纪初统治着整个美国钢铁市场，卡内基成为资本主义凯旋时代美国白手起家、个人奋斗的人格典型，但西蒙教授在企业管理思想上进行的革新首先是拿卡内基一代人“打天下”的方法开刀的。西蒙是个多面手，在心理学、企业管理、人工智能和组织哲学方面都有独特建树，并曾于1978年获得过诺贝尔经济学奖。

西蒙学说的一个重要概念就是“人工性”。人工性是超越物质本质的性质，它意味着生产是一个艺术过程而不是一个自然过程。西蒙认为，工程、医学、建筑、绘画、管理和经济都是一些“人工科学”，在这些领域，必然性被或然性所取代，人类理性的作用受到心理因素的限制，这种思想驱使西蒙放弃了完美理性是经济理论固有特性的假设，提出了“有限理性原则”。

“有限理性原则”表明，人们的实际行为，即使是习惯认为最富有理性的，也至少在三个方面与客观理性有距离：一、理性追求完全的认识，要求对每一行为选择的结果都能预料到，但实际上，人们对行为结果的认识总是零碎的、断裂的；二、由于行为结果在时间上总是未来发生的事情，因而在价值判断上，经验的空白就会由想象来填补，而价值的预期总是不完善的；三、理性要求行为在各种不同可能性取舍中选择，而实际中，选择的可能性余地是十分有限的。实际行为与理论规范之间的这些距离揭示了行为选择的心理特征，说明人类行为的理性选择不可能超越选择的心理环境。在现实的管理决策中，理性和情感直觉结合为一个整体，两者的失衡必然导致决策的失误。

西蒙的管理决策理论有三个思想来源：一是由韦伯和杜尔凯姆为代表的社会学思潮，这种思潮重视以社会劳动分工和专门化为主旨的社会科层组织；二是以阿吉利斯（Chris Argyris）和里科特为代表的心理社会学思潮，该思潮注重研究多种变量对效率的影响，如受雇者的精神状态和满足程度对生产率的影响；三是以切斯特·巴纳德（Chester I. Barnard）为先导的管理学思潮，该思潮强调探索一般领导层通过形式措施对决策的影响，如组织、计划、预算、推动和控制系统等等。

从思维方式的角度说，企业管理思想的发展大致可分为三个阶段：第一阶段以简单的古典理性主义为指导，全部思考建立在一种实用的但却是错误的个人行为动机论上；第二阶段，人们开始研究非经济的动机，人际关系学和团体动力学兴起，这是一个突破性的进步；最后，综合性的整体认识形成，人们不仅注意到了组织理性和人际情感，而且开始重视人类行为的独立自由特性。西蒙集前人之大成，锻造出全新的综合管理方法，"系统平衡"从此成为企业家们的口头禅。

法国著名的马克思派经济学家弗朗索瓦·佩鲁（François Perroux）在这方面可谓"英雄所见略同"。佩鲁是法国应用经济学学院的创始人，目前是法兰西学院教授和法国经济与社会发展研究院的研究导师，他终生在社会主义和传统自由资本主义之间探求第三条道路，试图找到解决企业家和受薪者之间矛盾的方法。佩鲁深受马克思对19世纪资本主义见物不见人经营思想批判的启发，他在1981年出版的《探求一种新发展的哲学》（*Pour une philosophie du nouveau développement*）一书中指出，当我们开始推论、决策和选择时，我们并非是"无"中生有，而是在一种心理气氛中从一种既定的文化出发，这个文化是社会规范和价值观念的整体，人们的外在生活和内在意识都浸透着这一文化。佩鲁向人们描绘出一种新的"经济人"形象，在理性与情感、操作与创造之间搭起一座桥梁，使社会经济活动中多维复杂的"人际变量"成为现代经济学的重要课题之一。

美籍日本人威廉·大内（William Ouchi）的《Z理论》（*Theory Z*）一书是研究整体性企业管理思想的一本专著。大内认为美国式企业强调个人表现、奖励报酬、数字考核和高额利润，目标管理（MBO）、作业计划与评估成本收益分析成了美国现代管理的基本控制手段，这些做法都是基于这样一种思维方式：理性高于非理性，数量分析优于根据智慧、经验和敏感所作的判断，客观比主观更为重要。但日本式企业引以为荣的是企业团队精神和经营哲学，他们通过满足员工的社交、工作和生活需要来培植企业的家族式团体意识和外人无法理解的微妙人际关系，从而使企业产生强大的内聚力，使职工乐于共同承担风险、通力合作奋斗。大内的"Z理论"就是主张把这两种经营思想融为一体。"Z理论"的命名源于美国麻省理工学院教授麦格雷戈（D. McGregor）的"X理论"和"Y理论"管理方法，"X理论"假设人们的固有属性是懒惰的和不负责任的，需要时时地予以监视和惩罚，"Y理论"则假设人们的天性是积极进取、认真负责的，因而只需要给予支持刺激和奖励。"Z理论"实际上也是这两种方法的融合，但要融合得巧妙，用大内的话说，管理只有一小部分是科学，而绝大部分是艺术。

在企业管理学领域，对日本经营思想的研究是当今的一个热门。号称法国社会学界四强之一的左派理论家图海纳（A. Touraine）在此方面也不甘寂寞，他在《日本模式》（*Le modèle japonais*）一文中指出，英国的凯旋形象是靠蒸汽机和海外贸易塑造的，德国则是靠严密的工业、科学和军事组织，美国沾了天然边界和创业精神的光，轮到日本人，他们树起文化整体和集体人格的旗帜，向世人宣告泰罗式最佳方法的幻灭。

长期以来，人们一直错误地以为，企业的现代化就意味着严格遵循一些普遍的理性原则，似乎只要给企业组织编制好最佳的操作程序，就能创造出高效率。人们忘记了，“经济人”的任何情感失误和心理差错都会导致程序逆转、满盘皆输。人类在困惑、迷茫和心理骚乱的挣扎中认识到，科学观念的革命并非单纯知识积累的结果，而是在新、旧“主题氛围”的交替过程中实现。

今天，在各个科学领域，整体性观念的呼声已汇成时代大合唱，一首首双重协奏曲飘逸清新，然而先哲亚里士多德的古训犹如警钟长鸣：勇敢虽居于鲁莽和怯懦之间，却不是二者取其中，它实际上更靠近鲁莽一点。

隐喻的思维魔力 *

中国人是个很善于运用隐喻思维的民族，凡事都讲究个含蓄，太直露了就败人的雅兴，字字珠玑的唐诗宋词可说是把这种隐喻思维发挥得淋漓尽致，就是现代的巨智大哲们在晓人以经世治国的大道理时，也习惯于吟一首古诗或讲一串历史故事。记不得是哪篇文章上记载过，有一个美国代表团来华参观，临走时发了一通议论，中国人说他们这是“走马观花”，这四个字让美国的山姆大叔们颇费心思，回去后研究了半天，才弄明白里面还有个断腿骑马男人和塌鼻子持花女人的故事。

擅长抽象思维的西方自笛卡尔以降就讲究概念的清晰明白，每个概念都不知在理性的铁砧上敲打过多少遍，每门新学科的创立都伴随着一大串概念的规定。因为他们认为只有这样才能为一门学问找到独特的领域和立足的根基。直到近一二十年，西方才似乎真正发现了隐喻的思维魔力，这方面的研究也随之“热”了起来。在诸多的有关著述中，保罗·利科（Paul Ricoeur）的《活的隐喻》（*La métaphore vive*，1975）在海外特别受世人瞩目，这有其深刻的原因，绝非一种偶然的垂爱。

利科属于法国目前最有影响的那一类学者名流，是法国解释学（又译释义学或诠释学）的创始人和“国际哲学会”的主席。他早年

---

* 本文原刊于《读书》1989 年第 7—8 期合刊。

走出巴黎的大学校门时还一身浪漫的气息，后来在纳粹的监狱中过了一段囹圄生涯，这使他在冷酷寂寞中深化了对人生的哲思，凭着安身立命时期的韧性，他把德国现象学大师胡塞尔鲜为人睹的手稿翻译介绍到法国，影响了法国学者几代人的追求。利科虽是法国解释学的领袖，但却是个跨越多种思潮的人物，自20世纪60年代末以来，他一直任教于巴黎第十大学和美国芝加哥大学，常年频繁来往于欧美两大陆，他身上既有欧洲大陆的思辨传统，又有美国的求实精神。

在西方特别是法国的传统理论领域，隐喻作为一种思维手段一直受到贬低和责难，从苏格拉底开始，历经奥古斯丁学派、经院学派、笛卡尔主义和启蒙思想家，都把隐喻视为抽象思维的障碍。利科的《活的隐喻》一书就是要澄清这桩理论上的历史冤案，还隐喻应有的地位，这与导弹之父钱学森郑重提出的“形象思维是思维科学的突破口”可谓不谋而合。

在国计民生的关口，不去大谈上下几千年的文化历史、纵横六百万平方公里的政治经济，而去研讨什么“隐喻”，这似乎有点“有闲阶级”的味道，但思维方式与社会结构、行为规范之间那条连接的暗线，我们今天似乎还不太清楚。利科借隐喻这个小题目所揭示的，正是一部活生生的西方思维发展史。利科认为，西方对隐喻的认识大致可分为三个阶段，即修辞学阶段、语义学阶段和解释学阶段，这三个阶段组成隐喻的全部家史系谱。现在就让我们沿着这条线索来看看隐喻的丰富理论内涵和它所经历的风风雨雨。

被忘却的一段历史姻缘

隐喻与修辞学有着一段古老的姻缘，但这段姻缘的一些来龙去脉，已被现代文明抹煞了。

严格地说，西方最早创立修辞学的是古希腊圣哲亚里士多德，自他拍板定音之后，修辞学在整个知识体系中成为一门具有重要位置的学科。修辞学的产生与文学关系密切，拉丁文字只有二十几个字母，语言的全部丰富内涵就靠这有限的基本单元的排列组合了。西方抽象思维之所以发达早熟，很重要的原因是有语言结构上的基础，从修辞学到普遍语法再到语义逻辑，这是一条天然的阳光大道。

中国的情况则不同，从象形文字嬗变而来的表意文字有成千上万个基础符号，而且文字还有个逐步创造成形的过程，认识文字并不比认识事物本身容易，中国人能从文字部首中理出个头绪，或按四角号码和拼音找出规律，这已经是一项了不起的工程。在中国历史上那个诸子百家争鸣、思维火花迸射的春秋战国时代，没有哪位圣哲创立修辞学这样一门基础学问，孔子的六艺中也未触及语言问题，这是有他们难言的苦衷，不能过于怪罪老祖宗。即便是后来从《尔雅》和《说文解字》中发展起来的训诂学，虽耗尽了不知多少人的智慧，终究未能成为通向逻辑的跳板。中国人当然具有逻辑思维潜能，但是它们都移情到阴阳学说中去了。

在西方古典修辞学中，隐喻是14种修辞法之一，其他修辞法有提喻、换喻、转喻、讽喻、代称、误称、拟声、形容、寓意、隐晦、婉转、夸张和倒置。这种理论上的罗列，是所有前科学的共同特征。在亚里士多德时代，比喻只是隐喻的一种类型，隐喻是个更广泛的概念，亚氏在比喻和隐喻之间作了很细腻的区别，当我们说“他像雄狮一样冲锋陷阵”时，这是比喻，而说“狮子在冲锋陷阵”时，那就是隐喻了。在比喻中有一个语法上的虚词把两个实词连接起来，而在隐喻中，是一个实词替代了另一个实词，两个相互替代的实词之间客观上具有可证实的相似、类似和相像的关系。但在亚里士多德之后，隐喻与比喻的关系被颠倒过来，隐喻成了比喻的一种类型，隐喻被视为一种简洁的比喻。同时，隐喻与相似原则的关系进一步强化，脱离了相似性，就找不到解释隐喻的钥匙。

然而谁能想到，隐喻赖以建立的相似性原则成为它再也难能翻身的"阶级烙印"，在西方思维从"差不多世界"走向"精确宇宙"的历史性跨越中，隐喻被抛在"观念断裂"的此岸，眼望着那条载满概念、推理、判断的科学语言之舟，向着逻辑真理的彼岸鼓起风帆，一路凯歌地行进。隐喻从此成为修辞学后花园里的一棵小草，它的存在只是为了点缀和陪衬别人的姹紫嫣红，一把逻辑的大锁把它关在理性的门外。

对隐喻的语义发掘

把隐喻从修辞学的古老地宫里拉出来晒太阳的是现代语言学的鼻祖索绪尔（Ferdinand de Saussure）。这位出身于书香门第、祖宗几代都曾在智坛上走红的瑞士人，曾以他的"历时性"和"共时性"理论为西方现代思潮的冲击波吹响前奏。索绪尔在他声名赫赫的《普通语言学教程》(*Cours de linguistique générale*）中认为，隐喻的作用纯粹是"阐明性"的，它可使我们对概念的清晰可靠有更深刻的认识。

然而真正使隐喻走出修辞学并在语义学上获得独特地位的是俄国血统的美国语言学家雅各布森（R. Jakobson）。雅各布森参与创立布拉格语言学俱乐部时就已名声在外，第二次世界大战中为逃避纳粹迫害随爱因斯坦那一大批知识精英流失到美国，这件事至今令欧洲人痛心疾首，因为自己娘的奶养壮了别人怀中的孩儿。雅各布森不是个墨守成规的学者，在诸多领域都插上一脚，而且一脚插下去就会有点响动。在人类学、民俗学、精神分析学和信息论等领域，他都提出一些让人吃惊的假说和新颖模式。在语义学上最为雅各布森赢得声誉的是他创立的“隐喻”和“换喻”二元语义结构，在这种二元结构中，隐喻有史以来第一次跳出修辞学的狭窄天地，有了语义学上的深刻意义。在雅氏看来，隐喻不仅仅起语言色彩和风格的修饰作用，而且是代表语言的一种根本内在功能，隐喻的相似功能和换喻的替代功能实际上是不可分割的。

可惜，雅各布森没有在此基础上再前进一步，没有完全摆脱传统的偏见。他认为隐喻的相似和替代功能属于“语言神话学”的范畴，是通过创造性的移位和倒置来表达世界，它的形式是神话、梦幻、魔法和诗歌，这与理性的科学认知功能是大不相同的，后者是通过密码的诠释和规则的揭示来了解世界。

实际上，雅各布森的思想仍属于近代在西方十分流行的看法。建立在相似性原则上的隐喻只会带来概念的歧义、模糊、暧昧和含混，它虽具有丰富的内涵，但缺乏科学理性要求的精确和清晰。当我们说“像什么”的时候，这已经意味着与事物的本来面貌拉开了一定距离，而这段距离在传统思想大师们眼里就是达到真理不可逾越的障碍。

对隐喻的哲理“正名”

在隐喻理论的发展中，起身为隐喻公开“正名”并打破隐喻和概念传统对立的是怀疑大师尼采。尼采在一段时间里背上了“法西斯理论家”的黑锅，这有点像人们把“批林”和“批孔”奇迹般地联系起来一样。当然，尼采在理论上的历史功过自有他的国人后代去评说，他骂祖宗也好，反传统也好，都是在他自身文化圈中，不深谙西方文化渊源和发展史的人很难体味其中的奥妙。我们所关切的是，尼采破中有立，他在隐喻和概念之间建立起一种新的联系，认为真理的意义是通过多种途径揭示的，概念是真理意义纵的剖面，而隐喻则宛若真理意义横的剖面。

请听听尼采语惊四座的慷慨陈词吧：“什么是真理？它是一团滚动的隐喻、换喻和神人同形的云朵，一句话，是诗歌和修辞学烘托、移位和美饰的人类关系总和，这些关系经过长期的习惯约定，成为表面看来稳定的、有规则的、带有强制性的东西：真理原是人们的幻想，却已被人们遗忘，真理是已被磨损的隐喻，不再有感人的力量，就像一枚硬币被磨去表面的图像，它的价值只剩下金属。”尼采的很多哲学著作都是以这种诗一般的隐喻语言写成的，这本身对传统来说已经是一个“叛逆性”的行为，他关于隐喻的论述还有一层更深刻的含义：世界本来就有很多说不清道不明的“黑箱”，无法用概念简单明晰地规定，隐喻并非人类自然语言异想天开的创造，而是世界自身含有的性质，真理在一些特定情况下常常是“犹抱琵琶半遮面”，只有通过隐喻才能露出它迷茫的面孔。

另一位德国著名哲学家海德格尔用更为思辨的语言阐述了隐喻的思维功能。海德格尔有一句名言：“隐喻性只存在于超验性之中。”在他看来，隐喻是从本义到转义的过渡，而超验是从感性到非感性的过渡，这两种过渡实质上是一码事，二者之间有着一种深藏的姻缘，都是思维对现实的一种超越，是思维去把握用经验无法把握的事物的一种手段。现实是个万花筒，由于我们认识能力的局限，所有的真理都是无法绝对把握的，在这种意义上说，所有的理论解释，不管是科学的还是诗意的，都或多或少地带有隐喻的性质。

尼采和海德格尔这两位权威哲人的论述在理性法庭为隐喻"正名平反"，隐喻从此堂堂正正地走出修辞学和语言学藩篱，进入抽象思维的王国。但这王国距科学的宫殿仍有一步之遥。跨越这一步之遥耗费了一代人的时间。

对隐喻的科学阐释

西方的解释学是从研究《圣经》、法典和古文学经典的诠释学和文献学中发展起来的一种方法论，由于大家在解释祖宗立下的规矩时产生了歧义和争吵，于是想起来建立普遍的解释标准和方法。所以解释学的目的还不仅仅是为了帮助"理解"，而是把由于历史的风蚀雨侵被人遗忘或曲解了的真实意义发掘和"解释"出来。利科说，解释学的创立是"在与自然科学有关的领域进行的一次类似康德哲学的革命"。其实，过去几千年中国的儒家"正统学问"多半是在进行四书五经的注释、训诂、考据，中国早就应从训诂学和考据学中发展出自己的解释学，但遗憾的是那片古老的土地没有露出新的生机，解释学在今天对我们又成了新玩意儿。

利科对隐喻的解释就是要揭示隐喻被埋没了的理论功能，这种理论功能在弗洛伊德的学说里表现得特别突出。弗洛伊德在西方首先被视为一个科学家，他的职业是神经病和精神病医生。和所有的思想变革大师一样，弗氏在理论上一直是个有争议的人物，由于他的理论的一些关键概念都是以隐喻的形式出现的，所以常被人指责为“概念含混”。在这方面一个最典型的例子就是他对潜意识理论的描述：“潜意识住在广阔的前厅，而意识则住在较为狭窄的与前厅相毗连的客厅，在客厅通往前厅的门口，有一个守门人负责审查心理意向，如果潜意识在守门人清醒时来到门槛，就会受到阻拦，并被打发回去，这就是压抑。”“客厅”、“守门人”、“审查”……这都是一些隐喻，但这些隐喻在解释潜意识这个对于精神分析学至关重要的理论时起了不可替代的作用。弗洛伊德在回答人们对他的责难时说，在我们达到理论的完善和精确之前，我们不能轻视幻想式描述的作用，只要提一下法国物理学家安培怎样用“在电流中游泳的娃娃”这个著名比喻来解释电磁学就够了，尽管这类比喻可能还很不确切，但却有助于我们理解一些科学的新发现。

精神分析学的建立彻底打破了隐喻和概念、诗和科学的古典对立，它向人们证明，科学定义的完善是在整个研究过程之后，科学新概念的形成有个时间上的过程，所有明确限定的概念在形成之初都必然包含着一些不确定性和隐喻性。马克思在《〈政治经济学批判〉导言》一文中曾指出，科学的方法有两条道路，第一条道路是从“完整的表象蒸发为抽象的规定”，第二条道路是“抽象的规定在思维行程中导致具体的再现”。对于经济学来说，后一条显然是科学的道路，因为前一条道路是“经济学在产生时期在历史上走过的”，古典经济学家已经从人口、民族、国家等生动整体开始，抽象出分工、货币、价值等具有决定意义的一般关系，所以《资本论》的叙述出发点应是“商品”这种抽象的一般规定，相当于黑格尔《逻辑学》中的“存在”。但对精神分析学这样一门全新的学科，它的所有根本观念都是在处女地里生长起来的，因而也就无法避免隐喻的那层朦胧纱幕，它要自己走完第一条艰难而苦涩的道路。

在隐喻的研究领域，隐喻的模式功能是目前最受人关注的，因为这一功能的发现将会整个改变人们对思维结构的看法。在当代的科学语言中，我们经常碰到一些很时兴的词汇，如“模式”、“类型”、“结构”、“格式塔”、“范式”等，这些词汇有两个特点，决定了它们在功能上与隐喻有很多一致的地方。一个特点是，模式和隐喻一样，也是服从于相似性原则的，模式之为模式是因为它是针对“原型”建立的，不能不带有某种假设的性质；另一个特点是，模式具有“传染性”，一经建立就会被别的领域借用，对于借用的领域，就有“移位”和“替代”的问题，也就是说具有隐喻性。例如“传讯”这个概念最早是语言学提出的，是指按照规则组织起来的信号群，由发射者通过某种渠道向接收者传送。但在法国人类学家莱维—斯特劳斯（Claude Lévi-Strauss）那里，这个概念有了全新的含义。它不再是原来的含义，而是指原始部落间妇女的交换，而保证这种“讯息传递”的亲属和婚姻关系被叫做“语法”。法国著名生物学家、诺贝尔奖获得者雅各布完成了生物学的“语汇革命”，他的遗传学就都是以“传讯”、“密码”、“程序”这类信息论语言写成的。

美国人布莱克（Max Black）对模式和隐喻的关系作过专门的研究，他把模式按照形式和功能分为三个层次。在最低层次是“规模型模式”：如大东西缩小（舰船模型）和小东西放大（蚊子腿的模型），一个游戏过程的慢速重现或一个社会过程的缩影和模拟。这类模式是以不对等的规模来展示事物的面貌和功能。处在中间层次的是“同构模式”：如一个经济系统中的水力灌溉模型或一个电脑的电路模型，在这种情况下，模式所反映的不是事物的外貌，而是事物的内部结构，这在数学上叫做同构性。在最高层次的是“理论模式”，这也是一种同构性模式，但并不是一种要展示或制造的事物，而是一种新的语言和科学观念。任何理论在初创时期都无法跳过模式阶段，都与隐喻有着一种潜在的联系。

利科在《活的隐喻》一书中真正要向人们揭示的还不仅仅是这本书的结论，而是一种新的研究方法。它告诉人们，思想家不应是只懂得在旧有概念上敲敲打打、凿磨堆砌的工匠，而应以活的语言在生动的现实舞台上导演敢哭敢笑的活剧！

法国当代社会学四大流派*

1996年6—8月，我在法国高等社会科学研究院从事了3个月的学术访问，主要进行社会保障体制的课题研究，在此期间也顺便对法国社会学的新进展进行了考察，阅读了不少原著，并与一些专家学者就此进行了讨论，这组文章实际上是读书评论和讨论的总结，并不具有专题研究的深度，但这种介绍和评论，对关注法国社会学理论发展的学者来说或许是有所裨益的。

在欧洲大陆，经典的文化知识历史传统都烙有国度的徽印：德国以哲学思辨著称于世，康德、黑格尔、胡塞尔、海德格尔成为几代宗师；英国则以经济理论开现代思想先河，亚当·斯密、大卫·李嘉图、马歇尔、凯恩斯，各有新创，却也一脉相承；法国历来以社会政治理论引以为骄傲，卢梭、伏尔泰、孔德、托克维尔都设计过社会共同生活的准则。第二次世界大战以后，法国几乎成为知识思想流派的中心，影响了整整两代人的存在主义和结构主义，其主要代表人物都聚集在巴黎，如萨特、梅洛—庞蒂、加缪、列维—斯特劳斯、福柯、拉康、阿尔都塞等等，他们代表的也可能是两个当代历史上最后的古典意义上的“学派”，即对一种学术上的“主义”的捍卫，但实际上结构主义本身也已经超越了

---

* 本文原刊于《读书》1997年第4期，原文标题为《四大流派》。

这种意义上的“学派”。

今天，在法国的学术界，一方面是少数被称为“思想家”的学者，仍然在那里对一些本体性的或元科学性的重大问题进行着哲学的反思，另一方面是广大的“普通”研究者投入一些非常具体、专门和技术化的研究工作。学术界在强调跨学科研究和对话、沟通、合作的同时，各学科的职业化意识却愈来愈强烈了。特别是一些传统知识地位受到威胁的古老学科，在学术圈子变得越来越狭小的同时，进入学术的门槛却在升高。这似乎是在向社会宣示，要维护那受到市场挑战的学术尊严。

笼罩着学坛宗主光环的思想大师消失了，普遍通用的理论范式终结了，使全社会感兴趣并由大众传媒热情鼓动的学术话题罕见了，思想大师或学术坛主之间的大争论和知识拳击战看不到了。有的人认为这是再生产社会中知识创造的枯竭，也有人认为这种学术职业化倾向是向自然科学的皈依，还有的人认为这标志着追求知识统一律时代的结束和追求多样化时代的开始。不管怎样，对知识研究的线索和学派进行归纳、综合的难度显著增加了。

从20世纪70年代中期到80年代末，法国当代社会学逐渐形成了四大主要理论思潮，无论是从社会知名度、学术地位还是从著作发表量和著作引用率来看，这四大理论思潮所形成的格局至今尚未被完全超越。

布迪厄（P. Bourdieu）的文化再生产理论

在法国，布迪厄往往被学派划分者称为“后结构主义”或“生成结构主义”，因为他不仅实际参加了结构主义的论争，而且在研究中深受结构主义的影响，同时又对结构主义进行了多方面的建设性批判。他的文化再生产理论的主要概念是“场”、“习性”、“文化资本”等，这些概念在很大程度上是他为了摆脱和超越结构主义而创造的。根据布迪厄的定义，“场”不是一种社会结构，而是一种社会关系网络，凡是真实的事物都存在于社会关系网络之中，但这种关系不是主体间的关系或行动者之间的互动关系，而是社会位置之间的客观关系，是“各种力量的位置之间的客观关系网络”。在高度分化的社会中，社会分成很多“场”，如经济场、权力场、法律场、艺术场等等。每个“场”都有自己特有的规律、逻辑和追求的价值，如经济场是排斥亲属关系的，而艺术场是排斥利润目标的等等。各种社会角色的作用都依赖于他们在不同的“场”中的位置，以及在特定的资本分配中的位置。“习性”（Habitus）是布迪厄为了避免使用“习惯”一词而采用的一个拉丁文的词，为的是要摆脱“习惯”一词具有的被动含义，在这个概念的创造中，布迪厄实际上深受马克思在《关于费尔巴哈的提纲》中提出的“实践”概念的影响。布迪厄认为，“习性”既是“场”的产物，同时“习性”本身具有生成能力，它使“场”成为有意义的、有价值的世界，这既是与主体哲学的决裂，也是与结构哲学的决裂。“习性”是社会在一定时期和地点的全部观念意识、价值评价和行动规范的总和，是客观关系和个人行动的中介，是“实践的具有生成能力的语法”。布迪厄在他的理论中引入很多经济学的术语，如市场投资、利益、资本、再生产等等，但都赋予其新的意义。“文化资本”就是指各种不断再生产的和决定着人们的社会位置的资源，如信息、阶级价值、象征性权力、知识传统，甚至语言本身。

布迪厄是目前很受美国学者青睐的欧洲大陆学者，他的国际声望也进一步提高了他的国内学术地位，他每年大约有三分之一的学术活动时间在美国。在欧洲的著名社会学理论家当中，他与德国的哈贝马斯和英国的吉登斯的一个很大不同是，他更加注重对理论假设的经验证明。从60年代开始，他就组织和进行了大量的经验调查（包括问卷调查和访谈调查），以作为其理论的佐证和支持。他的调查大多数都集中在文化教育领域，如他和他的研究组对大学生的实践和文化知识的调查，形成了《继承者们》（*Les Héritiers*）一书；对工商管理和技术专业大学的调查，形成《国家的贵族》（*La Noblesse d'État*）一书。布迪厄有代表性的两部理论著作都是在70年代完成的，一部是《再生产》（*La Reproduction*），一部是《区隔：判断力的社会批判》（*La Distinction:Critique sociale du jugement*）。这两部著作基本上是在论证一个主题，即人们原以为是自身创造的那些文化产物和社会关系，事实上都成为决定和影响人们的行动的客观力量，使社会文化的再生产成为超越个人期望、选择、意见的过程。在《区隔：判断力的社会批判》一书中，布迪厄有一句名言："分类者是由分类的方式来分类的。"在该书中，布迪厄将统计分析和文化人类学方法相结合，从深化康德对判断力的批判出发，透过人们对吃、穿、住房、商店、诊所、家具、汽车以至宠物、花、儿童玩具等的口味偏好，来分析和揭示这些口味偏好形成的社会根源和再生产能力，从而更新了传统的社会分层的观察角度和分析方法。他认为，社会主体是被他们自己使用的划分和区别标准来划分的，人们对聪明和愚蠢、美丽和丑、时髦和过时、杰出和平庸的不同判断恰恰表示了他们在客观的社会阶级分层中的位置。

图海纳（A. Touraine）的行动理论

在法国，一个很特殊的现象是，当结构主义思潮风靡了西方几乎所有的人文学科（如语言学、哲学、历史学、人类学、文学理论等等）时，社会学出身的学者都既很少介入争论，也未受到重大影响，社会学界只有哲学出身的布迪厄有所介入。在这个时期，社会学形成了与结构主义相对立的理论思潮，图海纳的行动主义就是其一，其关注的焦点是社会学的经典主题：社会变迁、社会运动、社会转型。

图海纳的研究最早主要是在劳动社会学领域，而劳动社会学实际上是工业社会学在欧洲大陆的称谓。他的研究从对法国雷诺汽车厂的调查开始，该调查结果形成了他最早发表的著作《雷诺工厂工人劳动的演变》（*L'évolution du travail aux usines Renault*）。60年代初他对农民工的调查形成了《农民出身的工人》（*Ouvriers d'origine agricole*）一书。

图海纳的理论发展可以分为三个阶段，这三个阶段以他的三本主要理论著作为标志，这就是《行动社会学》（*Sociologie de l'action*，1965）、《社会的生产》（*Production de la société*，1973）和《现代性批判》（*Critique de la modernité*，1992）。《行动社会学》一书是图海纳对其早期多种经验调查的理论总结。他认为，社会学是研究社会行动的科学，经过一个多世纪的探索，社会学才发现了社会行动这一特定研究对象，最终放弃了对决定论的历史“规律”的求助。图海纳明确提出要“返回主体”，认为不能把社会行动仅仅理解为对社会境况的反应，社会行动是创造、是革新，而社会运动是共同利益驱使下的有目的行动，它可以产生冲突、制度和新的社会关系；同时，也不能把社会行动视为一种自然主义历史运动的表象，从而使从自然到文化的过渡变得难以理解；最后，社会行动也并非完全是个人的主观动意，行动者处在社会关系的系统中，社会行动是互动和交流。在其理论发展的早期，图海纳想使他创造的行动主义成为与功能主义和结构主义并列的一种理论和方法，他认为这三种理论是相联的、互补的，具有共同的本质，都隶属于一个总的社会行动科学：结构主义是研究社会行动的象征符号系统，功能主义是研究社会行动的社会关系系统，而行动主义是研究社会行动的社会历史运动系统。

《社会的生产》一书的主题是探索社会的自我生产和自我转变过程。图海纳在该书中首次提出自己要超越功能主义。他认为，人类社会不能以社会功能的规则和工具来定义，不能归纳为一种一成不变的再生产的组织，也不仅仅是适应某种外部环境的产物；决定社会发展过程的不仅仅是生产力的状况，更重要的是生产力的创造性即行动能力，社会的功能规则是可以通过行动者的力量对比关系的变化来改变的；过去的社会哲学总是用神意、规律、进化、自然需要等原则来解释工业资本主义和西方文明的凯旋，但人们看到，社会自身有改变自己的行动能力，它既可以走向极权、排斥和毁灭，也可以通过创新步入新的时代。图海纳的行动社会学带有明显的主体社会学色彩，他实际上已经有意识地与布迪厄具有客体社会学色彩的社会文化再生产理论相抗衡。

《现代性批判》的发表，标志着图海纳的理论发展达到一个新的高度，关于这本著作在其理论体系构造中的重要意义，在以后谈到图海纳行动理论学派的形成时再加以分析。

布东（R. Boudon）的方法论个体主义

布东的方法论个体主义理论的发展过程，体现在他的五本有代表性的著作中：《机会的不平等：工业社会中的社会流动》（*L'Inégalité des chances*）、《反常结果和社会秩序》（*Effets pervers et Ordre social*）、《无序的作用：社会变迁理论批判》（*La Place du désordre. Critique des théories du changement social*）、《社会学批判词典》（*Dictionnaire critique de la sociologie*，与 Bourricaud 合著）、《意识形态或已有观念的来源》（*L'Idéologie, ou l'Origine des idées reçues*）。前三本著作都是经验研究的专著，而后两本著作是纯粹的理论阐述。

布东的方法论个体主义，实际上是向法国自身从杜尔凯姆开始的社会学传统提出挑战，是对把社会整体系统或整体社会结构作为研究对象的社会学提出质疑。布东承继了韦伯、帕累托（Vilfredo Pareto）的理论和方法传统，强调方法论个体主义，就是“在解释一种社会现象时，总是把它作为个人行动的结果”。布东积极参与了社会科学在方法论上个体主义与整体主义的激烈论争，从而使他成为方法论个体主义在社会学领域的代表，就像波普是这种理论在科学哲学和逻辑学领域的代表，哈耶克是其在经济学领域的代表一样。

布东认为，杜尔凯姆强调整体结构的决定性作用，但忽略了从个人行动到集体行动的过渡过程。例如，杜尔凯姆发现，与人们常识性的预期相反，在经济繁荣时期，常常伴随着自杀率的提高，对这一现象，杜尔凯姆认为是“社会原因”造成的，是社会结构的影响，是由于在经济增长的同时社会结构整合能力的不适应所导致的结果；但与此同时，杜尔凯姆又附带着说，在经济繁荣的乐观时期，个人容易产生过高的预期，在这种气氛中，一旦有挫折就更容易幻灭和遭受失望的打击。布东认为，杜尔凯姆前面的解释是整体主义的，后面附带的解释才是真实的个体主义的。关于从个体行动到集体行动的过渡，布东十分推崇奥尔森（Mancur Lloyd Olson）的《集体行动的逻辑》（*The Logic of Collective Action*）一书所做的贡献。奥尔森在该书中提出，共同的利益并不足以导致集体行动，即使有了共同利益的意识，个人也有可能不组织和不参与集体行动，这或者是由于参加集体行动的成本过高，而且个人参加的效率几乎为零，或者是个人可以“搭便车”，集体行动的好处对个人来说并不依赖于他的参加，在这种情况下，个人尽管有实现集体目标的能力和愿望，但却不付诸行动。布东实际上也是从这一个人理性选择理论出发去探索个人的利益和行动是如何聚合的，他特别强调要研究“反常结果”的现象，即无数个体的行动往往汇集成与行动者追求的目标恰恰相反的结果，这种现象往往被行动者所忽视，但社会关系的复杂性使这种现象增多。经典的例子是金融方面的谣言，当关于一家银行偿付能力的谣言传开时，储户纷纷提款，以免利益受损，而这种个人行动聚合的结果，是使该银行真的处于无偿付能力的境地，最终的结果是储户利益受损。

布东竭力以他的方法论个体主义在结构功能主义长期占优势的社会变迁和社会流动研究领域打开缺口。他指出，“对于社会变迁，即使在宏观社会学领域，也只有使分析深入到最基础的社会行动者层面才能理解，因为正是社会行动者构成了与社会变迁有关的相互依赖系统”（《社会的逻辑》，第162页）。在关于大学教育的研究中，尽管布东与布迪厄的经验结果一致，都证实了“机会的不平等”，但两人的解释却完全不一样。布迪厄强调机会的不平等是制度化结构和文化资本的再生产的结果，而布东强调这是个人的选择和决策的结果，因为处于较低社会阶层的青年，一般来说会相对低估教育投资的价值和未来收益，高估教育投资对目前的不利和风险。

克罗齐耶（M. Crozier）的战略分析理论

克罗齐耶的研究领域是组织社会学，他曾长期担任巴黎政治学院组织社会学研究所的所长。克罗齐耶是法国社会学中较多受美国社会学影响的学者，他早期研究的主题很近似于美国早期的工业社会学和工业心理学的研究主题，后来与默顿（Robert Merton）、古尔德纳（Alvin W. Gouldner）、霍曼斯（George Homans）、马奇（James March）和西蒙以及塞尔兹尼克（Philip Selznick）等学者的研究方向相近。与布迪厄和图海纳截然不同，在克罗齐耶的理论中，不再谈社会划分、阶级关系、社会的生产或再生产，而是谈组织的功能、功能障碍、权力关系、战略选择等等。在克罗齐耶看来，现代社会是高度组织化的社会，组织是人类为了完成全部的社会功能而创造的，组织的成功是现代社会的标志之一或者根本标志，现代的人只能在组织系统中行动，通过在组织系统中的行动来达到行动的目的。“战略”是克罗齐耶的著作中最常用的概念，在他的理论中，这个词的意思就是行动者如何在反应中采取有利于自己的行动，在美国这个词常常被相近意思的“博弈”或“理性选择”代替。

克罗齐耶是以研究官僚组织而著名的。他从韦伯关于官僚制的命题出发，把组织的官僚化纳入集体行动理性化的总过程，与韦伯不同的是，他不是要证明这个理性化的过程，而是要通过经验研究，探索官僚组织的病理。克罗齐耶所进行的经验调查主要涉及两种组织类型，即工业组织和行政管理组织。他在调查中发现，组织在发展当中有四个一般特征：一是非人格化的规则大量增加；二是决策不断中心化；三是组织的每一等级层次都是孤立的，群体对个人具有压力；四是在发展中产生并列的权力关系，造成依附和冲突。他认为，组织无论在什么国度（东方还是西方），也无论是什么性质（经济还是政治）或属于什么体制（民主还是集权），官僚化都是其通常的定律。官僚组织系统的平衡，建立在一系列相对稳定的“恶循环”之上，在这种恶循环中，官僚组织的领导为了解决组织中的冲突和功能障碍，往往是更进一步完善非人格化的规律和强化集中决策机制，其结果是使组织弹性进一步降低，出现更多的冲突。

克罗齐耶在其有着很大的影响的《行动者与系统：集体行动的政治学》（*L'Acteur et le système:Les contraintes de l'action collective*）一书中，试图建立一种更具有普遍意义的组织理论。他强调组织不是抽象的实体，也不是近似于自然和客观的存在，而是“社会构建物”。在组织中，每个人都按照与个人相适应的战略行动，其行动有清楚的目标，是积极能动的，并随时间和条件的变化而调整。在提出这种具有浓厚的理性选择理论色彩的命题之后，克罗齐耶又指出，行动者不是追求绝对理性，而只是追求满意度的改善，在这里可以明显看出西蒙等人的“有限理性论”对他的影响。在克罗齐耶的战略分析理论中，引起人们广泛关注的是他关于“权力”的看法。他认为，在组织当中，权力对个人来说不是财产或先赋秉性，而是关系，权力只有通过变换、适应、谈判等才能发挥作用；权力是一种力量关系，是不对等的，但每一个互动中的对手，都有一定的可以变动的权力的自由边际，如下级也有拒绝上司要求的可能，这就使权力关系出现“不确定区域”，这是博弈和进行战略选择的领域，其结果会有各种可能性，行动者的战略目标之一，就是保持自己权力的自由边际，扩大行动的可能性，控制不确定区域。他的一句名言是：“有效的行动是与系统相适应的行动，而不是与系统相对抗的行动。”

分立抗衡的两大学派：布迪厄和图海纳 *

法国的大学的确很像是社会再生产的机器：多数政界高官都毕业于巴黎政治学院和法国高等行政学院，多数的工商巨子都毕业于各种工商和管理专科大学，而巴黎高等师范大学一直是法国著名文人的摇篮，布迪厄、图海纳、布东和克罗齐耶这四位法国当代社会学的巨头，除了克罗齐耶是法国高等商学院毕业，其他三人都毕业于有着悠久历史的巴黎路易大帝中学和巴黎高等师范学院，那里也哺育过萨特和阿隆等老一代著名文人。从理论传统看，布迪厄仍有过去学术大师包容一切的风范，哲学、文学、音乐、艺术、教育、历史、语言等传统人文学科无不涉足，相比较之下，图海纳则比较专一侧重于劳动社会学和对社会运动、社会变迁的研究；布东和克罗齐耶是两位深受美国社会学影响的学者，他们都在美国斯坦福大学行为科学高等研究中心从事过研究工作，并在哈佛大学、加州大学等学校任过教。他们自 60 年代先后成名，并逐步形成法国当代社会学的四雄格局后，成为至今难以超越的老一辈学者。无论是社会学教科书的介绍、大众媒体的关注，还是著作的引证量和知名度，新秀们都还难以取代其地位。不过，到 1996 年，他们相继卸去研究组织的领导职务，退休或步入退休

---

* 本文原刊于《读书》1997 年第 5 期，原文题目为《分立抗衡的两大学派》。

的年龄，其中年龄最长的克罗齐耶已74岁，基本停止笔耕，图海纳71岁，布迪厄66岁，最年轻的布东也已62岁。

布东还不断有新著问世，1990年出版了《相信虚假、含混和可疑观念的艺术》(*L'Art de se persuader, des idées douteuses, fragiles ou fausses*)，1995年出版了《正确和真实》(*Le Juste et le Vrai*)。布东是法国社会学家中数学功底最为深厚的，但他晚年的研究却愈来愈哲学化了。他从齐美尔关于虚假观念来源的命题出发，声称要建立一种认知社会学，他认为在过去的认知科学中，人们总是指责感觉、情感、无意识等因素是盲目信仰的根源，其实人们信仰的来源就是被认为有价值的论据，人们的很多虚假的、疑问的观念就是经过了所谓逻辑的和科学的论证而使人相信的。布东的认知社会学实际上是要对理性进行批判，认为理性有时的作用就是使虚假的信仰理性化，但理性本身的难题是，有时对虚假观念的集体信仰之所以能强加于社会，并被认为是“正确的”和“真实的”，只是因为它们经过了“合理的推论”，而我们又没有任何理由不认为这种“合理推论”是“有价值的”。但布东的这些有价值的哲学思考在社会学界很少听到回声。

与克罗齐耶和布东不同，布迪厄和图海纳尽管年逾花甲，却仍十分活跃，不仅仍不断地有新著问世，而且站出来对各种重大的社会问题发表意见，他们仍然是大众媒体关注的对象，而且，由于他们的众多弟子都成长起来，他们逐渐成为目前法国社会学中分立的和相左的两大学派。

布迪厄在晚年一方面仍在担当着社会批判和文化批判的角色，另一方面竭力为布迪厄学派奠立方法论的基础。他1992年出版了《艺术的法则：文学场的生成和结构》(*Les règles de l'art : genèse et structure du champ littéraire*），这是一本研究 19 世纪法国著名作家福楼拜的巨著。对法国学者来说，小说《包法利夫人》的作者福楼拜，因其所具有的浪漫现实主义的复杂色彩，而持有一种特殊的恒久魅力，关于他的研究著作不胜枚举。萨特在晚年也曾以《家族的白痴》（*L'Idiot de la famille*）为名写了三大卷研究 1821—1857 年的福楼拜的著作。布迪厄在他这本研究福楼拜的巨著中专门辟一章谈方法论，他重申他的方法是与结构主义的范式决裂，但又不重新陷入古老的主体哲学和意识哲学，同时，他的方法也与古典经济学关于经济人的范式决裂，该范式以"方法论个体主义"的名义又重新出现。这本书的主旨，就是以福楼拜为研究个案，分析作家如何致力于创造文学世界和成为他的创造物的主人，但他们自己又被他们致力于创造的文学世界所创造。布迪厄借此所要解释的，就是社会主体的创造力对社会结构生成的意义以及社会结构对社会主体的制约作用。1993 年，布迪厄出版了在他指导下由 22 位社会学者集体完成的《世界的苦难》（*La misère du monde*）一书，这是一个集体课题组在为期三年的时间里，对当代法国社会中各种悲惨境况的产生条件所进行的访谈调查结果，调查对象涉及学生、工人、农业劳动者、准无产者、工薪阶层、手工艺人等等。全书近千页，而且全是用小号字排版，真实的访谈记录就像是在向人们以口述史的方式讲述日常生活中的各种悲惨故事。布迪厄在前言中说，这本著作是要让一般法国人和政治官员了解那些很难听到其呼声的生活困苦的人们，一些人往往把眼睛盯在舆论调查结果上，另一些人则在体制外进行抗议，但对这些真实的悲惨生活都知之甚少。

布迪厄最新的著作是 1994 年出版的《实践理性：关于行动的

理论》(*Raisons pratiques: Sur la théorie de l'action*),这本著作很像是布迪厄的理论研究的总结,是以布迪厄在法兰西学院和日本、美国、德国、荷兰等地的学术讲演稿为基础编纂而成的,布迪厄声称该书汇集了他一生研究中最重要的和最基本的东西。在该书中,布迪厄强调指出,他的科学研究的理论基础是一种人类学理论,他称之为"关系科学的哲学",因为这种哲学把客观的社会关系放在研究的最重要的位置,从而与那些注重实体研究(如个人、群体等)的理论相对立。布迪厄认为,这也是一种行动哲学,但强调行动者是在他们"嵌入"的关系网络中活动,这种行动哲学与许多相关的概念决裂,如"主体"、"动机"、"角色"等等,同时又与那些著名的二元论决裂,如个人/社会、个体/集体、意识/无意识、客观/主观等等。布迪厄说这本书是为了澄清人们对他理论的一些误解,但实际上是为了回答许多人对他文化再生产理论的决定论色彩的指责,并论证他的理论的普遍适用性。

尽管布迪厄在各种学术场合不断地与结构主义划清界限,但在许多人看来,他的理论仍然带有明显的结构主义色彩,他似乎在力图创立关于文化的《资本论》,但他的文化再生产理论的客观主义在新一代学者返回主体的思潮中往往受到非议,甚至他过去的追随者也因此而离开他。然而,布迪厄的魅力在于,他仍然是那种博学型的学者和哲理型的思想家,他有众多的弟子,是法国最高学术机构法兰西学院唯一的社会学院士,而且至今仍在领导着法国高等社会科学研究院的欧洲社会学研究所。

图海纳晚年的学术活动也没有因其年龄的关系而变得沉寂,相反,与布迪厄的文化再生产理论相抗衡的行动主义学派在他的领导下基本形成，这种行动主义更强调主体的能动作用，特别是社会运动创造历史的能动作用。图海纳学派的形成有一个过程，从 70 年代末开始，图海纳就建立了一个相对稳定的调查研究组，运用图海纳创立的社会干预调查方法（intervention sociologique），对各种社会运动进行调查。这种调查方法是很独特的，如在对同一个企业的职工调查时，往往是分成若干个调查小组，并邀请被调查的对象直接参与调查，让他们与有关的企业主、工会、政党、新闻界、宗教界等人士对话，然后在研究者的帮助下思考这些会谈，分析自己的行动，最后各小组之间还要对话。这种方法的主旨是不把研究的对象看做被动的客体，而是视为与研究者一样的主体，研究者在与其研究对象的共同研究中，探索自己提出的假设是如何被接受、修改或否定的。图海纳的研究小组先后对学生运动、生态主义运动、工会运动、工人运动进行了扎实的调查，并集体完成了《学生斗争》（*Lutte étudiante*）、《反核》（*Anti-Nuclear Protest*）、《公民的国家反对政治的国家》、《团结：波兰 1980—1981 年社会运动分析》（*Solidarity: The Analysis of a Social Movement: Poland 1980—1981*）、《工人运动》（*Le mouvement ouvrier*）等有社会影响的著作。

1992 年，图海纳出版了《现代性批判》一书，这本书对他来说是里程碑式的著作，标志着他的理论继《行动社会学》的阶段和《社会的生产》的阶段之后，达到一个新的水平，为图海纳学派的形成加固了理论上的基础，这是一本思想史的理论批判著作，这种理论上的追根溯源和历史性考察在图海纳以前的著作中是很少见的。这本书很像是一本后工业社会的理论宣言，图海纳在书中指出，西方曾长期认为，现代性是理性对“传统、依附和信仰”的胜利，是普遍性规则对特殊生活体验的征服，但今天，这种曾占统治地位的知识精英的观念受到来自不同社会阶层的抵制，人们对现代社会中排斥生活经验多样性的现代性提出质疑。把现代性等同于现代化的理论被从根本上动摇了，而所谓的后现代主义只是一种理论上的逃避。图海纳提出，必须重建现代性，因此要追根溯源，追溯文艺复兴和改良运动的历史断裂，追溯被启蒙哲学和历史哲学破坏了的世界统一性，这种断裂赋予理性发现世界规律的使命，而使意识承担起恢复人的主体地位的责任，然而理性在完成其征服以后，却又被尼采、弗洛伊德、大众消费和民族主义所推翻。现代性是各种文化之间的互补而不是相互排斥，是主体的真正解放。图海纳在该书中对罗素、笛卡尔、洛克、托克维尔、马克思、尼采、弗洛伊德、霍克海默、福柯、哈贝马斯等思想家的理论都进行了细致的分析，主题就是一个：返回主体。图海纳最后还指出，目前的西方社会并没有像一些人所说的那样，已经进入一个行动者和行动系统相分离的后现代社会，而只不过是进入了后工业社会，工业开始衰落了，但文化产业和知识产业的地位越来越重要了，主体的位置在这些新的产业中更加突出了。

图海纳在他 1994 年出版的《什么是民主？》（*Qu'est-ce que la démocratie ?*）一书中，将他关于现代性的互补理论在政治上作了进一步的发挥。他指出，很多世纪以来，民主一直与从无知、依附、传统和神权中获得的解放相联系，这种解放是通过理性的胜利、经济的增长和人民掌握政权来实现的；但是在今天，要避免另一种危险，即技术、市场与文化世界的分离；民主不是普遍性对特殊性的胜利，而是工具理性与个人的多样化的结合，民主意味着要把服从大多数原则与尊重少数原则结合起来，把经济效率、政治自由、文化宽容以及个人幸福结合起来。

图海纳学派较少涉猎文学艺术领域和基本上不使用问卷调查技术，因而在纯人文领域或注重社会统计分析的美国社会学界，远不如布迪厄学派的知名度高，但图海纳学派对法国企业和工会领导人的影响力以及对社会运动的实际参与，是很少有学者能匹敌和相媲美的。

走出布迪厄主义的博尔坦斯基 *

博尔坦斯基（Luc Boltanski）属于法国社会学界50多岁承上启下的一代，他们是在学术父辈的翼荫下成长起来的。1970—1975年，博尔坦斯基曾跟随布迪厄工作了五年，可以说是布迪厄的得意弟子之一，并和布迪厄一起合写过著作。但是，当布迪厄于1979年出版了《区隔：判断力的社会批判》一书后，博尔坦斯基与布迪厄在理论上的裂痕出现了，他认为布迪厄的理论分析体系已经发展到尽头，以至于只能重复不能前进了，在布迪厄的理论框架中，只有客观性的世界，没有主体，行动者没有选择行动战略的自由，只能服从于异质的因果链的束缚。他特别反对布迪厄关于"习性"（habitus）的理论，认为这是一种改头换面的决定论，什么也没有说明。当时，博尔坦斯基正在写作他的成名之作《干部：一个社会群体的形成》（*The Making of a Class: Cadres in French Society*），这本书实际还没有摆脱布迪厄的理论框架，但是已能够看出博尔坦斯基为摆脱这一框架而做的种种努力。

《干部》一书于1982年出版，立即产生了广泛的影响，这是一本关于社会阶层形成的很有特色的和有很高学术价值的著作。干部（Cadres）在法国既是一个社会阶层的身份概念，也是官方

---

* 本文原刊于《读书》1997年第6期。

的社会统计中正式使用的社会分层概念，它不仅仅指官员或公务员，也包括企业和事业部门的管理者以及技术干部等。在该书中，博尔坦斯基不仅引用了大量的访谈材料和分析了大量的统计数据，而且从历史学、社会学、社会心理学等不同的角度，考察干部作为一种“社会身份”产生的过程。他的研究结果表明，对干部的分析应走出一般的阶级划分或社会分层理论，而应当从历史的考察中来看这个群体在什么时间产生、为什么会产生、如何产生、扮演什么角色等等。他认为人们通常关于“干部”的概念都受到分层理论的影响，干部实际上是一个实体，或具有一致性的同质整体，他既包括由旧资产阶级转化而来的企业主、高等学府毕业的大老板，也包括出身于工人的车间主任、商业代理人，以及一般的行政管理者和从事研究的工程师，从文凭、收入、社会出身、职业类型直到生活方式和政治观点，他们都有所不同，但正是这样一个复杂的群体形成了我们现代社会的“干部身份”。在这儿，我们似乎仍然能看到布迪厄的命题：“社会主体被他致力于创造的世界所创造”，不过博尔坦斯基已开始更多地关注主体的创造过程。

真正使博尔坦斯基与布迪厄彻底决裂的，是他从1981年开始与经济学家泰弗诺（Laurent Thevenot）共同进行的一项很具体的研究，即受法国的最高统计部门——国家统计和经济研究所的委托而进行的关于社会职业分类的研究。作为这项研究的理论成果，就是1991年问世的他们合著的《关于证实：重要价值的协调》(*De la justification: Les économies de la grandeur*)。在这本立意新颖的理论专著中，见不到人们所熟悉的经典社会学的社会分类概念，如群体、阶层、工人、干部、青年、妇女、选民等等，也没有经济学中的进行理性选择的“个体”或人类学中嵌入生活的“人物”，这本著作的主题是研究人们的生活境况，探索重要价值领域之间产生不协调的原因和建立协调关系的可能性。传统的社会学和经济学，不管是什么学派，实际都声称，尽管人们是出于一些明显的动机并按照理性的原则来行动，但实际上不可避免地被某种客观的隐蔽力量所左右，如看不见的手、历史规律、行动逻辑等等，而博尔坦斯基的这本书开辟了一条新的道路，即不再把行动者视为由某种力量统治的主体，而是通过研究主体的行动过程、主体所处的境况来了解日常世界的相互关系，了解不同的生活领域是如何建立自己的合理性规则。在该书中，博尔坦斯基和泰弗诺使用了一种新的分类方式，他们把具有重要价值的生活领域分成六种形式：即圣灵（宗教）领域、家庭领域、舆论领域、民事领域、商业领域和工业领域。每一个领域都有自己的最高价值、自己的秩序观念和自己的价值合理性的证实方式，不同的领域之间往往会产生不一致，如宗教领域的最高价值是信仰，家庭领域的最高价值是情感，市场领域的最高价值是竞争，商业领域的最高价值是利润，民事领域的最高价值是共同生活，等等；在经济领域中具有合理性的竞争、个人主义、利润追求等价值很可能与民事领域中的社区、集体、共同生活等价值相对立。博尔坦斯基认为，过去人们总是试图从某一个领域的重要价值规则出发，赋予这些规则以至高无上的地位，并把这种规则扩大到整个现实社会，这种企图的一个基本前提假设就是不同领域之间价值规则的一致性。而博尔坦斯基要证明的，恰恰是现实社会中价值规则的多元性，他认为只有在一定的境况中和一定的条件下，才有可能在不同领域的价值原则之间达成协调，重要的是弄清楚不协调的原因和达成一致的可能性。

《关于证实：重要价值的协调》标志着博尔坦斯基已经建立起自己的一套新的理论假设和理论体系，完全走出了布迪厄主义，从一个布迪厄的亲近弟子和得意门徒转变为布迪厄主义的叛逆者和批判者。博尔坦斯基在法国社会学界几乎成为新的学术权威，他是50多岁的一代人中唯一在著作和声望上已可以与其长辈们平分秋色的学者。1995年，多斯（Francois Dosse）写了一本引起法国社会科学界普遍关注的学术思潮分析著作——《感知的帝国：人文科学的人文化》（*L'empire du sens: L'humanisation des sciences humaines*），该书涉及法国当代人文社会科学各学科中几乎所有的学术界名流，其中给予博尔坦斯基的显著地位和介绍其思想和著作的大量篇幅，甚至使得有人指责其带有为新一代学者树碑立传的明显倾向。在此要说明的是，很多学术评论家或大众媒体所说的所谓法国“新社会学”学派，实际上并不是一个什么独立的、有理论体系和代表人物的学术派别，而只是一种自20世纪80年代末在法国社会学界就出现的新的学术思潮，即走出那种或把主体神化、或把主体消解的非此即彼的选择，从社会行动的视角重新考察和估价那些被人们忽视了的社会关系，这些社会关系不是“事物”或“事实”，而是“主体间性”，在“主体间性”中的行动才是“有意义的行动”。

经济社会学思潮和罗桑瓦龙 *

经济社会学是社会学的一个重要分支，杜尔凯姆、帕累托、凡伯伦、韦伯、熊彼特等人的经济社会学或社会经济学思想，都曾对整个社会学和经济学产生过重大的影响。法国社会学长期以来一直具有较浓厚的人文色彩，经济社会学曾一度沉寂，但罗桑瓦龙（P. Rosanvallon）等人对社会保障体制的研究，走出了传统的福利经济学的理论框架，开辟了经济社会学的新的前景，并使得对经济问题的关注成为一种社会学中的新的趋向。

罗桑瓦龙生于1948年，是法国40多岁一代人中的较长者和佼佼者。他是经济学出身，早年曾担任过法国劳工联盟（CFDT）《今天》（*Aujourd'hui*）杂志的主编，现为法国高等社科研究院的研究指导主任。早在1979年，他就出版了一本引起很大争议的著作:《经济意识形态的乌托邦式资本主义》（*Le Capitalisme utopique: Histoire de l'idée de marché*）。在这本著作中，他通过对霍布森、亚当·斯密、黑格尔、马克思等伟大思想家的著作的重新研读，提出了一个具有创新意义的假设：18世纪自由经济主义的乌托邦和19世纪社会批判主义的乌托邦，可能只不过是同一社会事实的两种形式，前者用经济学取代政治学，用“市场”概念取代

---

* 本文原刊于《读书》1997年第8期。

“契约”概念，后者则用政治学取代经济学，用“阶级斗争”的概念取代“市场竞争”的概念，前者产生了资本主义，后者产生了极权主义。罗桑瓦龙主张消除政治和经济的分离，倡导一种多样化的社会。

罗桑瓦龙的早期研究具有知识历史学的色彩，主要是考察18—19世纪的经济自由主义、国家和福利制度产生的根源与过程。他的研究方法在很大程度上受到波拉尼（Karl Polanyi，1886—1964）的影响。波拉尼生于维也纳，是匈裔英籍学者，他一生主要是教书，著述很少，但他于1944年出版的《大转型：我们时代的政治与经济起源》（*The Great Transformation: The Political and Economic Origins of Our Time*），却成为一本划时代的作品，使过去大部分此类主题的著作都黯然失色，他也因此被称为20世纪最彻底、最清醒的经济历史学家。波拉尼在《大转型》一书中以一种人类学的方法揭示了自由经济市场兴起和衰落的过程，他认为1930—1945年的严重危机宣告了经济自由主义的死亡，这种死亡不是由于世界大战的打击、无产阶级的斗争或法西斯主义的破坏，也不是由于利润率降低、消费不足或生产过剩等所谓经济规律，而是由于市场与社会共同生活的基本要求之间的产生冲突。波拉尼是较早对经济自由主义意识形态提出质疑和挑战的学者，他的《大转型》与卢卡奇（György Lukács，1885—1971）的《理性的毁灭》（*The Destruction of Reason*）以及波普（Sir Karl Raimund Popper，1902—1994）的《开放社会及其敌人》（*The Open Society and its Enemies*）一样，都在西方学术界引起很大的争论。

罗桑瓦龙在1981年出版了《福利国家的危机》（*La Crise de*

l'État-providence），并于 1983 年出版了《经济学的悲惨》（*Misere de l'economie*），逐步建立起他的理论体系。他认为，社会保障和福利制度的产生是由于社会抵御经济自由主义的风险的需要，相对于经济周期来说，社会保障体制具有“反周期功能”，并承担着避险、救助和再分配的社会功能；但是，今天西方的福利国家面临着三个危机，即财政的危机、合法性的危机和效率危机。财政上的危机是由于经济增长和社会发展的剪刀差造成的。20 世纪 70 年代中期以后，欧洲发达国家的经济增长明显减速了，而社会发展仍在“正常”推进，医疗费和养老金都随保健水平的提高、寿命延长以及老龄人比重的增加而大幅度提高，在经济危机的情况下失业金也会大幅度增加，而在经济不能同步发展时，只好通过提高社会保障分摊金提取比率、税率以及增加税种等方法来解决入不敷出的问题，而这样做的结果是形成超前的消费，进一步影响经济的增长。合法性危机是指人们对福利制度的消除不平等的目标产生新的疑虑。从历史上看，福利保障制度有两个基本功能，一是避风险，二是再分配。社会保障在西方一直被作为一种间接的消除不平等的机制，今天，没有人不认为消除经济社会不平等是社会的主要目标之一，但同时也没有人要求消除一切社会差异，达到完全的平等。但是，从西方发达国家现实的福利危机来看，西方福利社会旨在消除差异的福利再分配，不仅没有遏制住社会不平等的扩大趋势，反而损害了直接收入的等级体系的有效机制。于是人们普遍产生疑问：西方精心设计、孜孜以求并引以为傲的那个自由民主、福利平等制度究竟会达到什么结果呢？效率危机是指近十几年来西方福利国家的社会支出和社会转移支付的回报率持续下降。这主要是由于三个方面原因造成的：一是随着

福利保障制度的发展和完善，规则更加复杂，分类更加细致，保障的项目更加多样化，同时管理机构也更加庞大，这些都使管理费用大大增加；二是中央管理机构变得臃肿、官僚化和不透明，从而使浪费和不负责任的现象难以避免；三是很多福利和保障项目的增加和改善，其后果不是带来相应的社会凝聚力的增强，而是养懒。

尽管罗桑瓦龙深刻地揭示了福利国家面临的危机，但他坚决反对那种把社会保障支出视为经济效率的“障碍”和经济活动的“负担”的“陈旧的经济学观点”。他指出，凯恩斯早在1926年写给法国财政部长的一封信中就说过，从政治的角度来看，公共支出达到国民收入的1/4是危险的，众多其他的经济学家也都为社会保障支出划定过比例界线，但事实上却一再突破，而且并未产生他们预言的“社会不稳定”。罗桑瓦龙认为，社会保障的危机并不意味着福利体制的失败，这是发展中的危机，意味着要为这一体制建立一个新的理论基础和制度框架，在现代社会，社会保障、医院、学校等等就像汽车制造、石油开采和化工一样，是一种产业，一种新型的构筑未来社会的产业。

罗桑瓦龙被一些评论家认为是在用人类学的方法重写历史，他在1992年出版的《公民的加冕礼》(*Le Sacre du citoyen*)一书，是研究从法国大革命到19世纪末的普选权问题，但实际上是对现代民主形式的意义的全面考察。他主张从历史的复杂性中去重建关于自由经济、国家和社会保障等问题的“事实”，而不是将它们简单地归结为法律和制度问题。

罗桑瓦龙等人所代表的经济社会学思潮，总的倾向是对那种标准的经济模式提出挑战和质疑，他们提出很多令人感兴趣的和有意义的问题，其方法也往往令人耳目一新，只是在理论上迄今尚没有重大突破。这可能是由于，当他们使用经济学本身的语言来进行经济学批判时，实际上很难超越已经被经济学几经证实的命题和反复定义的概念，他们所引入的新的分析变量，在经济学家看来，只不过是具有启发意义但无法测量的函数。

新一代学者的崛起 *

法国近若干年来崛起的新一代学者大都在45岁左右，他们在年轻的时候都经历了法国声势浩大、影响深远的1968年学生运动的洗礼，身上较少老夫子的迂腐之气，并且至今似乎仍有一种社会参与的热情和潜在冲动。在社会学界的这一代学术新人中，值得提及的有代表性的人物是韦维尔卡（Michel Wieviorka）和杜贝（Francois Dubet）。

韦维尔卡和杜贝都是图海纳研究小组的主要成员，他们曾与图海纳一起合写过四五本著作。韦维尔卡现已接替图海纳担任法国高等社科研究院社会学分析与干预研究所的所长，杜贝也从过去的波尔多大学社会学系调入社会学分析与干预研究所，成为该所最重要的理论骨干之一。在他们两人的带领下，他们的研究所成为法国目前非常活跃的一个研究机构。

韦维尔卡的主要著作有：《国家、雇主和消费者》（*L'Etat, le patronat et les consommateurs*）、《公正与消费》（*Justice et consommation*）、《社会和恐怖主义》（*Sociétés et terrorisme*）、《法国电力总公司模式》（*Le modèle EDF: Essai de sociologie des organisations*）、《经受考验的民主制度：民族主义、平民主义和种族观念》（*La Démocratie à*

---

* 本文原刊于《读书》1997年第10期。

l'épreuve : Nationalisme, populisme, ethnicité）。《法国电力总公司模式》是与特林（Sylaine Trinh）合著的，该项研究建立在持续五年的实地调查的基础上，也是首次将图海纳的“社会学干预”调查分析运用于对企业领导行为的研究。韦维尔卡认为，根据1946年法国国有化法而产生的法国电力总公司是法国国家现代化观念的体现，而自启蒙时代和大革命时代以来，现代性的特点就是信仰理性，并把理性等同于民族和国家的中心化，雅各宾式的国家观念，除了强调效率，还强调集体利益高于个人利益；按照这种观念建立的法国电力总公司，其目标是为了国家、公共服务和普遍利益，但是从60年代起，社会发生深刻变化，国家机器有了转变，新的社会运动产生了，工会的角色已被重新定义，高速增长的经济开始跌落，面对这种种变化和危机，在法国电力总公司、高等行政管理机构和法国总工会的领导人构成的行动系统中，一种新的行动逻辑出现了，调动积极性的动员力量不再是来自国家、民族、集体利益、公开服务等观念，企业领导人更经常使用的动员术语是本企业单位、产品商业化、占领市场的必要性、个人和企业的利益、奖金和晋升等等。韦维尔卡指出，这种变化意味着要为过去的国有企业模式奠定一种新的理性基础，因为以前被视为不可分割的一些概念，现在已经分开甚至对立起来，如社会和国家、企业利益和集体利益。韦维尔卡通过话语范式转换来揭示组织模式转型的分析方法，很类似于福柯对知识—权力的范式转换的经典分析。

杜贝的主要著作有《苦役：活着的青年》（*La galère: jeunes en survie*）和《经验社会学》（*Sociologie de l'expérience*）等。《苦役：活着的青年》是杜贝根据他1985年的博士论文加工而成。这是一本研究大城市郊区青年行为模式的专著，“苦役”是对一种并非由这些青年自己选择的生活经验的描述。杜贝在这本研究青年的专著中指出，50—60年代的青年行为模式以政治文化批判为特点，80年代以后，这种清晰的青年行为模式消失了，青年人被不稳定的工作、生活的无计划、内心的不安和经常的越轨行为所笼罩。杜贝认为，这种近似“苦役”的生活体验不仅仅是经济危机和失业的产物，它受到工业社会的暮鼓晨钟的催生，人们原来的社会关系和集体行为方式解体了，原有的教育和职业的整合方式失败了。“苦役”的生活现象超越了古典社会学中的“越轨行为”范畴，它首先是一种过渡的行为，但并非是纯粹的破坏行动，从这种生活体验中也产生出了新的抗议和动员形式，从而有利于产生新的整合机制。杜贝的《经验社会学》在某种程度上标志着他最终超越图海纳的行动社会学，就像博尔坦斯基超越了布迪厄的文化再生产理论。杜贝这本著作已引起法国社会学界的普遍关注，他在这本著作中以新一代青年学者少有的理论思辨能力论证了经验的多样性，实际上是宣告与那种追求和探索统一的行动逻辑的社会学决裂和告别。杜贝像许多新型青年学者一样，也是那种追求多元价值社会思潮的代表，但这种思潮也往往因其难以贯彻逻辑的一贯性而被指责为“新的相对主义”。

法国新一代青年学者对现实观察的敏锐力和理论分析的深刻性都已达到了相当的高度，特别是对一些具体的专项问题的研究，使社会学的应用领域大大扩展，社会学对职业化需求的满足程度有了很大提高。但是，当新一代社会学家们丧失了构造宏观理论体系的兴趣，学术研究纷纷走向现实问题的探讨和数量化分析在社会学研究中越来越占有重要位置的时候，或是出于怀旧或是出于反思，人们似乎又感觉到现在的社会学家还缺少点什么。总之，就欧洲大陆传统的社会学而言，哲学思辨式的概念锤炼、历史考察的反思深度、文学话语的丰富感染力、旁征博引的知识氛围以及对社会生活富有创意的独特观察视角，这些似乎仍然是其学术魅力的所在。

风险社会理论与现代社会风险 *

2003 年上半年，正当中国的经济似乎进入新一轮的高速增长周期，期盼多年的以住宅、汽车、通讯、教育为主导的消费热潮真实到来的时候，一场突如其来的“SARS（非典）”疫情从南方城市开始，迅速蔓延至全国大多数省区市，并在一定程度上引起了恐慌。全国被紧急动员起来，使用了“战役”这个词，来表示我们抗击非典的力度、规模和决心。

“SARS（非典）”疫情像一场魔鬼风暴，以摧枯拉朽之势快速掠过，又转眼间消失得无影无踪，但它仍然遗留的潜在威胁和造成的心理恐惧阴影却将长期存在。这次的非典危机，引起全民特别是学术界的深思和反思。这种反思可能不仅仅是针对公共卫生和防疫系统的漏洞，也不仅仅是针对政府信息的披露是否应当更加及时透明，而是一种更加全面的反思。

面对非典这样的危机，社会科学的分析和议论，似乎显得有些苍白无力。但社会科学有责任和义务回答人们心中的疑问：非典危机是否只是一个预警信号，下一次的“类非典危机”是什么？在目前的经济和社会发展领域，有没有潜伏的类似危机的征兆？对下一次可能发生的类似危机和不类似的危机，我们如何预

---

* 本文节选自李培林、覃方明主编：《社会学：理论与经验》第二辑，社会科学文献出版社，2005 年。

警和应对？每一个职业的社会科学工作者，都有责任从自身的学科角度来思考这些问题。

根据“风险社会”理论，随着全球化和信息化，世界正在进入一个不同于传统现代化社会的“风险社会”，社会突发性危机的“不确定性”、“不可预见性”和“迅速扩散性”都日益增强，其基本特征可以概括为以下几点：一是现在的突发危机不再是孤立的，不是像贫困、饥饿那样只威胁贫穷的人群和国家，它的影响是全面而扩散的；二是现代社会风险不是传统的可见的、可统计的、可预测的威胁，没有任何一种专家系统能够成为全能的专家，把危机的不确定性转化为确定性；三是危机一旦突发，人们会借助现代信息手段和自组织渠道，使“不信任”和“恐惧”迅速传播；四是当今的社会风险是“反身现代性”的产物，意思是我们创造的征服力量和技术手段，越来越难以控制和驾驭，它也有可能像脱缰的野马，“创造性地”毁灭我们创造的一切。

“风险理论”认为，应对传统危机，人类设计出“警察型秩序国家”，但应对现代危机，则需要依靠“警戒型秩序国家”（Vigilantive State），这是一个包括政府动员能力、科技学术支撑能力、预警和快速反应能力等的整体应对系统。从抗非典的过程，我们也已经看到，从政府的动员和调度、资金的划拨和筹集、相关急缺物资的供给、社会的普遍防范、群体生活的安排、疫情信息的迅速收集和通报以及分析病原体种类、基因排序、宿主、感染渠道和机制、抗病血清和新型药品，一直到村庄路口的把守和警戒，这的确需要一个整体的警戒系统，而我们过去并没有设计这样的应对系统。

这次的非典危机也是给我们的一个信号，它与我们过去面对的交通、火灾、煤矿事故，旱涝、地震灾害等等，在特征上都有很大的不同，具有某些现代风险的特征。它不是一个孤立的事件，它提醒我们，社会发生了深刻变化，我们不能用传统的思考和应对方式来对待非典这种新型风险事件。

因此，应针对风险社会中社会危机产生、运行、预警和应对的机制，尽快着手进行研究。

重新思考人类和自然的关系以及社会关系，重新反思人类从图腾崇拜、宗教信仰、征服自然和控制社会到与自然和社会对话的过程，也是建立新的发展观的过程。1979 年，诺贝尔化学奖得主、耗散结构理论的创始人普里高津写了《新的联盟：科学的形变》一书，认为在以往的科学研究中，人们只注意那些稳定的结构、恒久的轨迹和规则化的行为，而今天人们发现，真正代表自然界本质的，是“危机”、“断裂”、“扰动”、“不稳定”、“无规则”等现象，一切有规则的现象，都要从这些随机的内在变动中得到解释。在社会领域，也存在同样的问题，人们以为已经征服了自然，已经熟悉、掌握和控制了自己组织起来的、但已外化于个人的社会，但工业化改造的自然和社会却不断产生陌生的新型社会风险，要求我们重新去认识和理解自然和社会，建立人类和自然的新的联盟，建立人类社会共同生活的新秩序。

“风险社会理论”是西方学术界目前广泛谈论的一个话题，它的基本假设是，我们正从一个现代性的社会进入一个新型的风险社会，现代化的科学技术发展和工业化推动，使人类进入一个他过去所陌生的世界，现代化逻辑本身所产生的新的社会风险，完全不同于传统的社会问题、社会矛盾和社会冲突。过去的生活经验、技术手段和组织制度，已不足以使我们防止、规避和应对新的社会风险的威胁。

风险社会理论有四个思想来源和学科视角：一是贝克（U. Beck）和吉登斯（A. Giddens）的社会理论视角；二是道格拉斯（M. Douglas）的人类学文化理论视角；三是一些学者从福柯论题出发的政治理论视角；四是一些经济学家的市场风险管理理论视角。

风险社会的社会理论视角

德国社会学家贝克1986年用德文发表了《风险社会：走向新的现代性》（*Risikogesellschaft: Auf dem Weg in eine andere Moderne*）一书，其敏锐的视角、令人耳目一新的论题和切中要害问题的现实针对性，很快引起人们的关注。这本书于1992年翻译成英文出版，得到广泛传播，被公认为风险社会理论的开山之作。在此之前，虽然也有一些学者研究新型社会风险问题，但都没有把风险社会作为一种新的社会结构类型，也没有建立风险社会的完整理论体系。现在关于风险社会的众多讨论和争论，几乎都是从贝克的这本书开始。

贝克在书中指出，风险在人类社会一直存在，但今天风险社会的现代风险（risks）在性质上与过去的危险（dangers）完全不同：一是在物理和化学领域里的现代风险是看不见的（invisible）；二是产生这些新型风险的基础是工业的过度生产，而风险管理成为对现代化本身引起的偶然性和不安全性的处理系统；三是随着人类技术能力的增长，技术发展的后果变得难以测算，这种不可控制的力量逐渐演变成历史和社会的主宰力量。

在贝克看来，虽然现代风险的分配规则与传统财富的分配规则一样，也是不平均的，但在本质上却与财富在阶级和地区的分配规则又有很大的不同，也就是说，并不必然一样。因为，富人可以花钱规避传统危险，但有些现代风险却威胁每一个人，因为消费的空气和水，在很多情况下是无法逃避的。从这种意义上说，风险社会也是“世界风险社会”。但从另一方面说，现代风险有可能加剧传统的财富和机会不平等，极度贫穷和极度风险是联系在一起的。此外，风险社会在政治上是对现有的社会组织和社会制度的一个极大的挑战，因为需要一套新的方法对现代风险进行管理和控制，这将意味着“权力和权威的重组”。

在贝克看来，现代的风险社会是一种自反性现代化，也就是说，现代化的过程，产生了与有目的的现代化逻辑相反的未预期后果，使人们对现代化本身产生了反思，因此，被科学化的“客体”现在成为我们需要用批判眼光重新审视的“主体”。贝克认为，风险社会理论具有广泛适用性，现在人们谈论风险社会的问题，基本上还是在自然科学领域，但实际上现代风险是普遍存在的，在社会和文化领域同样存在现代风险。因为，现代化使高度专业化的领域之间具有很高的相互依赖性，商业、农业、法律、政治等等，没有一个领域能够单独处理和管理现代风险。总之，现代风险不只是环境问题或自然科学问题，而是人的问题、社会问题，过去自然与社会的分野已经不存在了。

1999 年，贝克又发表了关于风险社会的新著——《世界风险社会》(*World Risk Society*)，该书的导论用了一个很宏大的标题：“世界主义宣言”(The Cosmopolitan Manifesto)。贝克认为，人们可以从亚洲金融危机看到全球化市场的风险，正如人们可以从1986 年切尔诺贝利核电事故看到全球技术和环境的风险，现代社会风险是世界性的、全球化的。针对一些学者对他的风险社会理论悲观色彩的批评，贝克说自己既不是乐观主义者，也不是悲观主义者，而是悲观的乐观主义者。贝克还针对一些学者把风险社会理论视为一种新后现代理论的看法，强调指出，世界风险社会是与各种后现代思潮组成的“后现代星系”相对立的，因为后现代思潮是消解各种传统价值的解构主义，但只破不立，而风险社会理论是建构主义的，有破有立。贝克指出，关于什么是现代性的出路，在古典理论中，马克思的回答是“资本主义”的转向，韦伯的回答是“理性化”，帕森斯（Talcott Parsons）和卢曼（N. Luhmann）的回答是“功能分化”，但这些都还不够，风险社会理论的回答，是走向自我批判的、具有更高政治自由和社会正义的公民社会。

在这本书中，贝克通过梳理风险社会理论提出后出现的各种理论争论，重新审视了风险社会涉及的理论问题，从8个理论要点重新界定“风险”的概念，并提出风险社会的6个基本特征。

在风险社会理论的讨论中，英国著名社会学家吉登斯是另一位经常被引用的学者。吉登斯曾任英国伦敦经济学院的院长，是一位对英国政界有很大影响的人物，英国布莱尔新左翼工党政府的“第三条道路”理论，吉登斯是主要设计者之一。

吉登斯1991年写了《现代性与自我认同：现代晚期的自我与社会》（*Modernity and Self-Identity: Self and Society in the Late Modern Age*）一书，1998年，他又写了很有影响的《风险社会：英国政治的脉络》（*Risk Society: The Context of British Politics*）一文。吉登斯认为，在高度的后来的现代性时代（the high and late modernity），新的社会风险是核心的和根本的问题，是我们过去的时代所没有遇到的问题。这是一个悖论的时代，一方面，传统的威胁个人生活的危险在减少，但另一方面，全球化带来一种内在的、不稳定的风险气候，它可能会产生高风险的后果，没有人能逃脱这种风险气候。

在吉登斯看来，我们今天面对的时代变了，在风险社会的戏剧中，不再是过去决定现在，而是未来的风险决定我们今天的选择。因此，自我认同（self-identity）要经过反思来建构，个人被迫根据约束条件来调整自己的生活方式的选择。这样，生活方式不是过去的习惯传递，而是有多种选择的方向。现代性的逻辑发展，产生了不可避免的未预期后果，这就是“差异、排斥和边缘化”。

在关于风险社会的总的看法上，贝克和吉登斯几乎是一致的，他们都认为，我们当代所面临的新型社会风险，标志着我们进入的一个新的风险社会时代，这个时代贝克称之为“自反性现代化”，吉登斯称之为“后来的现代性”。这个时代的特征：一是现代社会原有的发展确定性和对科学及科学家的信任，如今被提出质疑，质疑的问题包括现代化的方向和风险的后果；二是新型社会风险是“普散的”，看来遥远的事件和开发，也会带来对近身生活的影响；三是个人与社会的关系移动了，一些现代性的传统范畴（如阶级、民族、国家），其原有的意义有了很大改变，个体化有了更大的意义；四是风险的现代概念笼罩着未来，并决定着现在的选择，而不再像以前那样，是过去决定现在；最后，风险社会使我们从两个层面对道德重新界定、探索和反思，一方面是在个体层面上，如对生活方式“自恋（narcissistic）行为”的反思，另一方面是在社会层面上，如对社会环境和社会运动的反思。

风险社会的理论体系，特别是现代化社会与风险社会作为两种社会结构类型的划分，也受到一些学者的批评。斯科特（Alan Scott）在2000年发表的《风险社会或焦虑社会？两种风险视角：意识和共同体》（*Risk Society or Angst Society? Two Views of Risk, Consciousness and Community*）一文中，对贝克的风险社会理论进行了尖锐的批评，他认为，在社会学的传统论证中，对立的、断裂的类型和结构划分，是一种常规的叙述方式，如工业社会和后工业社会（或信息社会）、现代性和后现代性或后来的现代性、福特主义和后福特主义、民族国家和全球网络等等，而贝克的所谓风险社会理论框架，不过是阶级社会和风险社会的新二元论。

在斯科特看来，在贝克的阶级社会和风险社会的新二元论中，隐含的更根本的对立，是稀缺和风险的对立。但实际上，风险只不过是稀缺的另一面，是稀缺的函数变量。贝克用环境的不可预见性来界定风险，而不是用客观的威胁来界定，只不过意味着风险的原因是变动的，但这种原因必然会与稀缺资源相联系，就像风险过去与食品、就业等基本需求相联系一样。生态灾难的风险，也像饥饿的恐惧一样，大多数时间中只是一种可能的后果。

风险社会的人类学文化理论视角

道格拉斯和威尔达夫斯基（A. Wildavsky）是人类学家，1982年，他们出版了《风险与文化：论环境和技术危险的选择》（*Risk and Culture: An Essay on the Selection of Technical and Environmental Dangers*）一书。他们从小传统社会如何适应西方社会的经典人类学问题的考虑出发，特别是从人们普遍关心的污染问题出发。他们写道，过去“美国人担忧什么？除了吃的食物、喝的水、呼吸的空气、生活的土地以及使用的能源，他们没有什么担忧的。但就在15—20年的很短时期内，人们对物质世界的信任变成了怀疑，过去作为安全的源泉的科学和技术，现在成为风险的源泉”。他们提出的问题是，为什么在一个人类的健康和预期寿命比以前都大大改善了的时代，现代风险的问题反而变得尖锐了？他们提出的另一个问题是，既然人们在什么是风险、风险的机制是什么、如何处理风险等方面的看法都很不一致，那么人们怎么决定，哪些风险必须提防、哪些风险可以忽略呢？

他们认为，现代风险不同于过去的危险的特点，是人们对现代风险的认识，是一个价值判断的问题。在各种风险之间的选择，不可能是价值中立的，也没有统一的标准，试图用“客观的方法”进行两害相比取其轻，是注定要失败的，而且会误导民众和研究者。不同的社会和不同的人群，对风险的认识是不同的，对扎伊尔人来说，基本物质生活的匮乏风险远比日常的灾难性热带病更具有威胁。在过去，共同的价值观之下有共同的风险选择，人们关于风险的认识通过三种社会组织建构，即市场个体主义组织、等级组织和区隔组织（sectarian）。但在今天复杂的个体主义化社会，风险的界定和选择变得不确定了，围绕真实风险所在以及与此相连的社会权利和社会公正问题，边缘人群和核心人群的看法和选择是不一样的。所以，当代社会风险，也是文化的风险，是传统的风险意识受到挑战，我们面临的问题，是如何重新建构依赖于新型社会关系的文化范式。

在道格拉斯和威尔达夫斯基等人类学家看来，风险社会的最大风险，是在多样化、复杂化、全球化的当代社会中，既有的工业化逻辑塑造的文化范式所造成的单向选择，是在文化和意识层面产生的风险选择的冲突。

风险社会的政治理论视角

在风险社会理论讨论中，贝克和吉登斯的社会理论视角和道格拉斯的文化理论视角是最经常被提到的，而从政治理论视角对风险社会的分析，往往被人们所忽略。卢普顿（Deborah Lupton）在他1999年编写的著作《风险和社会文化理论：新的方向和前景》（*Introduction*: *Risk and Sociocultural Theory*）一书中，特别强调了这个理论视角的重要性和不可替代性。

从政治理论视角分析风险社会的学者们认为，正像福柯所描述的，从16世纪以来，专家知识的巨大网络就发展了一门统治的技术，并建立了与之相配套的制度、机构、组织和社会秩序，后者又保证了专家知识和统治技术的建构、再生产、传播和实践。在这样建立起来的现代社会里，那些偏离规范行为模式的人，被认为是危险分子，必须通过对他们身体的控制来规避风险的传播，监狱和精神病院不过是身体控制的极端形式，现实社会还有很多"理性化"的身体控制技术，这些技术都是建立在专家知识能够最终控制风险的观念体系基础上。但是，在现在的风险社会中，风险的不确定性超越了专家知识的身体控制技术系统，当代风险成为有预期的技术发展的未预期的后果。更加危险的是，当代新自由主义成为主宰英语国家的政治理性，他们通过政府的话语和战略的设计，竭力让人们认同一种"新福利主义"，这种所谓的福利主义，不再是建立在过去分担风险的社会保险制度的理念上，而是强调个人规避和管理风险的责任。

他们认为，现代风险成为当代真正理解自我、身体和社会关系的概念工具。这些专家不仅在政治理论的层面，反思了当代知识技术和权力、权威、组织、制度等的关系，还通过对药品使用、工作场所危险、犯罪造成的恐惧、传媒权力滥用、儿童的危险概念建构、民族认同焦虑、风险的政府管理、风险现象与社会秩序的关系等等具体社会问题的分析，揭示了新型社会风险如何在知识技术的外衣下和公共权力的旗帜下扩散。

风险社会的经济管理视角

在经济管理理论领域，风险管理并不是一个全新的话题，随着现代管理思想和管理技术的发展，风险管理的理论体系通过各个具体领域的理论探索逐步建立起来，这些领域包括组织理论、人类行为理论、决策理论、集体行动理论、风险量化评估理论、心理测量理论、保险和风险投资理论、博弈理论、风险传播理论、有限理性理论等等。但所有这些理论，都是建立在经济学经典的或修正的“理性行动者范式”（Rational Actor Paradgm，简称 RAP）上。这种理性行动者范式的基本假定是，一般而言，社会中的人和市场上的人一样，都是理性行动者，其行为都是有目的的，遵从趋利避害的原则。但是，由于每个人的利益、偏好、预期和选择不同，个体集合的行动就可能偏离或违反集体的和社会的理性目标，由此就产生了风险，而所谓风险管理，就是通过理性的控制，使风险最小化，在各种风险选择中，选择最能够被社会所接受的风险。

但在现代风险社会，社会风险的性质正在发生转变：一是越来越个体主义化的社会使人们行为选择的不确定性极大化；二是信息等高新技术的发展使社会系统高度复杂化，从而使社会风险快速增加，社会复杂系统的每一个结点上，都可能由于个体行为的偏离或差误而带来整个系统的风险；三是全球化趋势使现代风险的传播超越群体、阶级、组织、社区、地区、国家等传统的社会屏障，威胁到每一个人；四是建立在"理性行动者范式"基础上的风险管理技术，已难以控制新型的社会风险，如核事故、化学毒品的遗漏和爆炸、食物和水源的污染、遗传的操纵、艾滋病的扩散、全球气候的变化、臭氧层的破坏、物种的灭绝、金融风暴等等。面对这些新型的社会风险，有的学者认为，风险管理要超越和重新建构"理性行动者范式"，在各种复杂的、不确定的、更加个体主义化的利益、偏好、预期和选择之间，寻求新的平衡；也有的学者通过对环境管理问题的经验研究强调指出，风险管理的基础，不只是管理技术问题，更重要的是文化问题，重要的是在更加多样化的文化之间，达成新的共同价值和建立新的相互信任关系；还有的学者基于对儿童生理和心理健康问题的经验研究成果指出，风险管理不能只有一种逻辑，要针对日益多样化的个体行为，建立各种保证"自我利益和责任"一致的机制，就像保险公司需要有针对各种变化的个体"道德风险"的机制一样。

风险社会的理论使风险管理的视角发生了很大变化，"不确定性"、"复杂性"、"高风险扰动"、"系统失败"成为经常出现的风险管理的新概念，人们用一套新的概念体系来分析价格市场、投资市场、保险市场、劳动就业市场、通讯市场面对的新型社会风险，应对群体、组织、社会政策和社会运动中产生的新的风险挑战。风险分析和风险管理，正逐步成为一种新的技术手段，表面上看是对过去“理性行动范式”的反思，但实际是要建立一种有新的约束条件的“新理性行动范式”。

以上是从四个学科理论视角来考察风险社会理论的基本内涵，但实际上风险社会已经成为整个自然科学和社会科学的热点话题。从20世纪80年代到00年代，在现代西方社会，从技术科学、管理、大众传媒、经济（包括保险和金融）、社会、文化、心理、法律一直到军事，各个领域到处都在谈论风险社会的话题。特别是自从贝克的《风险社会》一书1992年被翻译成英文以后，风险社会成为一个非常有意义的研究题目，并完全超越了传统的技术科学、统计和数学的有限领域。大量的经验研究在探讨新型技术的发展所伴随的新型社会风险，从核风险、化学毒品风险、生态环境风险、物种风险、遗传技术风险、传染疾病风险、网络病毒风险一直到金融风险、恐怖行动风险、城市混乱风险、通讯和传播风险、社会运动风险等等，这些研究和探讨试图揭示技术文化和新型社会风险之间的真实逻辑关系。

一些学者认为，美国的2001年“9·11”事件，在现实中真正翻开了现代性历史新的一章，这一章就是“风险社会”。作为全球化市场核心的美国世贸中心双子大楼，在恐怖主义行动的新型攻击下倒塌了，与此同时，我们关于现代安全和传统风险的观念也同时瓦解了。风险社会理论是重建一种新的社会批判理论，它不是学者的智力玩物或求新创造，而是为了应对新型社会风险而建立的，它动摇了我们那些传统假设和定论的深层文化基础，同时也对现有社会组织和社会制度的构成形式提出质疑，它要求拓展未来选择方向的可能性，要求进行新的反思和探索。

东方现代化命题 *

提出“东方现代化”这一问题，是因为在过去若干个世纪中，现代化几乎与“东方社会”无缘。在很长一个历史时期，在很多人看来，“东方现代化”是否可能，是一个只能“悬置”的问题。起初“东方”还只是一个地理和文化的概念，而“西方”社会是从古希腊、罗马文明发展而来，在中世纪时代，地中海曾被看做世界的“西方”，中世纪以后，西方人眼中的世界中心转到西北欧，世界的范围也扩大到南美洲和北美洲，这种地理和文明范围的扩大，也导致东方概念的变化。16—17 世纪，西方向东方扩张，东方世界被按照离世界中心——西欧的远近来划分为近东（地中海到波斯湾）、中东（波斯湾到东南亚）、远东（太平洋地区东亚和东南亚国家）。在从黑格尔到汤因比的历史哲学中，“东方”文化都是被“西方”文化超越的存在。马克思也曾猜想，东方社会可能不同于西方的进化型社会，他依据当时有限的东方社会（特别是印度）的文献，指出自给自足的小农经济，是理解亚细亚社会结构高度稳定的一把钥匙。他说，“这种简单的生产肌体，为揭示下面这个秘密提供了一把钥匙：亚洲各国不断瓦解，不断重建和经常改朝换代，与此截然相反，亚洲的社会却没有变化。这种社

---

* 本文节选自《东方现代化与中国经验》，《社会理论》2007 年第 1 期，社会科学文献出版社，2007 年。

会的基本经济要素的结构，不为政治领域中的风暴所触动”。

在过去的现代化理论逻辑中，现代化从来都是与西方社会相联系的。而这个西方社会，从古希腊、罗马文明开始，经历了文艺复兴、启蒙运动、工业革命和现代民主潮流洗礼。在西方的政治和经济术语中，“西方”是与经济发达、政治民主、社会自由相联系的，与此相对应的“东方”，往往是与经济欠发达、政治集权和社会家族化相联系。

这种思想定式甚至使地理上属于亚洲、也是亚洲最早实现现代化的日本，并不认为自己是“东方国家”。日本明治维新时期的启蒙思想家福泽谕吉（Fukuzawa Yukichi），早在1885年3月16日的《时事新报》上就发表文章《脱亚论》，主张日本“所奉行的主义，唯在脱亚二字。我日本之国土虽居于亚细亚之东部，然其国民精神却已脱离亚细亚之固陋，而转向西洋文明”。他还呼吁说：“我国不可狐疑，与其坐等邻邦之进，退而与之共同复兴东亚，不如脱离其行伍，而与西洋各文明国家共进退。”福泽谕吉还在《文明论概略》中说：“如果想使日本文明进步，就必须以欧洲文明为目标，确定它为一切议论的标准，以这个标准来衡量事物的利害得失。”

第二次世界大战以后，社会主义国家的现代化运动和殖民地的解放运动，使“东方”和“西方”成为政治概念，“东方”被西方冷战理论赋予了非民主的集权含义。魏特夫（K. A. Wittfogel）认为，东方社会不同于西方，是一种“治水社会”，这种社会的农业由于干旱而需要依赖于协作的灌溉系统，而这种协作进而需要纪律、从属关系和强有力的领导，从而形成政治权力控制的庞大社会组织网，这是“东方专制主义”的历史根源。

后殖民主义的解构话语中，“东方”则成了解构西方话语霸权的武器。萨义德（E. W. Said）秉承福柯通过知识关系揭示权力关系的方法，在1978年发表了《东方学》（*Orientalism*）一书，该书分析了几百年来西方的学者是如何认知、想象及建构“东方”的，并提出一套学说来挑战西方学界关于“东方”的霸权话语，反对以“种族主义、意识形态”的方式建构一套与东方学相对立的“西方学”，引发了一场影响全球的后殖民文化研究的浪潮。

苏东剧变以后，“东方”的概念被进一步“意识形态化”，福山（F. Fukuyama）借用了黑格尔的关于历史以自由原则的凯旋而终结的论断，从苏联解体和“资本主义的胜利”中看到“历史的终结”。而亨廷顿（Samuel Huntington）在《文明的冲突与世界秩序的重建》（*The Clash of Civilizations and the Remaking of World Order*）一书中，看到1989年以后世界分裂成七八个多极格局，两大阵营的对立被文明的冲突所替代，这种冲突主要是美国和欧洲代表的西方文明，与伊斯兰文明、中国文明或俄罗斯东正教文明的对立。有趣的是，第二次伊拉克战争以后，又出现了关于西方的分裂和两个“西方”的话题，即所谓“真正的美国的西方”和“欧洲的后西方”、新美国和老欧洲。

东亚一些国家和地区的经济成就，实际上已经提出了“东方现代化”可能性的命题。仅经过一代人的时间，东亚新加坡、韩国、中国台湾及香港等国家和地区成为“新兴工业化经济体”（NIEs），做到了欧美花了差不多一个世纪才达到的经济腾飞，在世界经济体系中成功地实现从边缘向半边缘的跨越。新的有关“亚洲价值”的学说随之出现了，一些“新儒家”学者，根据东亚现代化的经验，对韦伯关于新教伦理与资本主义发展的文化归因命题提出挑战，试图建立儒家文化与东亚发展的内源发展理论。美国华裔历史学家余英时先生从长时段的历史考察入手，认为中国传统儒家文化的价值中也存在勤俭那样的工具理性，这是明朝中叶后商业蓬勃发展的原因。曾任香港中文大学校长的社会学家金耀基先生则直率地指出，东亚社会经济发展之谜，对韦伯关于儒家伦理阻碍资本主义发展的命题提出“经验现象的挑战”，现在要翻这个“长期以来几为学术界默然遵守的铁案”。世界银行的专家们，似乎也从东亚的发展看到新的前景，发表了《东亚奇迹：经济增长与公共政策》（*The East Asian Miracle: Economic Growth and Public Policy*）一书，用“惊心动魄”的美誉赞扬东亚的发展。

与此同时，也有一些学者对所谓“东亚奇迹”提出质疑。美国社会学家戴约（F. C. Deyo）以泰国为例指出，东亚国家的经济存在“三明治陷阱”，上面是发达国家抢先占领并用一切手段维持的高附加值产品市场，而下面是劳动力费用更低的国家日益强劲的竞争压力，所以保持持续高速增长很困难。美国经济学家克鲁格曼（Paul Krugman）则在《亚洲奇迹的神话》（*The Myth of Asia's Miracle*）一文中直接宣称，东亚经济的成长没有提供出比西方传统自由市场经济更为先进的发展模式，所谓东亚“四小虎”其实都是“纸老虎”。1997 年席卷东亚的金融风暴，造成汇率和股市狂跌，物价大涨，甚至社会和政局动荡，使“东亚奇迹”的话语陷入“失语”状态，对“东亚现代化”是否可能的疑虑重新开始在学术界弥漫。

然而，东亚国家在金融风暴中迅速恢复增长，使人们对“东亚模式”重新产生兴趣，不过各种解读也是毁誉参半。至于所谓“东亚模式”的成功，目前存在几种不同的解读：一是“自由市场经济”解说，即认为东亚的成功在于模仿了西方体制，采取了彻底的自由经济政策，因此可以调动全世界的资源进行有效配置；二是“政府干预”解说，认为东亚的政府有意识干预市场，利用产业政策来扶持某些关键性的战略产业；三是“外向型经济”解说，认为国际贸易对于东亚经济发展的成功是至为关键的，东亚实行的外向型发展政策，成为提高国际竞争力的巨大动力。而对于“东亚模式”的批评，则多数集中在“政府过度干预”、“民主化缺失”、“权贵经济”、“裙带关系”等等。

东亚新兴工业国家和地区的发展经验，由于其地域和人口规模的有限，以及发展过程处于“冷战”的总体背景，所以“东亚经验”实际上还是被作为“西方现代化经验”的一部分和实验场，或者作为延伸、扩展和推进。

中国大陆改革开放以来近30年的持续高速增长，使世界的注意力再次关注“东方”。中国、俄罗斯、印度等大国的快速发展，再次提出了“东方现代化”的可能性问题。而且，中国等大国的情况很不同，中国现在的人口，已经比所有西方发达国家加在一起的总人口还要多。中国等大国的兴起，不仅会深刻地影响世界经济政治格局的变化，而且会形成一条与“西方现代化”不同的“东方现代化”道路。所以说，“东方现代化”不完全是一个具有地域规定性的概念，它应当包括所有为世界现代化提供不同于西方的新经验的发展道路。

“中国经验”可以说是这种新经验的一个重要组成部分，作为一个学术概念，它应当有这样几个规定性：第一，所谓“中国经验”不同于“中国模式”、“中国奇迹”等概念，它不是仅仅指“成就”，它也包括“教训”，包括走过的发展路程的一切特殊经历；第二，“中国经验”特别指一些因为中国特定的人口规模、社会结构、文化积淀特点而产生的新的发展规则，一些对深化关于现代化道路的认识有探索意义的东西；第三，“中国经验”是开放的、包容的、实践中的、没有定型并在不断变化和发展中的经验，它尊重其他的经验选择，它不是作为“西方经验”的对立面而建构，它也不强调自己的普世性，它的存在只是说明统一律与多样性完美结合的可能性。

小题大做篇

路径依赖·知识生产·社会技术*

应台湾“中研院”社会学研究所前任所长章英华教授的邀请，笔者作为访问学者到台湾做一个月的研究。在读书、交流和写作之余，一时心血来潮，挥笔把所见所闻所感所想记载下来，与朋友分享。

制度的路径依赖

从北京到台北直飞大概需要三个小时就够了，但由于没有直航，需要绕道香港，所以早上不到6点从家里出发，到下午4点半才到达台北桃园国际机场。英华怕堵车，早就等在那里，而我怕摸不到“中研院”的大门，只好辛苦他一趟。到台湾还是有一种亲切感，一样的车辆右行，还有那带点软调的国语，不像在香港，实行的是英制的车辆左行，看着让人发晕，满大街的广东话，也像听不懂的鸟语。据说当年定国语的时候，由于推翻帝制的天下是南方人打下来的，所以在投票委员会里，广东籍的居多，只是由于两位广东籍的投票委员临时生病未到，才使得当时的北平话险胜为国语，否则今天全世界华人都说广东话了，当然这只是戏说和传闻。

---

* 原载《社会学家茶座》2004年总第六辑，山东人民出版社。发表时有删节。

到台湾后遇到的第一个麻烦，就是电压的不同，大陆都是220伏的电压，而台湾是110伏的电压，我担心电脑会因电压问题受损。因为我想起前不久一位台湾的朋友给我儿子捎去电动玩具，结果一插上电源就跳闸了。为了保险起见，我去电器商店，花几百元台币买了一个挺重的变压器，以后无论带电脑到哪里，都要带着这个重家伙。另一个不方便，是在宿舍里和工作间里上网的地址编码是不一样的，尽管都是通过“中央研究院”的局域网与互联网连接，我费了很大周折才弄明白这一点，起初还以为是电脑软件的配置问题，此后每次携带电脑来往于宿舍和工作间，上网都要先换网络地址编码。

日常生活的这种制度，与其他社会制度一样，路径依赖的力量是很强的，最初的制度制定，可能有很多偶然的因素，并不一定是最佳的选择，但一旦制度形成，就很难变动了，变动的成本和学习新制度的成本也会越来越高。据说英国火车铁轨的宽度，是原来有轨电车轨道的宽度和最早的汽车轮子间距，那也都是古罗马的马车轮子的间距，最早的汽车是为了适应马车在罗马人用小方石块铺成的路上压出的车辙，而采用了马车轮子的间距，而后者你猜是怎样确定的，那是两匹战马的马屁股宽度。电脑键盘英文字母的排列次序，也是某些偶然因素确定的，并非都是依照提高效率和节省成本的原则。

由于制度的依赖性很强，所以制定社会生活规则就成了非常重要的权力。在市场上也一样，只盯着一时获利的，那只是三等的小商人，二等的企业家，争夺的是市场占有率，而一等的商业大亨，争夺的是市场立法权，比尔·盖茨为什么那么牛，他就是虚拟世界的立法者，全世界都得用微软的视窗产品，还不得不跟着他一次次升级。WTO会谈为何那么难？那是争夺规则的制定权！为什么大陆的外资企业大多数是港台资本，就是因为对日常生活制度和各种非正式制度的熟悉使得制度进入和制度学习的成本大大地降低。

知识生产的作坊

"中央研究院"坐落在台北市东郊的南港区，在一大片傍山的平地上，绿荫之中分布着几十幢设计各异的楼房。我最喜欢的风格，还是我所在的社会学研究所与民族研究所共用的一幢楼房。这栋楼房设计得既古香古色，又中西合璧，楼房里相互连接的中式旋梯、带有自然绿色的改装天井以及小憩的落地窗茶座，都平添几分温馨。而最怪异的是文哲楼，外墙贴的全是白色的马赛克，中间还有一个圆顶，从外面看就像是一座穆斯林的清真寺。

"中研院"共有26个研究所，分为数理科学、生命科学和人文社会科学三大分支。数理科学有9个所，包括数学、物理、化学、地球、资讯（information）、统计、原子与分子科学各研究所，以及正在筹办过程中的天文及天文物理研究所、应用科学和工程研究所。生命科学有6个研究所，包括植物、动物、生物化学、分子生物、生物医学和生物农业各研究所。人文社会科学有11个研究所，包括文哲、历史语言、近代史、民族学、经济、社会学、欧美、中山人文社会科学各所，以及筹备过程中的语言学、政治学、台湾史几个研究所。此外还有两个实体中心：基因体研究中心和蔡元培人文社会科学研究中心。[①]

---

① 近年来，"中研院"又有一批研究所和研究中心得以建立，也有一些研究所更名或合并，截至2012年9月，"中研院"共有研究所24个，研究中心7个。

最令我满意的，是有一个隶属“中研院”的室内体育馆，入门票的内部价只需50台币（约合12元人民币），里面各类健身器材、运动场地和游泳池一应俱全，而且一票通行，没有时间限制。李远哲教授当任“中研院”院长后，觉得其他的硬件条件都不错，就是缺了点艺术的气息，于是邀台湾艺术大师和有关的基金会捐献艺术品和墨宝，成立了“中研院岭南艺术馆”。实际上世界一流学府，都很重视艺术品收藏，因为对于科学来说，真善美是分不开的，学问做到至精之处，那就是“艺术”的巅峰，学术的重镇，也应当是艺术的殿堂。北京的清华大学，倒是有轻便之路，直接兼并了中央工艺美术学院，弄得全校统计上的毕业生就业率直线下降，因为现在的艺术类毕业生，都愿做自由职业者。

知识生产和艺术生产，其实遵循着共同的生产方式，即便是在流水线工业化的时代，也依然是作坊式的生产。一个研究的课题组，就是几个师傅雇几个帮手，再带几个徒弟，都是“知识生产个体户”。知识和技术的生产，与商品生产不同，实际上无法批量生产，因为前者是创造，后者是复制。曾有人认为，复制和传播技术的发展，改变了知识价值的评判标准，由“唯一”走向“众多”，例如原来书籍珍贵的是珍本、善本，现在珍贵的是发行量，原来追求的是只此一件，现在追求的是流行。这是一个很大的误解，其实那制造的无数光盘和纸币，都是一长串的零，使它们有价值的，是背后具有专利权的母版。知识生产是一种很个体化的创造，尽管也需要协作，但无法靠人多势众和群众运动。爱因斯坦就是爱因斯坦，他就是母版。知识作坊和商品工厂，遵循着完全不同的运作规则，博士和教授的批量生产，带来的结果只能是博士和教授的贬值。

另外知识的价值，也不能单纯依赖市场来衡量，而要靠专家系统来衡量。例如，像甲骨文和数理逻辑，全国真正懂的没几个人，你怎么依靠市场在这些研究与时髦的电视主持人随笔之间进行价值比较？为什么说学术刊物只有匿名评审才算学术，就是因为匿名评审才能建立依赖专家系统的标准。

知识生产的根本动力，还是学者本性中那种探索未知领域的强烈渴望，以及跨越人类知识能力极限的深层欲求。当然，在文化的熏陶下，读着范仲淹的《岳阳楼记》长大，也会升华到“处江湖之远则忧其君，居庙堂之高则忧其民”的境界。当然，在一切都市场化运作的时代，多数人也难以免俗、也无可厚非地在骨子里期盼“名利双收”。所以，学术制度的设计，就像法律的设计，要假设被规范的人都是些俗人，也都是一有空子就钻的高手，即便有可能被规范的人都是慧根和本善的和尚，制度设计也要假定他们一不留神就有可能变成花和尚的情种。所以，制度设计搞点物质刺激也是必要的。现在一个刚毕业的博士进入“中央研究院”获得研究位子，先从助理研究员做起，沿着助理研究员、副研究员、研究员的阶梯一步步往上爬，这个过程以前只需要8年左右，现在博士多得也和萝卜白菜一样了，激烈的竞争大大延长了这个期限，大概需要15年左右了。聘约助理研究员的起点工资有6万—7万元台币（约合2000美元），研究员可达12万元台币，特聘教授可达20多万元台币（台湾2001年工业服务业平均月工资是41 452元台币），不过特聘研究员对多数人是可望而不可即的，好在年资是比职称等更重要的加薪因素。从激励机制来看，这个台阶似乎设计得还不够多，40多岁晋升到研究员后，也容易分心和放松勤勉及努力。所以，看来研究员也有必要再分出

一、二、三级，这样只要你难能免俗，就让你升级的愿望始终不灭，一直到退休都得殚精竭虑。

知识生产虽说是作坊式，但它的创造力却是大工业流水线无法相媲美的，因为它就是科学、技术和文化发展中生产母版的地方。

“捷运”和埋单的“社会技术”

台湾的2000多万人口，相对于岛屿面积来说，并不算拥挤，所以台北市的建筑，相对来说比较扁平，不像香港到处都是高耸入云的玻璃墙大厦，从这个角度看，台北是座挺传统的城市，不过它的城市公交系统却很发达。上次90年代中期来台湾的时候，台北的地铁才刚开始兴建，还没投入运营，而当时北京已经有了从建国门到苹果园的直线和沿二环路的环线。可这次来一看，台北一下子建成6条地铁干线，当然有两条很短，但基本可以四通八达了。台北的地铁不叫“地铁”，而叫“捷运”，我猜想是从日本进口的译法。现在大陆、香港、台湾三地的翻译用语是个大问题，往往同一个东西，三地是三个译法，大陆习惯于音译，港台习惯于意译加音译，而由于香港广东话的发音不同，所以译成中文又与台湾也不尽相同，如San Francisco，中文里就有旧金山、三藩市、圣弗朗西斯科三个名字。

台北的地铁因是新近建的，比较新潮，也很干净，不像纽约的地铁里那么多涂鸦，也不像伦敦的地铁那么老旧，地铁票可用储值卡，在公共汽车上也能用，一卡在手，走遍台北，把储值卡放到读卡机上，可显示剩余款和全部车费记录，卡里的钱花光了，还可到续款机上续款，真是很方便。

在奥运会申办成功之前，北京的地铁建设进展非常缓慢，从复兴门到西单一站，竟建设了7—8年。像地铁这种公益事业，发展受阻的一个重要原因，就是此类公益事业难以盈利。虽说政府就是负责发展公益事业的，但政府也是理性行动者，也会偏好把钱投向资金回收快的项目。而且公益事业中存在的不计成本—收益核算的倾向，也是妨碍公益事业发展的难题。以纳税人的钱来兴建公益事业，自是理所当然，可潜在受益商家的“搭便车”获利，却有白占便宜之嫌。地铁的兴建使沿途的房地产升值，由此获得好处的房地产商应当为此付费埋单。古典的经济学总认为，公共物品和服务难以靠收费盈利，理由是搭便车者无法控制，而以市场价格收费就失去公共物品的意义。但科斯（Ronald Harry Coase）的灯塔理论说明，像海岸线的灯塔这种很多学者认为无法收费的公共物品，在历史上却恰恰是由私人通过收费（按经过几个灯塔的里程由海关收费）才得以快速发展起来的。所以公益事业要想健康、持续地发展，就不能总是做亏本的生意，不能让特殊受益人特别是特殊的受益富人免费受益，要想法设计出针对特殊受益人的租金收取办法，能设计出这种社会核算技术的才是大智慧。其实现实中已经有了很多好办法起到了作用，如向污染厂家收取排污费减少和限制了污染，专利权的发明限制了盗版假冒并激励了技术创造，而地铁和城市绿地由房地产商分摊费用，也是一项促进公益事业发展的社会技术。你只要看到社会上有一窝蜂拥上去的暴利好事，那就肯定存在搭便车或权钱交易的高额获益，就要创造一个“社会技术”让获益者埋单或取消特权许可。

此外，技术进步与就业的关系一直比较复杂，台北地铁的自动化淘汰了卖票、检票等许多工作岗位，与此同时台湾的失业率也在经济景气的影响下达到5%以上这一50多年来的新高，使得一些学者呼吁政府扩大公共事业以创造就业机会。可地铁储值卡的使用，也带动了民用芯片、网络和计算机技术等相关产业的发展，创造了一些地铁里看不到的工作岗位。不过迄今为止，关于技术进步可以更多地创造就业机会的假设，还是没有足够的令人信服的证明，更多的数据是在显示，随着技术进步和产业结构升级而出现经济增长的就业弹性降低。经济史学家们和未来学家们只是乐观地认为，历史的发展过程表明，工业时代创造的就业机会远超过农业时代，而服务业时代创造的就业机会又超过工业时代，所以信息业时代也一定能创造比历史上任何时期都更多的就业机会。但这毕竟还只是个假设，让我们走着瞧吧！

访胡适遗迹

“中研院”原在上海，蔡元培先生是第一任院长，后搬到台湾后，需要一位在知识界德高望重的学者担任院长，于是邀请当时在美国领导中华教育基金会的胡适博士回台湾出任。胡适先后当了六年的院长，他1962年去世后，就永眠在“中研院”东门外的小山上，现在成为“胡适公园”。在一个周末，我去拜谒了胡适墓和胡适故居。

胡适墓在一个小山坡上，朴实肃穆，松柏环绕，墓志铭上写着：“这个为学术和文化的进步，为思想和言论的自由，为民族的尊荣，为人类的幸福而苦心焦思、敝精劳神以致身死的人，现在在这里安息了。”在胡适墓的不远处，有两座更大的墓，一是古文字大师董作宾先生的墓地，一是胡适之后的“中研院”继任院长吴大猷先生的墓地。吴大猷先生在学界声望甚隆，高徒满门，诺贝尔物理学奖得主杨振宁、李政道均出其门下，台湾的科技发展，其筚路蓝缕之功被公认首屈一指。他的墓志铭上写着："治学以恒，诲人以诚，巍巍夫子，士林共尊，功留宝岛，情归故国，哲人虽萎，典范永存。"

胡适故居就在"中研院"院内，是一栋具有日本住宅风格的平房，室内线装书和西文书共处，透着一袭书香之气，只是不知为何书房安置在背阴一面，光线昏暗，让人觉得没有舒适之感。但胡适绝非呆板书生，也不是能独守寂寞之人，他早年曾发誓20年不谈政治、不干政治，但他一生都在政治的旋涡里。他在思想王国里纵横捭阖、恣意狂行，并常有神来之笔，这是他所处的那个启蒙时代文人特有的秉性。他中年时自题小照："偶有几茎白发，心情微近中年，做了过河卒子，只能拼命向前。"到晚年又写道："远路不须愁日暮，老年终自望河清。"

胡适早年为新文化运动和白话文的推行立下汗马功劳，那时他不到30岁，不仅初生牛犊不怕虎，而且艺高人胆大，在文坛叱咤风云，名扬九州。他先后与陈独秀合办《新青年》，与丁文江合办《努力周刊》、《独立评论》，与徐志摩合办《新月》，发表的时评时论甚多。那个时代留学归来的学人，年纪轻轻就被聘为大学教授，科举废除之后，他们就是士林高人，而且胸怀一改千年制度积弊和观念陈习的鸿鹄大志，论战起来以学贯中西之新风，汪洋无忌。胡适1916年为嘲讽保守老派文人梅觐庄对白话文的抨击，写了逾千行的俚俗俳谐的白话诗，这可能也是中国最早的白话诗之一，现录下开头的一段，足见其风发意气："'人间天又凉'，老梅上战场。拍桌骂胡适，'说话太荒唐'！说什么'中国要有活文学'，说什么'须用白话做文章'！文字岂有死活！白话俗不可当！把《水浒》来比《史记》，好似麻雀来比凤凰。说'二十世纪的活字，胜于三千年的死字'，若非瞎了眼睛，定是丧心病狂！"这首《答梅觐庄》的白话诗，后收录在《藏晖室劄记》卷十四。

胡适一生共得到了35个荣誉博士学位，其中32个是美国的，几乎包括了所有美国著名大学，如哈佛大学、芝加哥大学、耶鲁大学、加州大学、杜克大学、普林斯顿大学等。然而，胡适的学业博士学位，在早年却受到论敌"假冒"的指责。胡适1910年考取庚子赔款留学，初读农科，后到哥伦比亚大学改攻哲学，师从杜威（John Dewey）。他1917年完成博士论文答辩，但要求必须"大修"才能获得学位，而此时胡适的《文学改良刍议》已在《新青年》发表，声名大振，北京大学校方力邀其回国任教，所以他当时未获学位就返回国内。但为回答论敌指责，胡适重修论文，并于1927年返美获得博士学位，随后又在国内以英文和中文分别出版了他的博士论文《先秦名学史》（*The Development of Logical Method in Ancient China*）。此外，胡适还写作出版《中国哲学史大纲》上卷，把过去哲学史上的伏羲、神农、黄帝、尧、舜等神人王者通通剔除，从老子、孔子讲起，主张"诸子不长于王官"，而且废除"独尊儒术"之风，平等对待各派，以思想逻辑线索取胜，不以资料多寡论高下，一下子轰动了当时学界，不到两月即重新再版，充分显示了胡适在哲学上的功底。

其实我初阅胡适，是通过读罗尔刚的《师门五年记》（又名《师门辱教记》）。当时在上海中国公学毕业后的罗尔刚，一时找不到合适的工作，于是担任过中国公学校长的胡适便聘用罗尔刚当子女的家庭教师，同时负责整理和抄录胡适父亲的手稿。那时胡适住在北京景山附近的米粮库胡同，收入颇丰，家里雇用了厨师、保姆、家庭教师、司机等五六人。罗尔刚细述了他如何在胡适的指导下撇开正史记载，通过查询地方志、历史实物和野史等求得各种旁证来研究太平天国运动，从而成为太平天国研究大师的过程。杜威的实验主义给胡适一生的治学之路打上深深的印记，他的名言“大胆假设、小心求证”和“拿证据来”广为流传。

胡适那一代学人，通览古今，学贯中外，思论锋锐，文采四溢，一派大家风范，是法国启蒙时代百科全书派的那种做派，与今日的专家治学完全不同。所以胡适给初到美国求学的吴健雄女士的指导是：“龟兔之喻，是勉励中人以下之语，也是警惕天才之语。有兔子的天才，加上乌龟的功力，定可无敌于一世。……凡第一流的科学家，都是渊博的人，取精而用弘，由博而转约，故能有大成功。”也算胡适先生慧眼识英雄，吴健雄女士后来成为男性主宰的物理学界中少有的女性豪杰。

不过，人的性格有时是很矛盾的，相比较胡适在思想领域的诸多倡新开拓之举，他在个人生活上却难脱传统束缚，留学回国后遵母命返乡完婚，与发妻共处一生，中间虽历经多次情感波澜，均无结局，与之保持了50年情谊的韦莲司（E. C. Williams）女士晚年说：“胡适的胆小，依违两间，是最大的原因。”其实，知识分子在各种社会风波中的依违两间，虽是人格的悲剧，却也是难能求全责备的。

大陆新娘·女权·三寸金莲*

大陆新娘

又一个周末，从电视上得知美国爱乐乐团来台湾演出，于是乘地铁去“国家音乐堂”看看门票价格是否在我愿意承受的范围之内。到达那里以后，却见音乐堂前面的广场有众人头系黄色布条集会，还有人拿着扩音喇叭发表演说。初以为是哪个党派的竞选集会，因为此时有台湾的竞选运动正如火如荼，仔细一看才知道是大陆新娘的维权集会。

近些年来，随着两岸的人员往来日益增多，相互联姻的也多了，但多数是台湾的男子娶大陆的女子。尽管也有许多是情投意合、一见钟情，但也不排除有相当多数是遵循社会交换论的规则，也就是以台湾男子的经济地位与大陆女子的年轻和容貌交换。而且大陆新娘在台湾一直是一个有争议的话题，报纸上也常有假结婚、真迁移甚至以结婚为名行卖淫之实的案例报道和渲染。

来参加大陆新娘集会的很多都是全家人齐上阵，孩子骑在大人的脖子上，头上也系着“反延长居留”的头带，也跟着大人一起喊他并不明白含义的口号。一位正在分发头带的女士见我在旁

---

* 原载《社会学家茶座》2004 年总第七辑，山东人民出版社。

边观看，还以为我也是来参加集会的，问我要不要头带。我说我是从大陆来做学术访问的，好奇才过来看看，并问她集会的目的是什么。她说她是福建人，祖籍山东，嫁到台湾来已3年了，但根据台湾的有关法律规定，对“大陆新娘”在台定居有严格的法律规定，住满2年以上才可申请居留证，有了居留证再连续住满5年才可以申请定居（身份证），所以要等8年才能拿到身份证。而由于大陆新娘越来越多，台湾民政部门要把“大陆新娘”最终拿到身份证的期限从8年延长到11年。她说别的国家和地区来的，如香港来的，很快就能拿到身份证，连越南、缅甸、印尼来的，也只需几年就可以，而大陆来的却要等8年，还要延长到11年，这不是歧视是什么？我又问她有无身份证的区别是什么，比如没有身份证能否就业？她说区别大了，在社会保障和福利待遇上有很多差别，没有身份证连国际旅游都不行，名义上找工作不受影响，但实际上没有身份证谁也不用你，原想嫁过来是“人往高处走”，可现在没有身份证成为身份低一等的人。我说你们这样喊有用吗？她说已把请愿书递交给了“行政院”，现在都在竞选，不是说维护人权吗，我们这也是人权，喊喊还是有影响的。台湾电影导演凌风娶了大陆新娘后，妻子开始也拿不到身份证，他就天天到“行政院”门口静坐，当然人家是名人，很快解决了，他也不喊了。

正说着，来了一队警察，说他们的集会没有登记，是非法集会，要他们解散。集会组织者还算有理性，让大家保持冷静，不要与警察冲突。但这时有参与集会的汽车喇叭里，放出《义勇军进行曲》，还齐声喊道：“一个四年恰恰好，两个四年把牙咬，三个四年会死掉！”看来他们的要求底线，是维持目前身份证的8

年申请期。

回来后到图书馆查资料，发现台湾的“大陆新娘”已达近20万人。2001年台湾迁入的人口40 426人，但其中女性占多数，达25 133人。现在每年迁入台湾的，占多数的除了“大陆新娘”，就是外籍劳工，因为随着台湾生育率的大幅度下降，劳动力已出现短缺，在大陆城市里由农民工从事的脏、累、重、差工作，在台湾都是外籍劳工的活。2001年在台湾的外籍劳工已达30余万人，主要来自泰国、印尼和菲律宾，主要从事建筑、制造、一般服务、监护工和帮佣。“大陆新娘”已成为台湾的一个新社会问题，美国CNN电视记者到台湾采访花边新闻，首选“大陆新娘”和“槟榔西施”。我同一些台湾同行交谈，他们说这个问题比较复杂。现在台湾女性的教育程度越来越高，大量去西方留学的女性很多都留在那边成家立业，而在台湾的也不愿嫁给比自己教育水平低的，所以一方面台湾女性的单身家庭大量出现，另一方面是很多台湾男性到大陆去寻找配偶，加之到大陆做生意的台湾人认为，“大陆新娘”如不加以控制，将会影响台湾的家庭婚姻和社会福利的水平。其实政界还有更深层的担忧，“大陆新娘”现在每年都在快速增多，估计10年后就会超过台湾原住民的总量，到时获得投票权的“大陆新娘”的取向，会成为影响台湾政治格局的一个新变数。

女权和三寸金莲

在台湾参加了几次研讨会，满眼都是年轻的女性，这个世界真是变了，社会知识生产的这种智力活，越来越成为女性职业，让那些堂堂七尺的须眉男子有时觉得，是不是走错了业门。北京清华大学在20世纪中叶，据说在校生中女生不到10%，可如今女生大有在将来超过男生之势。大陆近几年高考的状元，也多以女生为主。过去都说学历高的女性难得漂亮，因为不等她学成，早被夺花使者们攻下闺阁城池。可现在那些女性硕士、博士，闭月羞花之貌者甚多，成为高级白领工作岗位有实力的竞争者。大陆为解决日益严峻的失业问题，有社会学者提出“妇女回家去”的呼吁，理由是家庭劳动也是工作，社会观念中不应有贵贱之分，妇女何必自己出外工作，家里又雇保姆，以致劳民伤财。引证的数据是，大陆妇女劳动参与率几乎是世界之冠，高达80%以上，而发达国家均不到60%，台湾女性的劳动参与率只有46%，结果引起轩然大波，众多女性社会学者群起而攻之，就差给他戴上一顶“公然歧视女性”的帽子。台湾的统计数据显示，大专以上高等教育在校学生数占18—21岁年龄阶段人口的比例，也就是所谓“大学毛入学率”，1976年时男性是19.3%，女性是11.9%，但到2002年，男性上升到80.7%，而女性则上升到86.3%，超过了男性。

其实随着社会发展，蓝领工作中的女性比例在减少，而白领工作中的女性比例却在与日俱增，那一队队由女记者、女律师、女教师、女经理等组成的白领丽人，几乎成为新中产阶级的象征符号。可能女性的精神定力、亲和力、敏感力和工作耐力，比较适应现代社会劳动强度减小而工作专门化程度增加的社会分工趋势，男女在职业竞争上的强弱对比之势，正在发生一些微妙的变化。当然女性主义者仍然强烈不满，认为性别不平等仍是社会不平等的重要根源，用她们的话说，你不要光看白领丽人，她们的上司不都是男老板！这话说得倒也有理。

不过，女性的权利地位，客观上说已经有了翻天覆地的变化。

记得美国有位生理社会学家，早年毕其全力并得到重金资助来台湾研究“童养媳”。他到台湾查阅户籍卡片，查找到那些当过“童养媳”的老妇人，研究她们的生活历程，研究的结论是，儿童早期在日常生活中与异性的过多亲密往来，会影响其未来的性倾向。我对这个结论一直很怀疑，因为“童养媳”的受压抑生活和她受养于人的记忆，让她的性生活怎么能幸福起来？从青梅竹马到白头偕老的反例不是也多得很嘛，这也不都是文学家大团圆结局的粉饰。当然《红楼梦》里整天在女儿国里摸爬滚打的贾宝玉，以后的确是出家当和尚了。

我到一个地方，喜欢参观博物馆。前两次来台湾，时间日程安排很紧，挑重要的看了两次台北故宫博物院。因为过去故宫里的无数国宝，绝大多数都来到台湾，藏品多数都放在地下室里，三年还轮展不过来，那真叫目不暇接，但时过多年，现在印象里就剩下一棵“翡翠大白菜”和一块“玉石五花肉”。这次时间宽裕，便去参观历史博物馆，谁知大失所望，因为里面的馆藏和我想象的大相径庭，除了台湾地图和唐三彩两个展室，就剩下一个名为《千载金莲风华》的缠足文物展，但既已买门票进去，也不能白来，只好硬着头皮看看。后者倒是一个很别具一格的展览，里面展示着各种只有一掌宽的小鞋，还有腿带、藕覆、小袜、缠足椅、裹脚布、洗脚盆以及历史图片等，许多外国人看得目瞪口呆。我小时候也见过缠足老妇，但一直不清楚缠足的社会理由。这个展览也未考证明白，只说《古事务考》里记载缠足是从商朝妲己开始的，传说妲己是狐狸精变的，因脚没变过来，所以用布缠着，后纣王宫女都学她以足帛拘束足尖。但可靠的史料记载，女子缠足习俗出现于北宋年间，宋朝大文人苏轼还曾专门写了一首《菩萨蛮》来颂咏缠足："涂香莫惜莲承步，长愁罗袜凌波去；只见舞回风，都无行处踪，偷立宫样稳，并立双趺困；纤妙说应难，须从掌上看。"

缠足之风在明清最盛，直到清末国门打开后，才经过"天足运动"而逐渐灭绝。台湾在日本人占领之后，也有"放足断发"运动。其实，缠足之风，肯定与封建男权有关，你想想，把脚缠到不足15厘米，能干什么体力活？所以最早一定出于女性可做玩物养着的官贵之门，随之成为身份、地位和美的象征，演变为俗文化。所以说，美也是社会文化建构的，从来历史上俗文化，都有官文化的背景才得以流行，才能被史书记载下来。可是历史上的所谓缠足之美，却是女子肉体的酷刑，造成多少"小脚一双，眼泪一缸"。

从这个历史过程看，女权运动的时代潮流，可能才刚刚开始。

买者定价、社会嵌入及其他*

买者定价和社会嵌入

我的集邮爱好保持到大学，而我的小儿子似乎受我文化基因遗传，也有集邮爱好，所以无论到哪里，购买邮票都成了我的专业工作。当然所谓“小儿子”，是指年龄之小，我只此独犊，并无“大儿子”或违反计划生育政策。台北市仅260多万人，邮迷远不如北京众多，在朋友的指点下，到台北北门邮局附近的邮票市场看了看，而所谓邮市，就是五六家卖邮票的小店铺，根本无法与北京的专业化集邮市场相比，前两年北京集邮火爆时，买邮票就像买股票，当然这两年也冷淡多了。我儿子和我的集邮水平，都只有初级“业余爱好者”的水平，我当年还追求按照序号把历年的邮票集全，而我儿子在各种电子游戏的诱惑下已没有那种传统追求，也就是按照体育、鸟类、花卉什么的分分类，看着舒服而已，连票友都谈不上。我的经验让我深知，购买邮票的讨价还价是门大学问。我去的台北那家邮票铺的店主，是一对老人，故乡是宁波，早年跟着邮政局撤来台北，因文化水平不高，后来没了工作，就开了邮票铺，他的很多亲属还在宁波，大陆开放后，宁

* 原载《社会学家茶座》2004年总第八辑，山东人民出版社。

波成了大陆最富裕的地方之一，他的乡下的亲戚也富起来了，他们回去探过亲，亲戚劝他们留下，认为凭他们的积蓄，在大陆的物价水平下也可以过不错的生活，但他们担忧的是，看病花钱太多，而在台湾他们有医疗保障，看病费用大部分可以报销。听说我是大陆来的，颇为亲切，但生意是生意，要价并不含糊，我循常规也不客气地就地还价，先砍30%再说，几经讨价还价，最后以比开价便宜20%的价格买了约千元台币的邮票。

集市上的讨价还价，是一种定律，北京曾经专卖假名牌服装的秀水街、浙江石狮的牛仔服市场、香港的旅游珠宝店，都是比赛砍价的竞技场。中国至今在很多农村集市上买牲口，买主都要把手指头藏在衣袖里用手指头砍价。同样的商品和成本，却可以卖出不同的价格，这在经济学上叫"价格分歧"（Price Discrimination）。过去很多学者认为，从摊贩集市的讨价还价到现代商店的固定价格，也是现代化的转变，以固定价格零售的优越性，是减少了大量交易成本。诺贝尔经济学奖得主斯蒂格勒（G. Stigler）也认为，价格分歧增加了人们的信息搜寻成本，所以是一种浪费。但香港大学的张五常教授很不以为然，他在《卖橘者言》里，利用除夕之夜亲自在香港街头卖橘的经验，证明价格分歧是唯一可以赚钱的方法。因为卖者总比买者的商品信息多，买者只要认为价格合适就会买，所以商品只能随行就市，根据需求灵活波动，如除夕夜香港桃花洛阳纸贵，但一过除夕时刻就要吐血抛售，几小时后更是一文不值。商家打的"清仓价"、"跳楼价"、"喋血大甩卖"的招牌，都是价格分歧规则的反映。

但问题并不这么简单，必须说明反例存在的理由，即为什么几乎所有的现代大商店都是实行相对固定的商品价格（只实行某些商品的换季减价或节日减价），更不用说同质同价的麦当劳商业文化的流行。其实商品固定价格的趋势有几个社会前提条件：一是社会从熟人社会转为匿名社会以及商品体系的复杂化，大大增加了商品时价的信息搜寻成本；二是收入的提高使商品价格信息搜寻的机会成本也大大增加，所以艰难地讨价还价所节省的钱与浪费的时间相比多数情况下变得不值得；三是社会分工的发展使得讨价还价的工作专门化，可以由专门赚取佣金的中间人和赚取中间差价的批发商在幕后进行。所以说，零售商品价格决定机制的改变，是由于作为买主的消费者的改变，价格机制是嵌入社会关系的，面对不同的买主，价格决定机制也就不同。

这样，我们才能够更清楚地明白一些零售商品议价现象盛行领域的机制。现代社会的零售商品议价，也就是存在于几个领域。一是旅游顾客较多的商品销售，如服装和珠宝，是专门针对搜寻商品价格信息的机会成本较高的买主，卖主通过经营规模小、管理成本低或直接进货无须经过大批发商倒手的优势，可以制造较大的顾客可以接受的价格分歧，而且对于这些旅游的过路客，买卖是一次性博弈，即使事后感觉不合算，一般也不会花费精力去退货。二是买主需求弹性和价值预期差异较大的商品，如古董店和股票市场，同样的商品，因买主的需求不同和价值预期不同，买主愿意出的价格也不同，所以卖主为了赚钱，更倾向采取价格分歧或拍卖的办法。三是商品短时间不能无限供给而不同买主需求弹性很大的零售领域，如饭店里标明“时价”的海鲜，香港除夕夜的橘子和桃花，古旧邮票或贩盗的禁品等等。

当然，日常生活里也还常有另外一种造成价格分歧和讨价还价盛行的情况，就是买主不在乎价格信息搜寻成本，而卖主也没有大量出售的可能和议价的机会成本，这样讨价还价就成了周瑜打黄盖，一个愿打一个愿挨。女士们多有可爱的本能购物偏好，讨价还价对她们是消遣享受、智慧竞技和产生成就感的过程，即便没什么东西可买也对商场的议价角逐乐此不疲，不像男士一进商店就直奔主题，买了扭头就走，一点没有购物文化的品位。而那些迎合这种需求的小老板和售货小姐们，反正闲着也是闲着，小本经营的买卖，就指望着价格分歧赚钱呢，砍价就砍价，谁怕谁。

一般人只认为，商品价格是由市场上的供求关系决定的，殊不知市场和买主的需求都是嵌入社会关系的，买主需求并不只是物质需求，社会结构和社会关系发生了变化，买主的需求也会发生变化，因而本质上其实是买主定价。所以要发财的大老板，赶快去学学社会心理学，先把自己培养成社会关系和买主心理研究的高手。

烟民和槟榔西施

自从20年前留学时染上烟瘾，就恶习难改。那时孤寂一人，整天熬夜埋头看书写作，于是开始吸烟提神。而且那时留学的法国，并不歧视吸烟，常见大学教授也衔根雪茄，巴黎索邦大学门前的咖啡店露天阳伞下，每天中午都坐着一群群手夹坤烟、悠然自得的女生。现在时过境迁了，到处是戒烟运动，几乎所有的公共场所都有禁止吸烟的标志。在家里老婆说不能影响儿童健康，特殊情况下也只能到阳台上过瘾，而且背后有一长串的唠叨。而我所在的中国社会科学院，整个大楼都改成了“无烟楼”，要想吸烟须从10楼的办公室坐电梯下来，烟民们每次匆匆忙忙的，一副饥不择食的样子，完全失去吸烟的幽雅情调。这种“禁烟清教主义”风潮，在大洋彼岸的美国知识界最盛，欧洲开会时还能看到不时有人抗不住烟瘾，神情自若地拿出鼻烟球来闻闻，而在美国知识界眼里，吸烟简直成了下层阶级的文化符号，弄得即便在露天场所，众目睽睽之下，像我这种死要面子的人，吸烟时都有一种吸毒和另类的负罪感。逼到这分上还不行，烟盒上还要印上醒目的“吸烟可以致癌”标记，拿在手里怎么看都不自在。

到台湾“中研院”后，碰到的是同样的环境，虽然研究大楼里除了图书馆似乎并无禁烟的标志，但众人的眼光和行为方式就是无声的命令，这里是一水的留美博士，我很知趣地从不在他们面前吸烟。我所具有的丰富的烟民歧视经验，让我知道烟民眼里那种清香烟味，在不抽烟者的意识里，已经建构为不如狗屎味的“毒气”。

我周围的朋友买房子、买车的人越来越多，而抽烟的人似乎越来越少了，他们金盆洗手、悬崖勒马、改邪归正。而我的意志力太差，几次戒烟都无功而返。于是为了心理平衡，仔细地研究吸烟如何利大于弊。按我的想象和推论，吸烟之利，一是能够提神，经常提神可以避免精神亢奋，所以神经衰弱的可能性小，工作至深夜也不用吃安眠药；二是有利于调节精神紧张和工作压力，吸烟者需要看心理医生的比例应该相对较小；三是吸烟可能会遏制身体对脂肪和胆固醇的吸收，避免现代病；四是吸烟可能会增加某种抵抗力，去湿寒又防虫咬；五是烟草税收是相当重要的财政来源，吸烟岂不是曲线的善举？而且，根据进一步的推论和猜想，戒烟可能会改变内分泌和微循环，导致发胖和心脑血管出毛病。另外吸烟之弊，例如致癌，是说烟里的尼古丁有致癌因素，但空气污染和食品污染中的致癌因素甚多，关于癌症病人中烟民比例高的各种社会调查统计，实际都是单相关分析，并不排除有其他的食物、环境、心理焦虑等因素成为致癌的主要诱因。这样想象着，让自己有一种“众人都醉我独醒”的感觉，心中因烟民歧视而产生的怨气也自我化解了许多。

台湾知识界的烟民都几近绝迹了，吸烟也有成为下层文化符号的趋势。在此之前，社会下层的另一个特殊文化符号是“槟榔”。槟榔是一种可以提神的绿色果实，样子像橄榄和白果，内含生物碱、黄樟素、丁香油等元素，原产地是马来西亚，马来人称之为“Pinang”。现在世界上的槟榔树主要分布在印度、巴基斯坦、马来西亚、菲律宾等东南亚国家以及中国台湾和大陆的海南、广东、湖南等地。在过去的历史上，槟榔和烟草因为都是提神之物，所以有很密切的关系。例如过去菲律宾人就喜欢把槟榔和烟草一起咀嚼，以求获得振奋精神、消除疲劳的效果。各地出售的槟榔，有很多讲究，通常有各种不同的配料和添加物，如贝灰、熟石灰、荖花、白豆蔻、茴香子、蜂蜜等等。槟榔史源远流长，东方人咀嚼槟榔已有一千多年的历史，古印度文献里就有记载，马可·波罗的《东方见闻录》（公元1298年）里也有记述，而古希腊历史学家早在公元前340年就叙述过槟榔之事。早年槟榔消费是雅俗共赏、贫富皆宜之物。海南人就曾认为“亲客来往非槟榔不为礼”。800多年前，贬居海南岛的苏东坡就曾描绘黎家少女“两颊红潮增妩媚，谁知侬是醉槟榔”。《红楼梦》第六十四回，贾琏借故进宁国府巧遇尤二姐，便无话找话说：“槟榔荷包也忘记带了来，妹妹有槟榔，赏我一口吃。”由于槟榔产于南方，当时北方富贵人家的子女，都还以能吃到槟榔为荣。

槟榔在台湾是出租车“的哥”的最爱，曾有台湾“口香糖”之誉。若干年前来台湾时，见旅游点清洁的石板地上一片片殷红，询问之后，才知道槟榔咀嚼之后，唾液分泌量大为增多，吐在地上一片殷红，很难清洗掉。喜欢嚼槟榔的年轻人，也被称为“红唇族”，一嘴的赤口红牙。上次台湾大学的叶启政教授为了让我们体验生活，买了若干槟榔果让我们尝尝，谁知竟是呛人的石灰味，味同嚼蜡，哪是什么“口香糖”。如今，台湾的槟榔文化发生大变化，槟榔成为落后阶层和文化的象征，与不良习惯联系在一起，据说槟榔也与烟草一样，有致癌因素。况且那些卖槟榔的妙龄少女为了招揽生意，穿着清凉暴露，被称为“槟榔西施”，她们在街道两旁争奇斗艳，惹得“的哥”意乱情迷，交通事故频发。加之“槟榔西施”几乎是隐性色情业的同义语，就像大陆的“色情发廊女”。为此，台湾桃园已发布“槟榔西施”不得妨碍交通、不得违反“劳动基本法”、不得过分暴露的“新三不政策”。槟榔西施们已感到被取缔的压力，纷纷改以旗袍装扮，但又发明“上有政策、下有对策”的新招，在旅游点大跳劲舞。一位研究槟榔西施文化的台湾教授同情地表示，“大部分槟榔西施来自劳工阶级，她们的穿着，只是增加收入的一种方法，如果真的要净化社会，应该从禁止时尚秀的模特儿和展示豪华车的暴露女郎开始”。

尽管在台湾知识界，吸烟和嚼槟榔都已属于不齿行为，或至少是不良行为，但台湾的统计数据表明，台湾烟草和槟榔的消费量却呈上升之势，1971—2002年，年人均烟消费量从1032支增加到2082支，槟榔年人均消费量从1.0公斤增加到7.2公斤。台湾在日本占领时期成为日本的专业糖生产基地，主要种植甘蔗，后来增加稻米种植，稻米和甘蔗成为主要农产品。但现在槟榔已超过甘蔗，成为稻米之后的第二大农产品，并有超过稻米之势。到2001年台湾槟榔生产农户约7万户，种植面积约5.6万公顷，年产量约16万吨，产值约136亿元台币，而槟榔消费产值则逾千亿台币，被戏称为“绿色黄金”。过去台湾限制槟榔进口，进口关税高达35%，但台湾加入WTO以后，改实行配额进口，配额内关税降到17.5%，而且要逐年加大配额比例，这对传统的槟榔农户是一个威胁，这个趋势将迫使他们逐步改变种植结构。

台湾槟榔文化的变化，恐怕也是烟草文化的命运，烟民们还是趁早不要策划“反烟民歧视运动”，赶紧戒烟吧，免得戴一顶落后文化代表的帽子。谁知在不久的将来，烟草和槟榔在人们眼里会不会变成罂粟花。

台湾村落走访随笔 *

边陲的台东和台湾的农业

从大陆来台湾访问的，一般都是沿台北到高雄一线跑景点。我这次来则一心想看看边远的农村。正好“中研院”社会学所的章英华教授去台东大学参加一个关于“边陲社会”的研讨会，这样就安排会后陪我在台东乡下走走。

从台北松山机场乘飞机一个多小时，就到达了台东，台东大学的黄毅志教授已经安排好走访村落的路线图。台东地广人稀，在台湾是人口密度最小的县，100 多平方公里的面积上只有 11 万多人口。在日本占领时代，台东大部分地区还都是未开发的处女地，直到 1951 年，因为凤梨的种植成功，才开始引起西部东进的移民潮。胡适的父亲胡铁花，在清光绪年间曾到台东接任知州，胡适孩提时代就是在这里学会识文断字的。台东过去在台湾人的眼里是边远生番地区，也是政治犯和重罪犯的关押地，虽然当年关押政治犯的绿岛如今已是旅游景点，但台东的山区至今还是台湾重罪监狱的聚集地。台东在近代的开发是从日本人占领时期建立糖业原料基地和国民党时期建立国有农

---

* 原载《社会学家茶座》2003 年总第五辑，山东人民出版社。

场开始的。

不过如今的台东，已成为台湾污染最少的地区。它的工业很少，背靠着太武山，前面是绵延176公里的海岸线，入夏后浓密的阔叶树上长满一眼望不尽的释迦果。

根据台湾的统计数据，从1951年到2001年，台湾农业产值占GNP的比重从32.3%下降到1.9%，农业从业者的比例从56.7%下降到7.5%，乡村人口也从1952年的63.4%下降到2002年的16.5%。纯粹的务农户已经很罕见了，因为仅靠农业收入难以为生。纯粹的粮农就更少见了，多数是种植附加值更高的非粮经济作物，如花卉、水果、蔬菜、茶、油料、甘蔗等等，当然还有作为主要经济作物的槟榔。台湾农民总共才100多万人，多数集中在43万原住民生活区，而且大多数也都是兼业农。在台湾，农民已经是一个非常模糊的概念，因为多数农民的主要经济收入都来自非农产业，之所以仍称其为农民，是因为他们还有用来耕作或养殖的土地。

尽管新闻媒体上还不时有农民为农田和水资源遭到工业污染而抗议的报道，但农民在社会中已不是有影响的力量。台湾的作家们用"暮色文明"的话语为台湾农村写照：祖孙二代守着田园，而男女青年都离乡打工赚钱，没人愿意下一代再当农夫，甚至难以认同自己农民的身份。农村在作家笔下，成为一种怀旧、一种伤感、一种乡愁和一种已步入迟暮的过去。

20世纪60年代后，台湾的工业进入出口导向时期。外国大投资者在高雄开拓加工出口经济特区，他们雇用廉价劳工，将进口零件组装后出口到全球，特别是以美国为主要市场。70年代产业结构开始向重化工业发展，80年代新竹高科技园区的建立，是台湾避免了重化工业衰退后的“产业空洞化”。60—70年代，是台湾经济增长最快的时期，GNP的年平均增长率在10%以上。1951年台湾人均GNP是145美元，1976年超过1000美元（1132美元），到1984年达到3167美元，8年时间增加了近两倍；到1994年则超过10 000美元（11 806美元），10年时间增加了近9倍；2000年达到历史最高峰的14 188美元。亚洲金融风暴后台湾经济回落、货币贬值，2001年人均GNP为12 686美元。

在台湾工业的高成长中，农业的比较利益却一直在下滑。一个影响因素是货币升值。80年代，在台湾对美国上百亿美元贸易顺差的情况下，台湾迫于美国的压力而调整汇率，台币大幅度升值，由80年代初的40元台币兑1美元，最后升到24元。货币升值造成出口竞争力的减弱和廉价劳动力时代的结束，台湾农业的比较收益也进一步降低。另一个影响因素是长时期实行的稻谷征购政策造成的“隐藏谷税”。据有关台湾学者估算，1963年以前的“隐藏谷税”甚至大于同年全台湾所得税总和。所以70年代农业在完成其“以农扶工”的历史任务后，就走向式微和衰落了。现在，农业变成了必须由政府补贴、保护才能生存的产业。

不过台湾农业的前景依然是热门话题，各路高手纷纷献招：“观光休闲农业”、“园艺农业”、“生物技术农业”甚至“飞地农业”。所谓“飞地农业”，就是利用台湾的资本和技术到境外去发展农业。据报道，仅福建宁德，已有43个台湾农业企业家去投资上千万美元，年产值上亿元人民币，其中种植业19家、养殖业5家、农副产品加工业19家。其实，台湾农民比例之小，已使他们的发展无关大局，可能在不久的未来，台湾的农村和农业也就是城市和工业的后花园而已。台湾的经验也许说明，对耕地稀缺的小农来说，兼业是不得已的最终出路。

村落的庙宇、教堂文化

我们的访查路线在走到快与花莲县接壤的地方后，掉头往台东的南部行进，一直走到台东县南端深山里的达仁乡土板村，沿途访问了不少村庄。

给我印象最深的，就是台湾村落的庙宇、教堂文化。在汉民的村落里，庙宇的香火非常兴旺，而且是多神的祭祀。那些各式各样的庙宇，名号不一，如庙、堂、祠、宫、寺、坛、岩、院、亭、阁、殿、社等等，而且同一庙宇之中，通常祭祀着不同的神位，有主神、属神和客神，往往是释、道、儒共祭。在华人的文化圈里，民间信仰和祭祀的功用主义色彩都是很浓厚的，祈福避厄是最主要的目的，丰收生育、招财去病都要拜神。也许只是在早期的时候，民间信仰的那种追寻超凡脱世之力和凝聚人心的力量才更加明显。所以一些西方的学者认为华人的民间信仰不是宗教，因为宗教的特征是信仰单一的超自然人格，如耶稣、释迦牟尼、真主等。台湾的香火如此兴旺，连台北最繁华的大道两旁的商店门口，也都摆放着一个个烧纸的香炉，不管这商店是卖香奈儿化妆品、鳄鱼服装还是IBM电脑，这种现象可能有特殊原因。这个特殊的原因，也许就是台湾历史上是一个移民社会，人们面对着更多的陌生环境中的未知生活风险，民间信仰起到了化解心理恐惧、坚定生活信念、凝聚族群认同的作用。

但从台湾村落的情况看，也不尽然。我走访的土板村，是一个排湾族的土著村落，有100余户人家。我们走访了几个部落长老的家庭。这些长老都是世袭的，但在村里并没有特殊的经济地位和社会权威，也没有传统酋长一呼百应的力量，他们具有的更多的是文化象征意义上的声望，代表着排湾族文化上的特质。主导这个土著民族村落信仰的是天主教，而且是经过排湾族本土化了的天主教。在教堂里祈祷面对的耶稣像，是一个木刻的长着排湾族祖先面孔的耶稣受难像，如果没有介绍，会被人误以为是非洲人的木雕。听说只有天主教能够宽容这种把《圣经》教义与土著文化相结合的做法。土著人的信教，似乎较少功用主义的目的，他们更多的是为了借助信仰来从心理上驾驭命运，凝聚部落精神和获得心灵净化。

随着村落生活的现代化，宗教和民间信仰在村落里似乎不是削弱而是进一步强化了，因为规避现代社会风险和净化心灵的社会需求也在不断地增长。现代的华人社会里心理医生的行业始终难以发展，这恐怕与华人社会里的宗教、民间信仰、宗族和家庭起到的替代作用很有关系。

乡土重建和平等化效应

在农业比较收益不断下降的情况下，台东力图利用生态环境上的优势，走出一条观光旅游农业的新路，而越来越稀缺的田园风光，也对生活节奏紧张的城里人产生越来越大的吸引力，人们听够了打击乐和流行歌曲，也想听听林风、鸟语、虫鸣、溪声。在台东农村漫游的沿途，看到很多农村田园风光度假村，如稻米文化度假村、桑蚕文化度假村、茶文化度假村、中药苗圃度假村、花卉蔬菜水果度假村、温泉度假村、森林浴度假村、土著文化度假村等等，农业的价值已经越来越寓于农业以外。

到台东的第一天晚上，我们住到关山乡的山水轩度假村。翌日清晨6点钟起来，披着朝霞、嗅着泥土的清香骑自行车上路。在环乡的沿途，碰到一些零零落落的下田的农民。我好奇地与一位看起来50多岁的农夫攀谈起来。

令我惊讶的是，这位老农听说我是从大陆来的学者，竟给我说了许多有关他从未到过的那片土地的事情。从他的谈吐可以知道，他对世界上发生的事情以及各方面的信息有相当广泛的了解。但从历史的过程来看，很难说他究竟是离代表台湾现代化中心的区域更远了还是更近了。

人们一直以为那些现代化的因素都具有平等化的效应，特别是教育，它使得社会的下层有了社会升迁的机会和渠道。因为现代化就是在不同的社会阶层和社会位置之间建立各种资源流动的渠道，邮政、道路、电网、通讯、电视、教育、互联网等等，都是这类渠道，全球化就是铺设新的渠道和加速渠道流通的速度。人们以为资源的流动也是按照水往低处流的规则，会产生平等化效应，正像每个人在市场上的利润追求会使利润率平均化一样。但是现在，在知识编码系统快速转变和知识转化为财富的时间大大缩短的情况下，全球化似乎正在改变着社会资源流动的规则，从而出现“水倒流”和“社会复制”的现象。贫富差距和资源控制的差距，不是在持续地缩小，而是出现新的扩大趋势，打破了不少中产阶级的美梦。

村落的都市化及其终结

我们从台东市出发，开车沿着中央山脉和海岸山脉之间的峡谷平原往西北方向行进，经过一个多小时的路程就来到台东县延平乡桃源村。这是台湾原住民布农族的村落，大概有几十户人家。住房多是相距很近的二层小楼，也有少数平房，但大都是近一二十年新建的房子，几乎已经没有那种祖传的老房子了。而且在乡土重建的过程中，新建的房屋多数位于街道的两旁，失去了传统村落的自然空间布局。单从住房上来看，与都市已经没有什么差别，农户家里的摆设和家用电器，与小城镇也没有什么差别，这与我脑海里的村落概念，实在有很大的距离。

布农人在历史上是以刀耕火种为主、狩猎为辅，谋生要靠不断迁移来寻求新的耕地和猎场。每一个聚落都是独立自主而互不相属的平权社会，没有阶级、产权和起源地的概念。布农人在台湾总共有 4 万多人，是台湾人类学研究的一个重点。“中研院”民族研究所的黄应贵教授研究布农人社会达 30 年之久。不过现在的布农人社会，从日常生活的角度来看，实在是只有很少的制度差异性。

台湾的村落，在发展过程中经历过乡土重建的洗礼，成为一种很松散的社区。虽然传统的血缘地缘关系依然存在，部落的自我认同还存在，但村落似乎没有统一的行政性的或宗族性的地方自治权威，特别是宗族力量非常薄弱，这与大陆华南的村落有很大的区别。政府的权力下乡，基本上止于乡一级，无论到哪一个乡，都是一样的 4 个公务机构楼房：乡公所、乡民代表会、乡户政事务所、乡消防队。村落也有自己选举出的村长，但他几乎没有任何政治、经济和文化的资源控制权，也就是个上传下达的联络员角色，他的社会地位和影响力，远不如乡村的小学校长。村落社会越来越出现一种“空洞化”的趋势：在人力资本方面，文化程度高的年轻人都到城市就业并安家落户了，文化程度不算高的年轻人也到城镇去打工了，家里通常只剩下老人和孩子；在经济方面，村落生活主要依赖在外打工的收入，农业收入只是一种补贴；在政治生活方面，一切似乎都是由乡一级来组织和安排，村落没有独立的政治公共领域。在大陆快速城市化的地区，出现了一些都市里的村庄，即所谓“城中村”。这些村庄没有农业和农民了，但依然是村落的土地制度、村落的社区管理和村落的社会网络，就是说农业和农民终结了，但村落没有终结。但台东的农村，出现的是恰恰相反的趋势，即农业和农民还在，但村落社区和村落制度似乎终结了。除了还有一部分农业，你很难再找到其他方面相对于城市制度的异质性。而农业继续存在的理由：一是由于这些农民家庭的务农主要依靠老人，他们几乎没有机会成本，也就是说不种地他们也没有其他工作或增加娱乐的可能；二是他们的土地按照法律规定不得用于工业性的开发。在这种情况下，所谓村落生活，已经演变为城镇生活的同质末梢，而不是异质的另类。城市文化和生活制度的下乡，在这种同质化的过程中起到很大的作用。台湾的“国语”普及真是贯彻得非常深入，你每走到一个土著部落，土著人都能说相当标准的“国语”，不用做任何翻译。村落里的邮政地址也和城市一样，都编上某某路某某号，不像在大陆，村落就是乡村邮政地址的最后单位。

不过在都市生活的同化趋势下，土著部落的自主意识却似乎在增强。因为他们看到，文化的差异性越来越成为一种文化资源，所以必须保留和强化那些能够表示文化差异的符号。但现在也有外来者来争夺和开发这种文化资源了。财团法人布农文教基金会在桃源村附近建了一个“布农部落园”，是集土著文化展示、休闲、食宿为一体的观光旅游点，很受欢迎。但当地的布农人却颇有微词，因为他们觉得，这些文化资源就像自己未注册的商标和权利，现在却被别人拿去赚钱。

当然，农民本身也在发生一些根本性的变化，他们不再是完全依赖于耕种来生活的小农（peasants），但也不同于西方那些拥有大量土地的家庭农场主（farmers），他们是通过土地经营来获得农产品之外的收益的农业经营者（agricuturers）。

台湾村落的社会变迁，也许是东方小农区域里村落、农民和农业终结的一种有参考价值的可能形式。

台湾农业的转型和困惑

台东县是台湾农业比重较高的地区，虽说具有较好的代表性，但我还是希望我对台湾农村的亲身体验和认识，能够得到其他地区的旁证。“中研院”社会学所的陈志柔老弟为了满足我这个愿望，决定在我离开台湾之前带我到台北市附近的典型农村去看看。

从台北开车一个多小时就到了桃园县的新屋乡，那是一个有相当规模的城镇，乡农会的办公地点就在乡信用社的楼上。农会在台湾是一种农村经济社会的服务组织，而不是一个农民政治经济利益维权团体，它的人员和活动经费主要来自隶属于农会的信用社的收益，所以根据信用社盈利状况的差别，农会的实力也大不相同。政府的一些对农户的扶持，通常也要通过农会来协助贯彻。农会下面有很多“产销班”。所谓“产销班”，就是把若干户从事同类农业生产活动的农民组织在一起，在产销合作方面互惠互利，这也是农业技术下乡推广的重要渠道之一。农会的一位青年干事，带我们走访了新屋乡清华村的三户农民，但同一村的农户住得非常分散，开车还要走好长一段路。早期台湾的乡村聚落，北部和南部有明显的不同。北部是属于小型的散村形态，零星散布，村与村之间距离很近。而南部村落都是大型的集村，多者可达数百家，村和村之间距离比较远。据说这是因为开发较早，受到荷兰人的“王田”、郑成功的“官田”和“营盘田”等制度的影响而形成集村，而北部开发得晚，又都是大租户招佃农开垦，佃农们为就近照顾耕地，所以成为散居形态。不过由此产生的社会结果是，在北部的“散村”中，宗族网络很少，村民的姓氏繁多，没有统治性的大姓，类似经过乡土重建的杂姓移民村落，与古老的自然村落有很大不同。

我访问的清华村还有很多祖辈传下来的老房子，都是红砖红瓦、两边房角上翘的闽南风格三合院，年轻人成家后都盖起新式楼房，而村里的老人都舍不得拆掉祖传的老屋。我真纳闷为什么这个叫“新屋”的乡下，却恰恰具有这么多在台湾已少有的“老屋”。由于是“散村”，所以形不成村街，村以下的单位称为“邻”，七八户人家就是一“邻”，而“邻”之间则相距甚远。农户的家庭地址，也变成某某村某某邻某某号。在一户耕农的家门口，有一副潘、何两姓联姻人家的拆字喜联很有雅趣，揭示了农民价值观中粮食和劳动力的重要性：嫁为“潘”家妇，有“田”有“米”有“水”；娶得何氏女，添“人”添“口”添“丁”。台湾的农业似乎正在经历着第二次转型。第一次转型是从定购生产稻米谷物向放开生产其他经济作物的转型。过去台湾也长期恪守自足、保证粮食安全的战略，不仅严格坚持农地农用和限制粮食进口，而且对农户有粮食定购的计划。但粮农在国际粮食市场价格的逼迫下，比较利益持续下滑，后来台湾放开粮食进口，鼓励种植附加值高的其他经济作物，甚至对休耕的农田给予补助。然而由于台湾的劳动力价格一路上扬和农家平均地亩较少，在加入WTO以后，随着农业关税的降低和各种农产品进口限制的逐步取消，即便是种植经济作物，也很难在日趋开放的农产品国际市场上具有竞争力。于是，现实逼迫台湾农业实行第二次转型，即从农产品经济化种植向休闲观光农业转型。这种休闲观光农业所开发的，不仅是农产品本身的价值，更多的还是蓝天、绿野、阳光、古风、祖居、土地清香、新鲜空气、乡野风味等综合价值。而且，这种休闲观光农业似乎越来越远离传统农业，越来越变成一种带有泥土味的乡村服务业。

不过，即便如此，农业的前景并不乐观，因为只有那些上了岁数的人还在无奈地坚守着农业，就像是暮色文明的守护人。农村里几乎看不到愿意继续从事农业的年青一代了，哪怕是收入相当可观的休闲观光农业，他们也弃之如敝屣。他们已耐不得农业劳动的那份操劳和辛苦，而宁可在明净的厂房里受工业流水线的统治，以换得8小时以外和周末的悠闲与时间自主。他们对农业的放弃和对非农职业的选择，已不仅仅是对收入方式和收入水平的选择，而是对都市的生活方式、消费取向、时尚风格和价值理念的选择。谁也挡不住这些农民后代的现代性取向，但这种代际职业选择的断裂，却伴随着农业的苦恼、困惑、忧虑和伤感。

台北大学的黄树仁教授送给我一本他的新著——《心牢：农地农用意识形态与台湾城乡发展》。他分析了台湾在以农为本和粮食安全的战略选择下形成的“农地农用”政策以及这种政策目前造成的发展困境，力主放弃“农地农用”政策，认为如此台湾农业或许还有浴火重生的一丝机会。这大胆不失理性的建议，让我这个背后有数亿农民的大陆学者感到心灵深处的震撼。在农业收益已没有全局影响力的工业社会中，放弃农业也许并不困难，特别是像在台湾农业产值只占 GDP 的 1.9%、农业劳动者只占从业人员 7.5% 的条件下。但我所担忧的是同样步入转型的工业社会，能否为离开农业的农民提供足够的非农就业机会。今后限制结构转型的真正威胁，可能已经不再是来自农业本身，而是来自愈来愈节省劳力的知识技术化社会中的就业问题。

中国大葱与日本电器*

我们这一代中国人，家庭里电器的脱胎换骨，最初都是在日本产品的笼罩下。记得20世纪80年代初期，从日本访问回来的亲戚送给我一部很小巧的日本索尼录音机学英语用，那是我平生第一次接触日本电器产品，此前就见过别致的日本尖头筷子。那精制的“日本制造”当时就给我留下深刻的印象，因为当时中国国产的录音机黑乎乎的，有砖头那么大。我家里使用的第一台电视、冰箱、录像机、数码相机、笔记本电脑等，几乎都是日本的产品。我儿子玩的电子宠物和电子游戏也是日本的。松下、索尼、东芝、三菱等日本株式会社，都是中国新一代耳熟能详的名字。日本电器的性能、质量、精巧和使用方便，是很多其他国家的电器都无法比拟的。

中日之间人员和贸易的往来越来越多了，我很想知道在日本人的脑海里，印象最深的中国产品是什么。当我就此问题询问熟悉的日本朋友时，他的回答简短而使我愕然：“中国大葱。”我问为什么，他说中国的大葱不太辣并带甜味，做菜香，白色的葱颈很长，而且很便宜。我说还有什么？他说大概还有布制玩具，听朋友介绍过，但自己没有买过。我听后默然，心想中国的大葱和

---

* 本文原刊于《经济导刊》2004年第11期，第92—94页。

日本的电器，这大概就是中日之间在经济技术上的实际差距，比我预想的要大得多。

但我不理解的是，为什么中国的味道很好的大葱在日本市场上卖得比日本大葱要便宜很多。出口日本的大葱，在山东每公斤的收购价是 14 日元（约合 1 元人民币），是中国国内市场价格的两倍。经过包装、运输、销售，在日本批发价已提升到 103 日元，可是仍比日本国产大葱的 200 日元便宜得多。不仅中国大葱价格是日本国产的半价，中国鲜香菇价格更是日本国产的三分之一。

中国产品在国际市场上价格偏低的现象一直存在，有的说是因为中国人自己的恶性竞争。在贸易会上，同样的中国产品，为了出口创汇，这家卖一元，那家就降到一角。更经典奇特的例子是，中国的外贸官员去美国，发现那里出售的经香港转销的中国雨伞，比中国国内还便宜，都快成了一次性雨伞了，但回来后一查，商家回答说这项贸易中中国商家、香港商家和美国商家都赚了。即便有出口退税，按说也不会出现这种违背经济常理的现象。这里如果不是存在虚报出口数量骗税等猫腻的存在，就是因为当年货币汇率官价市价的差异或外币供给的短缺。

像大葱这样的中国产品，价格便宜自然与中国劳动和生产成本低廉有关，但消费者的市场选择，考虑的都是产品性价比，不会去考虑和计算产品的生产成本。中国的大葱质良价廉，而且包装都是按日本批发商的要求特制的，在这种情况下，日本的高价大葱还能卖得出去，肯定有其他的心理因素在影响价格，这就是产品信誉，或者说对“日本制造”的国民信任。比如说日本消费者会认为，日本的大葱虽然比较贵一些，但属于绿色产品，而中国的大葱保不准会使用化肥、农药和污染的水。

到日本后，发现有件事日本与中国截然不同。在中国国内，进口货都是贵的，国产货都是便宜的，而在日本，一般进口货都是便宜的，国产的都是贵的。日本自己制造汽车电器，这类东西几乎不需进口，但是由于国土狭小，除了米能自给自足外，几乎所有蔬菜水果以及肉类都要大量从中国、菲律宾、美国、韩国、墨西哥、印尼、新西兰等国进口，其中中国货种类最多，价格也最便宜。日本的国产牛肉价格比进口牛肉高好几倍。超市里的日本产食品，都印有“国产”的字样。而在中国，情况正相反，“进口货”在中国几乎就是高档商品的代名词，市场上存在的大量“水货”，都是国产商品假冒外国名牌。

尽管价格便宜，但中国的出口能力的确在增强。在日本的日用品市场上，到处都能看到来自中国的商品。从服装、鞋帽、箱包到不锈钢制品和玩具，日本市场上的中国商品有直逼韩国商品的趋势。日本家庭主妇的消费观念，也在发生变化，十几年前使用中国商品，那是生活档次低的表现，现在已经完全不同了。

不过我还是搞不懂，中国已经有那么多外汇储备，2003 年达到了 4000 多亿美元，仅 2003 年一年，就增加了 1000 多亿美元的外汇储备，国际上还在施压让人民币升值，外汇的储蓄利率又那么低，大量的外国热钱都往中国跑，中国的一些商品还不计成本地“出口创汇”干吗？例如在日本的百元店（类似美国的 1 美元商店），从中国进口的一次性木筷，100 日元一大袋，发达国家都立法禁止采伐自己的树木，中国森林覆盖率那么低，还采伐树木制成这种极廉价商品出口换汇，真不知怎么进行的经济社会核算。有些日本人甚至嘲讽地说，买中国的一次性筷子当原料制造成高档纸张再卖到中国去都能赚钱的，因为原料好。

不过不服也不行，日本的产品不仅质量好，经久耐用，工艺精致，而且制造商肯动脑子，在产品的每一个细节上都充分地为消费者考虑。“日本制造”就是一个品牌、一种商标，一种具有高额收益的无形资产和知识产权。中国人总以为自己只是在电脑芯片之类的尖端技术上不行，实际上是精益求精的职业精神就有差距。我在德国巴伐利亚州看到众多小企业生产的包括刀叉餐具在内的五金制品行销世界，你说那刀叉有多少尖端技术，但人家追求的就是一点一滴上的绝活。中国高档装修市场上的卫生陶瓷需求量那么大，但高档的宾馆和家庭装修用的卫生陶瓷却都是美国公司的 American Standard（美标）系列产品和日本公司的 Toto 系列产品。你说这卫生陶瓷还能比卫星上天的技术高？何况中国还是号称有几千年制作历史的陶瓷大国，China 在英文里的意思就是瓷器。可中国制造的卫生陶瓷，用不了多长时间就会出现跑冒滴漏，你让消费者怎么办？

日本制造商为消费者着想是很用心的，一个简单的方便面发明的过程就很能说明问题。1958 年，“方便面之父”、现年 90 多岁的日本日清食品株式会社社长安藤百福先生当时已经 48 岁，他在上下班的路上看到人们排队等着吃热面条，就决心发明一种方便的面条食品。他买来一台轧面机，反复试验，几经失败，最后发明了现在这种“方便面”。小小的方便面可能没有多少技术含量，但代表了一种方便消费者的职业精神。如今全球方便面年销量达到 400 亿份以上，方便面在日本被评为 20 世纪日本十大名牌产品之首。日本日清公司如今也已经发展成为一家国际知名的综合性食品企业集团，集团在日本以外拥有 25 个子公司或生产基地，2000 年度日清集团全球净销售额达到 3000 亿日元（约为 28 亿美元）。

中国的制造商可能至今也没有真正理解，制造品牌蕴涵的巨大差距，并不是单纯的技术问题，而且中国为这种差距付出巨大代价。全世界的耐克运动鞋几乎都是美国品牌的贴牌产品，70%都是在中国生产的，一双耐克鞋在美国卖大约160美元，但中国的制造商每双鞋只有3—4美元的盈利，还乐得屁颠。温州的打火机卖给韩国客商是9元人民币，而他们打上自己的品牌却卖280元人民币。美国市场上出售的“中国制造”芭比娃娃价格是10美元，但中国的到岸批发价格却只有2美元，扣除1美元的管理费、运输费和0.65美元的材料费后，最后只剩下0.35美元，那里面还要包括企业老板的利润和中国民工的血汗钱。当然如果价格低还有钱赚，那也是市场竞争优势，美国比中国大豆产油率更高的大豆，到达中国口岸的价格也比中国的东北大豆价格低。但问题是，如果不真正理解中国大葱与日本电器差距的意义，“中国制造”就很难超越自己。

中日之间的发展水平，至少还有半个多世纪的差距。2000年中国人均GDP 855美元，只相当于日本1964年的水平，中国城市居民的恩格尔系数为39.2%，接近日本1960年38.8%的水平；中国平均预期寿命、婴儿死亡率分别与日本1965年、1960年的水平一致。虽然中国经济发展存在着巨大的地区差距，从而拉低了全国整体的平均值，但即便是在高楼大厦鳞次栉比的上海，5000美元左右的人均GDP，也仅相当于日本70年代后期全国平均水平。

“二战”后日本已经被炸成一片焦土，当时日本的人均GDP与刚解放时的中国大致相等，但半个多世纪后的今天，中国的人均GDP只是日本的三十几分之一。即便用日本1955—1973年近20年的发展与中国1978年改革开放后的20余年比较，也会看到，

1955年人均GDP与1978年中国相当的日本，在经过不到20年后人均GDP就达到4000多美元，而中国经历1978—2001年长达23年的经济快速发展，2001年人均GDP还不到1000美元。这种经济同样快速增长下显示的巨大发展差距，说明人口增长约束条件对发展的巨大影响。所以，中国还是要扎扎实实地做些事情，不要外国人一说什么“中国世纪的到来”，自己就当真地飘飘然起来，也跟着说些不着边际的“超越”大话。

厕所革命与社会变迁*

在中国，为了调查在不同发展程度的地区人们现代化意识的差异，社会心理学家们设计了非常复杂的心理量表，不过我到农村去调查农民家庭的现代化意识，也有一个非常简单可靠的经验，就是你去看看他们家的厨房和厕所。厕所是衡量文明的重要标志，一个农民家庭能够在20年的时间跨度内，把原来居住的平房改造成四五层的现代小楼，铺上地毯，放上高级电器和家具，但往往却很难完成厕所文明的进化。

一个家庭是这样，一个国家也是这样，厕所是文明的尺度。日本的公共厕所给我留下很深的印象，这种深刻印象是因为与中国公共厕所的对比的反差。

中国的公共厕所过去一直“臭名”远扬。京城的老百姓都戏称到胡同里去上公共厕所是“一闻、二跳、三叫、四哭、五笑”，即在胡同里找厕所不用看标示，最容易的办法是“闻”味寻厕；到了厕所里污水横流，要“跳”跃前进；夏天厕坑里蛆虫蠕动让人心惊大“叫”；而厕所里浓烈的恶臭氨气味呛得眼睛泪流如“哭”状；便坑相互之间又毫无遮拦，人们只好相视苦“笑”。

很长一段时间里厕所是外国游客到中国抱怨最多的问题，而

---

* 选自李培林：《重新崛起的日本》，中信出版社，2004年，第160—165页。

且至今仍然有影响。有些外国出版的旅游小册子甚至提醒游客，“旅游出发前在宾馆提前上厕所，旅途中不要喝过多的饮料，以免使用公共厕所，那里是中国最肮脏的地方”。

前些年，有位外国经济学家在一次研讨会上批评中国外贸顺差太多，旁敲侧击地幽默了一番。他说中国古代讲究中庸之道，但如今行事却往往失衡，如在生活上只注重“进口”，菜肴美轮美奂，但不注重“出口”，公厕少而卫生差，但在对外贸易上却又反过来，只注重“出口”不注重“进口”，造成贸易顺差带来的贸易摩擦。

我的一个做人类学研究的瑞士博士生，是个女孩，到中国西部的村庄里去住了一个月，回来后我问她怎么样，有什么不适应的？她说主要是洗澡和上厕所，洗澡还好说，她每周坐车到县城宾馆里租个房间洗去一周风尘，但在村庄上厕所都是那种猪圈厕所，这边临高解手，那边猪群嗷嗷觅食，而且男女共用一厕，男的进去把腰带挂在厕墙上，女的进去则把头巾挂在厕墙上。有的小男孩恶作剧，找条皮带挂在厕墙上，弄的女眷一天不能上厕所。

台湾以犀利批评杂文著名并当过一段台北文化局长的女作家龙应台，倒是对中国的如厕文化比较宽容。她曾写过一篇文章，要寻求中国人厕所蹲坑面朝外的文化意义，还得出结论，中国的公共厕所是一个现代的所谓“公共空间”，与今天的酒吧、广场、演讲厅，从前的水井边、大庙口、澡室和茶楼一样，是市民交换意见、形成舆论的场所，从语调上看不出是嘲讽还是推崇。

十几年前，也有学者以促进旅游业为由，呼吁厕所革命。北京也确实改造了一番，有些新建的厕所建筑从外面看像是文化场所。为了加强公共厕所卫生，北京旅游点的公共厕所实行了收费制度，有的还制定了如厕条例。我在昆明看到一个公共厕所的如厕条例有十条之多，都是禁止随地大小便之类。但民众对公共厕所收费非议很多，于是北京又取消了公共厕所收费制度，不过取消收费之后，厕所卫生又明显恶化。这种现象的产生，套用经济学的话说，是因为公共资产的产权虚置，劳动收益和努力程度不挂钩，不让那些老大妈收费了，她们打扫厕所的积极性就受到挫伤。

于是我想，人家日本的公共厕所大多数也都不收费，怎么就没有出现卫生问题？在今天的日本，无论是在酒店、机场、大商店、图书馆、大学、机关，还是在一般街道和公园，厕所里都非常干净。多数公共场所还专门有供残疾人使用的厕间，如厕洗手后的吹干机也都改装成一种新型的，把手放进吹干机里面，风从两边一起吹，吹落的水流进下面机器里，地上不留一点水迹，而且吹干的速度极快。

日本机场、大百货商店、高档文化场所里的公共厕所，不仅干净，而且芳香四溢，墙上挂着别致的工艺品，洗手池边上还放有插着鲜花绿叶的花瓶。就是在一些野外公园里比较简陋的公共厕所里，也一样是洁净方便。在日本出外，你尽管痛饮，找公共厕所很容易。有一次住在宾馆里，并不是奢华的那种，房间很小，但厕所里装着在国内就听说的具有便后温水冲洗电子系统的马桶，我还是第一次尝试这种系统，冲水时还伴有音乐，感觉怪怪的，觉得这种系统是不是有点服务过度，画蛇添足，不过足以说明日本厕所文化的发达。

在日本家庭里，厕所更是异常讲究的地方，那是日本家庭妇女充分展示女性品位、智慧和创造力的地方。在日本古都京都游览的时候，在一些古风犹存、装饰儒雅的公共厕所里，简直会让人诗兴大发。我这才真正体会到，为什么宋人欧阳修说他读书得力于“三上”：曰马上，曰轿上，曰厕上。可以想见中国古时也有儒雅的如厕之地，原来还以为这是因为读书人运动少容易便秘，时间长了养成如厕读书相伴的习惯。

韩国的旅游者到日本，回去最赞不绝口的就是日本的厕所。据说一位韩国教授访日后在课堂上讲授“红学”，考证到《红楼梦》里刘姥姥在大观园假山后的便溺行为时，有感而发地大加赞赏日本厕所的文明、干净，并由此推论到传统文化变迁中的裂变。

不过日本的厕所文明的确也不是从来如此。日本早年的公厕也很落后，20世纪30年代的时候，日本很多城市的市民也在为无冲水、窗户安有铁丝网的公共厕所叫苦连天。有些早年到日本的外国人写的观光笔记也记载着很不习惯于日本公厕太少和男人便溺的随意，他们周五晚上西装革履地喝酒喝得醉醺醺的，在大街边上就解开文明扣一泻千里，而边上路过的日本女性也都习以为常，丝毫没有难堪之状。直到1985年，日本还因为著名旅游观光点缺少公厕，或者即使有公厕也肮脏到无法使用的状况，成立了“日本公厕协会”，着手解决公厕问题。

我曾询问一位日本朋友，那些不收费的公厕，卫生清洁人员何以能够如此工作卖力，使公厕永保洁净如洗。他说道理很简单，因为如果有人投诉厕所的卫生，清洁人员很可能就会因此被解职而丢掉饭碗，虽说这是个职业道德问题，但道德也要靠制度来保证，违反制度的人要受到惩罚，否则满大街的人都不管红灯绿灯，交通还不成了一堆乱麻。

看来道德这种“内心的法”，要假定人性本善，可以通过

“思想工作”帮助人们弃恶扬善，但法制这种“外在的法”，要假定人性本恶，要通过善恶有报保证制度的有效。就职业道德来说，精神和经济激励都有可能失效，失职辞退制度才是职业道德的最终基础。

中国其实历史上的传统文化中并不是不注重“出口”问题，但近代厕所文明确实大为落伍。在河南商丘芒砀山2000年前的汉墓群中，在一位西汉国王的陵墓里，发现除了有前厅、储藏室、钱窖、厨房之外，还有一间厕所，厕坑上有石头制成的扶手座椅，其冲水系统也颇类似今天的马桶，据讲解人员说，这是世界上第一个坐式水冲厕所。我没有研究过厕所文明史，也不知是真是假。

不过据《世说新语》上记载，舞阳公主的方便之处，是一个漆箱，里面有焦枣，公主出恭也能闻到焦枣暗香。很多外国人到北京故宫去参观，唯独不见古时皇家的厕所，都禁不住好奇地询问皇家如何享受解手之乐。中国近代的技术落伍，从皇家仍使用无冲水系统的恭桶可见一斑，不过听说主管皇帝出恭的任“官房”之职的太监，在皇宫里地位不低，责任重大，因为要能从皇帝粪便的颜色和气味辨别皇帝的龙体是否安康。反正在《水浒》里的大相国寺中，管东厕的“净头”比管菜园子的“菜头”等级要高一头。当然这些记载还都是关于帝王官宦之家，民间如何解决“出口”问题很少有古代记载。不过日本冲绳古琉球王国从古代中国传来的各种生活技艺中，也包括设在猪圈里的厕所。

世界上第一个冲水马桶是英国贵族约翰·哈灵顿爵士（Sir John Harington）1596年发明的，但由于当时排污系统不完善而没能得到广泛应用。一直到1861年，英国一个管道工托马斯·克莱帕（Thomas Crapper）发明了一套先进的节水冲洗系统，厕所才开始进入现代化时期。所以说，现代厕所的发展，与城市排水系统的建立密切相关。

当年中国人看法国古典作家雨果的小说《悲惨世界》改编的同名电影，看到主人翁冉阿让被警察追捕，最后只好到巴黎地下排水道避难的一幕时，都不禁为巴黎那宏大的地下排水系统而折服。早在1200年，巴黎就有了排放雨水与生活污水的露天排水道，地下排水系统则是1370年建造的，现在巴黎使用的地下排水系统，是1850年一个名叫欧仁·贝尔格朗（Eugène Belgrand）的人设计的，排水道总长达2100公里，每天能排放120万立方米的污水。全部用巨石建成的地下排水道，宽阔得可以行车走船，是巴黎的地下之城。

中国古代城市缺少地下排水系统，到晚清的时候，现代公厕才与学校、邮电、铁路等现代制度一起传入中国。《清类钞》中说：某书生考试不中，为了谋生自己建了一座收费公厕，并在厕所上贴了一副对联："但愿你来我往，最恨屎少屁多。"

目前北京约1000万市区居民，公厕只有7000多个，"出口"还是僧多米少。2008年将在北京举办的奥运会，正促使北京加快"厕所革命"。据报道，北京要在未来一两年内投资2.4亿元人民币，为148个旅游景区内的747个厕所进行大规模重建和翻新，其中15%的厕所将翻新成四星级公厕。[①] 上海市政府

① 据新华社2008年7月5日电讯，到北京奥运会前夕，北京改建和新建的5300多个公厕全部免费向公众开放，而且奥运场馆附近增加近1800个临时厕位，以确保奥运宾客顺利解决"内急"。美国《华尔街日报》为此发表文章，赞扬中国大规模改造公厕设施的行动，并引用世界公共厕所组织负责人杰克·西姆的话说，"厕所是一个国家竞争力的体现"。北京环卫机构的官员认为，尽管北京现在厕所数量很多，但分布还不尽合理，今后要实现的目标是步行8分钟可找到厕所。

为迎接在2010年于上海举行的世界博览会，也宣布改善厕所为“天下头等大事”。

但仅有政府的努力，是很难实现“厕所革命”的。你在日本会看到，有那么多技术人才和私人公司肯为普通的厕所殚精竭虑，发挥他们的创造力。据说由于许多日本妇女上厕所时习惯以不断地冲水来掩盖令人窘迫的声音，于是就有技术人员发明了流水音乐“声音公主”，它可以模仿冲水的声音，从而大大节约了水资源。日本的厕所之王——东陶机器公司，在20世纪80年代就以其高技术的“小卫生间”确立了自己在业界的地位，这种价格在1000美元以上的厕所，有照明设备、软管、按钮、遥控器以及温度和水压调节器，过去只限于疗养院和医院使用，但是20多年后的今天，它进入了约35%的日本家庭。最近，在东京松下公司的研究所里，科学家们还推出一种智能厕所，这种技术能采集并用激光照射尿样，在很短的时间内检测出糖尿病、肾病，甚至癌症。中国科学院的一位物理学院士曾告诉我，别看马桶是个不起眼的东西，但它的节水系统涉及很多复杂的水流物理原理，令全世界都还在不断研究。

现在“日本厕所协会”每年都要进行“10个最佳公共厕所”的评选活动，并要求网民自愿参观东京的公共厕所并给它们打分，还请人们提供最肮脏厕所的照片，将它们贴在网页上。在纽约，也有一个叫做“最佳公厕”的网站发起了一场评比，对纽约市、华盛顿、波士顿和芝加哥这些每年夏季吸引众多游客的城市的厕所进行评级。

2003年11月19日，来自芬兰、英国、美国、印度、日本、韩国、澳大利亚、马来西亚、中国等30个国家的500多名代表，在新加坡展览中心举行了为期三天的第一届世界厕所峰会。在会上日本的商家还展示它们设计的“全新节水马桶”，马桶每次冲水量仅为200毫升，是一般抽水马桶用水量的三十分之一。这次大会还决定把每年的11月19日定为“世界厕所日”，并成立了一个新的WTO组织。不过这个WTO并不是世界贸易组织（World Trade Organization），而是世界公共厕所组织（World Toilet Organization）。与会代表普遍认为，民众的观念和文化素质是决定一个国家厕所改造好坏的关键因素。来自英国的代表，还对本国的公厕发展进行了批评，说2002年8月英国的公厕已经度过了150岁的生日，但自从1995年以来，英国已经关闭了大约75%的公共卫生间，目前大约8000个英国人才拥有一个公共厕所，据说这主要是因为维护成本问题。

公厕卫生实际上与人们的健康关系甚大。世界卫生组织的一项报告显示，目前世界上有40%的人口无法享用合理的公共卫生设施，其中有80%居住在亚洲地区，这使得传染病肆虐，每年因此要夺去200万条生命。

经济学家和社会学家们关注的主要是产业结构、职业类别、收入水平、生活方式、消费偏好、价值观念等宏大的社会变迁，但“厕所革命”也是能够体察社会变迁的一个窗口和象征符号。

全球化和汽车左行的制度 *

世界各国的行车规则分成两大派："右派"和"左派"。绝大多数国家是"右派"，遵守车行右边的交通规则。"靠左行"的国家和地区主要有英国、澳大利亚、爱尔兰、印度、印尼、泰国、巴基斯坦、日本和中国香港等。"靠左行"的国家和地区，几乎都是受英国的影响，是过去英国的殖民地或者历史上曾经由英国人治理，只有日本似乎是个例外。

英国的左行有着古罗马的影响。英国在交通的建设和体制方面，处处都深深地打着古罗马时期烙印。从起源上看，"靠左行"是欧洲的古制。据记载，罗马教皇卜尼法斯八世（Bonifacius Ⅷ）在1300年举行第一个基督教庆典时，命令所有赴罗马的朝圣者均须"靠左行"。因为"靠左行"是有道理的，一般人都是右手便利，如果靠左行，右手就永远处于外侧，这样，不论是拔剑自卫，还是干其他的事，左行都比右行方便些。另外，当时人们的交通工具是马，而上下马必须在左边，左边的马路边造了一些马石，人们踩石上马便可疾奔而去。

英国左行车的这一交通规则，是1835年制定条例明确规定下来的，至今已有170多年了。但英国人自己并不爱说英国独特的

---

* 本文原刊于《经济导刊》2004年第8期，第87—89页。

左行车规则是受古罗马人的影响，而是说汽车出现之前，都以马车作为主要的交通工具，赶马车的人是在左辕操作，征战的骑兵，也要左手持缰，右手持剑，自然是靠左侧行走最为便利。而汽车的普及仍然不能改变英国人古老的行马车习惯。有些历史学家以此说明英国人文化上的尊重“传统”和“保守”程度之深，所以英国虽然实现了政教分离的现代民主体制，但同时保持皇室制度，英国历史上也几乎没有翻天覆地的“革命”，只有改良色彩的“光荣革命”，英国丈量距离的单位，也一直使用与公制有别的英制。这一点倒是与日本很相像，日本也是至今仍保留皇室制度的少数现代国家之一，历史也只有改良色彩的“明治维新”。

但日本属于行车“左派”中比较独特的一个国家，它既不属于英联邦，历史上也不属于英属殖民地或英国文化圈，也从未被英国人治理过，它何以也是遵守车行左边的规则呢？这的确是一个有趣的问题，是很能说明日本体制的一个文化切入点。

有一次在餐桌上闲聊，我把自己心中对日本何以也实行“左行车”制度的疑问向日本的教授们求教，多数教授大概从未思考过这个问题，一时无语，眼睛都盯着其中比较博学的一位。那位教授略一深思，款款道来：日本古代的武士，都是身着和服佩腰剑，而腰剑是佩在左边，因为多数人是右手使剑，这样在狭路相逢的时候，为了避免佩剑相碰，惹出麻烦，同时也为了保持警惕和右手抽剑的方便，所以习惯上都是靠左边走。久而久之，这就成了日本的人和车都靠左行的交通规则。这个功用主义的解释与古罗马人和英国人的解释大同小异，如出一辙，这种解释都符合制度起源的基本原理，因为多数制度的起源，都有其带有理性选择色彩的功用主义历史渊源。但更有可能的是，英国的左行车制度是来自古罗马的传统，日本历史上也是因为要“脱亚入欧”，当年仰慕大不列颠的雄风，爱屋及乌，于是采用了“靠左行”的交通规则。

不过，日本在“左行”方面，的确有自己的“特色”。香港车辆是左行，但行人一般是右行，在地铁站的上下滚动电梯上，人们也都自动站在右边，把左边让出来，让着急赶路的人超越。而日本行人也是左行，在滚动电梯上，标有提醒靠左边站的标记。刚到日本的人会非常不习惯，因为在狭路相遇，总会下意识地往右边走，结果与对面的来人碰个正着，让人好不尴尬，显得你不懂规则。

然而，有趣的问题是，“左派”们把“左行车”的规则解释得这么具有理性原理，以此推论，似乎全世界大多数国家实行的行车右行制度，其历史起源是非理性的。的确，历史上“右行车”规则的建立，是具有“革命”色彩的。18 世纪法国大革命以前，贵族的马车靠左行驶，而平民走在道路的右侧。1789 年大革命后，罗伯斯庇尔为了否定贵族马车的左行规则，推行平民的右行规则，命令巴黎的马车和行人一律靠右行驶。拿破仑上台后，命令军车和运输马车也靠右行驶。欧洲被拿破仑征服过的瑞士、德国、意大利、波兰、西班牙等，都以靠右行驶为交通规则并延续下来。

1792 年，美国宾夕法尼亚州立法机关规定从兰开斯特到费城公路上的车辆一律靠右行驶，1804 年纽约州颁布了州内所有车辆都靠右侧行驶的法律，由此奠定了美国右侧行驶交通法规的基础。在美国，福特汽车公司反对将汽车的方向盘放在右边，于是方向盘就统统被安装在左前座的前方，这种格局成为后来各汽车制造商竞相模仿的榜样。

全球化和世界贸易组织，都是要推行一种普遍的行为规则。

对于制度设计的社会技术弱势的国家，学习和采用已经普遍实行的世界规则，是节约交易成本的，因为可以“搭便车”。但谁领导制度设计权，确是一个非常关键的问题。行车规则的“右派”战胜“左派”，是世界制度设计权的更迭和易手，是“日不落”的大英帝国世界霸主地位的颠覆。

一个国家、一个社会，一旦实行了一种制度、一种传统以后，要完全改变也是成本很高的。1960 年，英国也曾经考虑过改变现行的左行方向，实行世界多数国家都采用的右行规则，但最后告吹。因为要是改为右行，就意味着英国不但要把公路上所有的路标都换过方向，更为头痛的是，还要承受因改变行为习惯而可能导致的众多交通事故和人们的不满。因此，制度一旦成为传统，成为一种行为规则，就增加了“文化”和“社会规范”的因素，要改变是很困难的。制度变革的成本核算，也会因为制度传统的不同而发生很大的变易。从这个意义上说，改造旧制度要比建立新制度更加困难。这就像盖房子，地产商最喜欢的是征用农田，这比在市区拆迁盖楼，省去很多争议和麻烦。在空白的领域建立新制度，更像是“帕累托改进”（Pareto Reform），几乎所有的人都能受益；而打破旧制度建立新制度，则像是“非帕累托改进”，一些人在改革中获益的同时，也有一些人会利益受损，制度改革成果的核算，还要考量制度转换中的“失范”可能改变的利益得失结果。

全球化的一致性和普遍性与文化的多样性和特殊性，是一对孪生的姊妹。英语的普遍性，并不妨碍很多国家说自己的语言，右行车的普遍规则，也并不妨碍很多国家实行左行车规则。全球化的推行，是制度交易成本的节约，但文化的多样性是我们复杂而美好世界的想象力和创造性的源泉。

中国视角看日本 *

中国人想告诉日本什么

2003年，中日双方的贸易统计都显示，中日贸易总额突破了1300亿美元，达到了1972年恢复邦交以来的最高峰，但与此同时，中日民间心理上的不信任和相互蔑视，似乎也达到近三十几年来的顶点。就连上海至北京快速铁路是否采用日本新干线技术这样的商业竞争，也有海内外万名华人签名上书反对。这到底是怎么一回事？日本人搞不清楚，中国也有很多人不明白，好像中日两国又要处于一种敌对状态似的。

时代虽然发生了巨大变化，但两国人民的心态并没有随之发生变化，这种巨大的落差，形成历史心理积淀与现实利益格局的激烈冲突，使得中国的“厌日情绪”和日本的“厌华情绪”发展成一种超越个人和阶层利益的“社会心态运动”。

这个时代的变化，就是国际舆论界现在经常谈论的所谓在亚洲“中国的崛起”和“日本的沉寂”。尽管日本的经济其实并没有人们想象的那么糟，而且还有复苏再起的迹象，但毕竟这战后从未有过的经济如此受挫，对国民心态产生了深刻影响。二十几年

---

* 本文原刊于《经济导刊》2004年第6期，第84—89页。

前都在谈论“日本第一”、“日本独占鳌头”、“日本经验”、“日本奇迹”、“日本可以说不”的西语世界，现在却转而谈论“日本的危机”、“日本体制的僵化”等等。与此同时，西方媒体开始谈论“中国的崛起”、“中国将是下一个超级大国”、“中国将是亚洲的领军”、“21世纪是中国的世纪”等等。这种反差对中日两国的国民心态都产生刺激。中国的一些国民认为，中国人终于可以扬眉吐气了，不能再受日本人骨子里那种把中国人看成劣等民族的窝囊气。而日本的一些国民也认为，中国没有理由那么牛，中国总体上还是一个贫穷、落后、愚昧的国家，中国历史上就有强烈的排外仇外心理，一旦有了实力很容易威胁邻国。

这些心态本来是可以“理解”的。在长达上百年的近代史上，中国曾备受列强的欺凌、屈辱、奴役和压迫，不断地签订各种战败割地赔款条约，有着完全不同于日本的集体记忆，而日本的某些处事方式和态度，往往一再地触动这根敏感的神经。日本历史上在亚洲的称霸和战后在经济上达到的令人惊讶的成就，让日本的国民的确抱着一种精神的优越感，并且希望这种永不言败的民族心态能够成为使日本摆脱当前经济低迷、重振日本雄风的精神支柱。

中日两国其实都是爱好脸面、缺乏幽默感、难以容忍自嘲的民族。中国与日本的关系，有时像法国与美国的关系，美国人讨厌法国人那种文化上的自大和自负，觉得法国人是落伍贵族式的“老欧洲”，还总想和美国分庭抗礼，独树一帜。而法国人觉得美国人除了有钱之外只有可口可乐和麦当劳，这与法国大餐和葡萄酒根本不是一个档次。

时代变迁的潮水，有时很难一下就洗刷掉民族之间的历史是非、恩怨、纠纷甚至误解，需要时间和交往、理解、沟通来抚平心灵的伤口，并在现实利益均衡的基础上，建立起理性的互动规则和相互关系。

那么，作为一个中国人，站在中国人的立场，本着中国人观察问题的视角，想告诉日本人什么呢？我想了以下十条。

1.“麻烦”不仅仅来自历史问题 日本人喜欢把什么问题都说成“麻烦”，但中国人难以容忍这种对历史问题的轻描淡写。日本历史上对中国的侵略是“罪”而不是“错”，这不是按照中国自身的意识形态标准，而是按照国际的民主、人权和自由标准。中国人并不想让现在的日本人背上原罪或替父辈赎罪，但不希望看到现在的日本青年留下他们父辈为拯救亚洲而与欧美列强孤身对抗的“战争记忆”，中国人希望对那段双方交恶历史达成的共识，能够成为子孙后代的共同财富和走向未来友好的基础。如果在这样的是非问题上都难厘清，“麻烦”就会不仅仅来自历史问题，现实的国民之间的相互不信任，会通过各种各样的摩擦事件穿成一条逻辑的链条，加深心理的裂痕。

2.纠正一种眼光看中国的误读 中国与日本有很大的不同，它有很多民族，有很多地方语言，南北区域的观念有不少差异，城乡和区域之间的发展也很不平衡。不熟悉中国的日本人，很容易从自己国家的情况出发，把中国看成均质的一体，误以为中国人现在也是一种思想、一个声音。他们看了中国的上海、北京和广州，就认为中日之间经济上将不是互补而是互争，看了中国的西部乡村，又觉得中国还是如此贫穷、蒙昧，看到中国的贫富差距，觉得中国比资本主义还资本主义，看到中国残留的“大锅饭”体制，又觉得中国的政府专养懒人。同样，看到网上漫天飞舞的帖子，就以为中国人都是排日主义者，看到几篇“对日新思维”的文章，就真以为中国有了什么战略新变化。

3．中日经济互补互益是两国友好的基础 中国有一句俗话，“朋友是朋友，生意是生意”，这是要把“私域”和“公域”分开的意思。日本社会是一个很讲究“人脉”的社会，外国人也都知道在中国“人际关系”很重要。日本在资本、技术和管理等方面保持着优势，而中国有丰富的劳动力和庞大的、迅速成长的消费市场，这种格局在今后相当长一个阶段，不会有太大的改变。日本的商界，不能低估中国的消费眼光和潜力，中国大概很快就会成为世界最大的数码家用电器的消费市场，日本近若干年来有些同一牌号的产品（如汽车），卖到中国市场的与卖到欧美市场的质量和配备不同，致使一些产品出现质量问题，对“日本制造”的声誉有很大损害，是得不偿失的。日本当年经济起飞时也有一个技术从引进、模仿到替代、自主的过程，这个过程在中国也同样会发生，但现在不同的是，技术传播的速度比过去大大加快了，一项新技术如果不快速得到回报，就会出现“收益蒸发”的问题。

4．不要把美国看得一好百好 由于日本的经济持续低迷多年，日本希望通过大刀阔斧的改革，除弊图新，在企业制度和其他方面，更快地向美国体制靠拢。但从制度分析的角度看，每一种制度都有它所适应的外部环境，并不存在所谓的“唯一最好”（One best way）。日本企业的“终身雇佣制”、“年功序列制”和“企业内工会制”，在全球化竞争加剧和年青一代价值观念的变化下，出现了一些不适应，但绝没有到“养懒人”的地步，改革也要“渐进式”，不要出现中国有些领域出现的旧的失灵和新的无效的“制度真空”。其实从外来的眼光看，日本经济的问题，根本的还是生产成本过于昂贵影响了竞争力，解决这个问题的办法，要把握技术设计和销售网络，生产放在海外，所以对“产业空心化”的议论要有新的认识，这是资源有效配置的必然趋势。日本不能、也不必一切以美国的价值为标准，要走自己的路，这是日本过去的经验，也是今后的依托。

5. 从“脱亚入欧”转向“重归亚太” 日本民族是非常认同“识时务者为俊杰”的民族，比较善于向强者学习，也比较善于把握时机进行调整和转型。日本近代的最大转型，就是对“脱亚入欧”战略的选择，这个路线决定了日本100多年来的发展轨迹。但时代发生了很大的变化，世界经济体系的增长重心正在向亚太转移，类似当年增长重心从欧洲向北美的转移，如今技术和信息传播的加快会使这个过程的速度也加快。中国、印度、越南经济增长的强劲和日本、韩国经济的快速恢复就是例证。所以，日本应该认真分析和思考，是否到了应当进行战略调整、提出“重归亚太”问题的时候了。

6. 日本也需要制度转轨 日本在发达资本主义国家世界中，大概可以被归入亚洲“社会法团资本主义”（Social-Corperate Capitalism）的类型，与这种经济基础相适应，它的现代民主制度也有自身的特点，就是深受社会内部各种与“人脉”相连的利益山头的影响，在初期阶段，在普选制下，也是一党长期执政，在这个阶段之后，则进入群雄相争的弱势领导时期，使领导人很难进行触动既得利益团体的改革和调整。日本的政治格局需要改变，对“现代民主”的认识也要深化，要有代表普遍民意、锐意改革的实权领导主导改革的方向。

7．中日摩擦不是起因于“争夺亚洲老大” 亚洲在很长一个时期，在经济发展上是一种“雁形结构”，日本领军，韩国、新加坡、中国香港及台湾“四小龙”紧随其后，而天空是“冷战”的背景。但“冷战”以后，随着东盟国家和中国大陆经济的快速发展，这种格局正在被打破，形成新的“马群结构”，即排列的顺序在奔腾中会不断发生变化。在这种情况下，一个类似于“欧盟”的新“东盟”地域经济合作组织形成，对日本和中国来说都非常重要。而这个“新东盟”，像欧盟一样，是对等互利互惠而不是大国操纵。中国国内自身的很多发展问题都迫切需要解决，所以至少50年内，中国应不会谋求“树大招风”又于改善国内生活无益的“国际影响”。日本的经济实力虽然在亚洲无人出其右，但在时代变化的情况下，恐怕也需要逐步改变鹤立鸡群的俯视眼光。所谓“中日争夺亚洲老大”，并非中日摩擦的关键利益所在。

8．为世界树立亚洲和平非战国典范 在具有古老文明传统的欧洲，有一些具有“和平中立”传统的国家（如瑞士、瑞典等），可以说是社会资本主义民主国家的典范，其生活福利水平、社会秩序、国民素质和道德修养等，都可称得上是市场经济国家的楷模。但在亚洲并没有这样的国家，不过人们希望日本能够成为这样的国家，日本的发展说明它可以通过经济力量而非军事威慑力量来赢得国际地位和影响。中国人也希望自身的财力能够更集中用于改善人们的生活。人类发明的军备竞赛下的威慑力量均衡游戏，浪费了人类多少资源。相信更渴望生活幸福的新一代，具有更高政治智慧来解决那些政治、经济、民族、宗教等方面的争端，他们也许会把祖辈“野蛮—文明”的斗争策略，看成致使恩怨永无休止的、早已过时的“江湖习气”。

9．日本不能助长民族主义情绪 日本是一个注重团队力量的民族，应该说这对日本取得今天这样的经济成就起了重要的作用。但是日本国民心态中，也潜伏着一种在特殊情景下容易萌生的民族主义情绪，这种情绪会在经济力量快速增长而政治影响不相匹配的情况下，以及社会出现重大转折危机的情况下，迅速地蔓延。而个别事件的误导，更会扭转这种情绪的方向。当我看到每年“8·15”靖国神社前常有的日本旧军人着军装持刀列队致敬的景象，我就想如果德国现在有人集体在大街上穿纳粹军服、行纳粹军礼，德国民众应该是什么反应？我倒不是说日本会真的走向过去的军国主义，因为富裕起来的一代会对战争有心理排斥，但至少会扩展极右力量在国内政治格局里的分量。

10．建设更符合国际标准的开放社会 日本社会在亚洲各国当中是比较开放的。日本的一般民众，以发达国家的标准衡量，与外国人的沟通能力还比较差，出外旅游也都是集体行动。所以日本人的个体看法，很容易受集体意识的影响。很多日本人也还比较自闭，说不好英文的就缄口不谈，怕失去自尊。日本对于与白人的婚姻可以接受甚至视为荣耀，但对与有色人种的婚姻则多有非议。日本要走向世界，就要在民间的、一般人的、个体的对外交流、沟通和理解方面，达到与经济发达程度相适应的水平，建设更加符合国际标准的开放社会。

日本给中国的启示是什么

在世界发达国家当中，日本传统的社会深层构成原则和文化底蕴大概是与中国最接近的了，所以初到日本的中国人，在日常的生活和交往方式中，常会隐约地感到似曾相识，而研究中国和日本的西方学者，也通常把中国和日本都作为东亚文化的子类。尽管中国的上海人到日本的城市旅游，有时也会有感觉“挺乡下”的不屑表示，但就全国来说，中国目前在经济增长率、人均 GDP、恩格尔系数、人均预期寿命和婴儿死亡率等很多经济社会指标方面，都与 20 世纪 60 年代的日本相近，日本从那时的经济起飞到现在成为世界第二大经济实体，走过了各种艰难坎坷、大喜大悲、调向转型和反思图新，有很多经验，也有不少教训，值得中国人借鉴。

日本的经验和教训告诉中国什么呢？至少也有十条。

1．防止泡沫经济和大起大落　日本当年经济的高速增长，以及“日本制造”创造的辉煌成就，使政府、企业家和民众都产生了不切实际的激情膨胀，购买美国洛克菲勒大厦这种具有象征性的经济扩展，像卫星上天一样使国民产生虚幻判断，过度的投资形成银行的巨额不良债务和经济泡沫，而一旦击鼓传花停止，泡沫瞬间破灭，一切都要清算，经济被打入冰窖，人气骤然失去，社会陷入长期低迷。中国的经济目前正处在新一轮的高速增长期，房地产和汽车等也有过度投资的迹象，金融不良资产还在积聚，在海外“21 世纪是中国的世纪”的赞誉中人心变得浮躁和产生一些虚幻预期。在这种情况下，中国一定要接受日本的教训，防止泡沫经济和大起大落。

2．货币不要虚假升值　由于中国经济的快速发展，特别是对外贸易中出现的多年顺差，国际上现在呼吁和要求中国人民币升值的声音很多。但日本的经验说明，人民币千万不要虚假升值。“二战”后，日本为稳定经济，从 1949 年 4 月 25 日开始，实行 1 美元兑换 360 日元的固定汇率制度，这个固定汇率保持了 22 年之久，在此期间日本经济年均增长率在10%左右。后来由于日美贸易摩擦，在美国压力下，1971年12月日本从固定汇率制改为浮动汇率制，到泡沫经济时代，日元汇率竟上升到不足90日元就兑换1美元。日元一下子含金量如此之高，日本人倒是扬眉吐气、生活水平迅速上升了，有钱人为避税都抢购古董名画，但日本商品价格的国际竞争力也随之失去。现在为了促进出口，日本不得不动用巨额资金购买美元，阻止日元升值。

中国人民币的升值预期，有很多现有外汇制度的影响因素，并不完全是市场真实供求关系的影响，特别是有不少寻求机会租金的境外“热钱”进入中国，中国人不能自己昏了头。当然从长期来看，人民币最终要走向可控的浮动汇率制，但要慢慢来，有一个旨在稳定经济的汇率随市场供求关系变化微调的过渡阶段。

3．政治制度设计要有百年大计　随着中国经济的发展和社会结构的变迁，中国政治制度的进一步民主化，是一个必然的趋势，在未来20年中，政治制度的改革会成为越来越重要的议题。东亚各国的发展过程表明，经济和社会的变化最终都会在政治制度的改革和完善中得到体现。但是，东亚一些国家，也包括日本，在形式上完成了“民主化”转型的一些国家，在社会运行机制的深处和现实政治生活中，裙带关系、法团主义、既得利益集团联盟，都还存在着一些盘根错节的影响，为日后政治制度的调整和改革，带来重重阻碍，似乎不依赖政治强人就难以实现裂变。为了中国的长治久安和人民生活久远幸福，中国的政治制度改革，也要有百年大计，既要尊重自己的传统，也要适应经济社会的变化和国际社会发展的趋势。

4．关注全球化过程中的调整和转型　现在日本社会各界都在深刻地反思传统制度和文化中受到挑战的那些问题，包括日本过去的发展中行之有效、一直被视为优秀传统的那些东西，如“终身雇佣制”、“年功序列制”、“内部工会制”、“主银行制”、“大企业保护制”等等。反思和改变传统是痛苦的，坚持和固守传统也需要远见卓识，不管最终的选择是什么，都要有客观的、理性的分析，而不能依赖浪漫的情感和过去的成见。

中国人现在忙于解决自己国内发展的各种问题，往往把全球化视为离自己实际生活很远的事情，中国人可能很快就会感觉到它对中国现实生活的深刻影响，中国知识界人士中应当多一些不那么急功近利，能够比较超越地去考虑中国全球化进程中调整和转型的长期战略。

5．重视和加强平民教育、知识立国　如果说100多年来日本经济在世界上的崛起有什么奥秘的话，那么重视和加强平民教育、知识立国肯定是很重要的一条。日本从明治维新以后，就立法要求消除一切文盲，大力推行平民教育，所以日本的平均教育水平和人口中接受高等教育者的比例，在亚洲各国中是最高的。日本人对资料收集、信息获得、知识掌握、数据分析近乎刻板和制度化的认真程度，为日本的发展奠定了坚实的人力资本基础。中国近年在大学争创一流的热潮中，有注重精英教育而忽略平民基础教育的偏向，这是必须认真克服和防止的偏向。

6．善于学习和汲取一切先进的东西　日本人很善于学习和汲取世界上一切优秀的和先进的事物。看看日本语言中，由各种外来语组成的混杂体系，就能体会到日本人对外来事物的容忍和接纳程度。日本人尤其善于向历史上比他们强大的对手学习，“二战”后，大量日本人到美国去发现和寻找战胜他们国家凭借的是什么法宝。日本人这种善于学习的精神，当年也曾被某些西方学者讥讽为“模仿之族”和“技术小偷”，但现在似乎不再有人怀疑日本的技术创造力。中国要把一个十几亿人的国家带入一个生活无虑、繁荣安定的社会，必须放下拥有几千年灿烂文明的架子，从文化、器物、制度等各个层面，学习世界文明中一切优秀和先进的东西。

7．**凝聚信誉和职业道德的社会资本**　国家的强弱和社会的兴衰，不但依赖于物质资本、金融资本、技术资本和人力资本等实体资本，还要依赖由社会信任、道德和人际关系等构成的社会资本。在“日本制造”品牌的建立过程中，除了技术和设备上的因素，日本人对商业信誉的重视、对职业操守的训练、对企业管理文化的追求和对工艺流程的精益求精，都发挥了至关重要的作用。反观中国的很多商家，他们的眼里就是一个“钱”字，“挣钱论英雄”的短期行为取向很盛行。中国人要使 Made in China 得到国际社会的普遍认同，就必须从现在起重塑职业道德和职业精神。

8．**不要完全以成败论英雄**　自从韦伯写了《新教伦理与资本主义精神》，把经济的发展完全与文化挂钩的曲解在世界上非常盛行，东亚一些国家的增长奇迹，也使所谓“新儒家”解释盛行一时，这种貌似深刻的文化决定论，其实很难经得住经验的科学检验。经济发展依赖于复杂的条件、因素和机会，不能完全以成败论英雄。中国人不能因为中国过去的发展失误，就妄自菲薄，把错都算在祖宗文化传统的账上，也不能因为经济增长成就，就自我陶醉于文化沙文主义。中国人不能因为美国经济在世界上独占鳌头，就把美国的一切都视为自身追求的理想标准，也不能因为日本近十几年经济的长期低迷，就以为日本已经从文化上崩溃，从此会一蹶不振。

9. 警惕经济高速增长中的新民族主义 历史过程表明，一个国家国民在发展受阻、内部矛盾积聚的时候，或是在经济高速增长，国民出现大国心态膨胀的时候，容易萌生民族主义倾向。日本民族主义的抬头，一次是在“二战”前为缓解国内资源短缺和社会矛盾加剧而向外扩张、把东南亚视为其势力范围的时候，日本为此付出了包括受到原子弹轰炸的惩罚和代价；另一次是泡沫经济的时候，日本人认为可以傲视全球的心态，使全世界都对日本人情绪产生了警惕。中国现在虽然经济在快速增长，但地区发展差距、收入不均等、就业紧张、社会保障负担急剧增加、农民增收困难等问题也比较突出。在这种情况下，国民心态上的“新民族主义”也很容易产生和在民众中得到呼应。中国要与世界各国建立良好的建设性关系，要警惕和防止国民心态中的“新民族主义”倾向。

10. 让农民不再是穷人 中国正在一心一意地实现自身的社会现代化目标，从发达国家、包括日本的经验来看，一个现代化的社会非常关键的指标就是，要让农民不再是穷人。中国集中财力让中国大城市的现代高楼大厦赶上发达国家的城市，可能并不需要多么漫长的时间。但是要能使中国的普通农民也过上现代普通市民的生活，则需要付出几代人的努力奋斗，在政策、制度、发展战略等诸多方面都做出调整，而那将是一个充满艰难、曲折和坎坷的历程，但只有中国的普通农民也不再是穷人，中国才算真正富裕起来、真正实现了社会现代化。

书里书外篇

学术闲书五种*

中国社会科学院研究生院的同学，邀我为学生推荐学术读物。我觉得这是很有意义的工作，但因事务繁多，一拖再拖，等到学生找上门来“逼我就范”，让我感到实在心中有愧。现在的学生，读书的自主性比我上学的时候强多了，而且他们眼光敏锐，对学术的前沿问题和学科的发展趋势有自己深刻的理解。所以指导博士生对我来说，其实也是对自己的一个鞭策和压力，因为如果学生读过的学术书，导师还未闻其名，实在是让人汗颜的一件事。我在这里所推荐的著作，我称之为“学术闲书”，这并非是说这些书不具有经典意义，而是说这些书读起来不累，比较有趣味，是那种不用正襟危坐、可以躺着看的书。我觉得现在用功的学生们日夜攻读，甚为辛苦，希望他们从读书中能找到乐趣，缓解精神的紧张，把“苦读”转变为“乐读”。只有“乐读”才能体会“微言大义”，才能在“独上高楼”和“为伊消得人憔悴”之后，产生“回头蓦见，那人正在灯火阑珊处”的喜悦。

1.《乡土中国》（费孝通著，生活·读书·新知三联书店1985年版）

这是费孝通先生的经典之作，初版是1947年，是费孝通先生

---

* 选自《李培林荐书》，三思工作室编：《博导书榜：影响中国社会科学院博导的五种书》，中国社会科学出版社，2004年，第128页。

在西南联大和云南大学讲授“乡村社会学”的内容，先是分成14篇文章，在《世纪评论》上连载，随后结集成书出版，总共约6.5万字。费孝通先生著作无数，但这本小书的知名度和引证率最高，他在书中提出的概括乡土中国社会结构的概念“差序格局”，至今仍然是社会学探索的重要题目。这本小书与先生写的《江村经济》、《禄村农田》不同，不是一个具体社区的描写，与先生写的《生育制度》也不同，不是教科书式的系统分析，而是从社会生活中提炼出一些理性规则和概念，留给读书者很多的启示和思考的空间。这本小书的特点，又是一般随笔难以企及的，它几乎成为中国传统乡土社会的经典写照，是用画像的方法达到了高分辨率照片都难以达到的理解现实的效果。记得有一次在乡下，几位学界同仁在听完一位老农的生活洞见之后，感慨万千，有些自嘲地讥讽说，过去学富五车的学界前辈，手艺的绝活，是能够把深奥的道理解说得像老农的故事一样通俗易懂，而我辈近来的本事，似乎是专长于用孤冷朦胧的概念去费劲地解说大家都知道的常识。费老的这本小书，可以说是前辈“绝活”的样板。

2.《生活中的经济学》（加里·贝克尔夫妇著，华夏出版社2000年版）

《生活中的经济学》是贝克夫妇（G. S. Becker and G. N. Becker）撰写的，原作出版于1997年，中文版于2000年由华夏出版社出版。该书是一本随笔集，汇集的是1985—1995年的10年时间里，理性选择学派巨擘G. S. 贝克为美国《商业周刊》所撰写的一系列专栏文章。享有突破“黑板经济学”和走出“象牙塔”盛誉的贝克，1992年因用经济理论分析社会问题的成就而获得诺贝尔经济学奖。他在那些给普通读者写的文章里，用通俗的语言和清晰的理论，分析了真实世界的各种现象，从犯罪、移民、歧视、劳工、教育、吸毒、婚姻、妇女地位、烟酒销售，一直到税收制度、政府管制、利益团体、国际贸易、股票市场和经济衰退。他的语言朴素无华，却字字珠玑，处处渗透着真知灼见，读后更让我对崇尚晦涩生僻玄虚的文风深恶痛绝。社会学界和经济学界的朋友聚在一起，常常开一些相互“讥讽”的玩笑。经济学家喜欢“讥讽”的是，社会学没有理论，只有一些没有结论的细致描述和没有精致提炼的素材，其余的就是同情的眼泪和愤慨的话语，就像一盆“杂烩菜”。而社会学家反唇相讥的是，经济学是研究降低成本的，但无奈经济学家学问之外的收益使做学问的成本太高，所以到处都是经济学家对宏观问题的观点、看法、见解和评论，唯独不见经济学家对微观案例的深入分析，而那些所谓“见解”，就像一根根弃之可惜而嚼之无味的“肉骨头”。然而贝克的这些发表各种见解的专栏文章，都是有血有肉有骨头，不信赶快去找来读读，比他的《家庭经济分析》另有一番天地。

3.《金翼：中国家族制度的社会学分析》（林耀华著，生活·读书·新知三联书店2000年版）

这是一本林耀华先生撰写并于1944年出版的很薄的小书，但却是一本很奇特的人类学著作。林耀华先生写作这本书的方法，我称之为“文学概括法”。他是把人类学的田野调查的原材料进一步加工成文学的语言，更具体地说，是小说的语言。它不舍弃生活语言中那些鲜活的东西，而是把调查的一些片段、零碎、芜杂的原材料，转化成一个完整的故事，就像是一部小说，因为小说的原意，就是区别于“文本大说”的市井故事。《金翼》这本用小说体裁写成的人类学著作，它的写作方法数十年来一直面临着一些学者的不断质问，这究竟是虚构的故事，还是科学的研究？尽管林先生自己一再表明，这部书的故事是真实的，是东方乡村社会与家族体系的缩影，展示了种种人际关系的网络，它是运用社会人类学调查研究方法的结果，尽管有国际著名经济人类学家雷蒙德·费斯（Raymond Firth）教授为它作序并对其学术价值给予极高的评价，但在学术研究如同从工匠的手艺活发展到工业流水线的今天，如何调查、如何收集处理资料、如何分析问题，都有了“标准化”的“规矩”，所以，林先生别出心裁的“文学概括法”，一直被视为一个“另类”。现在成为研究热点的“社会网络”，到了林先生那里，是这样描述：“我们日常生活的圈子，就像是一个用弹性的橡皮带紧紧连在一起的竹竿构成的网，这个网精心保持着平衡。拼命拉断一根橡皮带，整个网就散了。每一根紧紧连在一起的竹竿，就是我们生活中所交往的个人，如抽出一根竹竿，我们也会痛苦地跌倒，整个网便立刻松弛。”但我很理解林先生写作方法的良苦用心，人类学家比较强调“去蔽”，在他们看来，从生活到话语已经存在一层“遮蔽”，从话语到文本产生了又一层“遮蔽”，当把生活感受转化成数据和数据之间的关系，有时就像把一道道千滋百味的精美宴席，变成了滋味单一的维生素或蛋白质。相对于统计分析的强有力工具，口述史和个案“深描”的永恒魅力，也许就在于它的“去蔽”能力。

4.《经济生活的社会学》（格兰诺维特和斯威德伯格编，西景出版社［Westview Press］2001 年版）

这本《经济生活的社会学》（*The Sociology of Economic Life*），是格兰诺维特（Mark S. Granovetter）和斯威德伯格（Richard

Swedberg）1992 年编的文集，他们选择了 15 位著名社会学家、经济学家和人类学家的文章，这些文章都是从历史的、比较的和社会学的角度，来探讨经济生活、经济组织和经济制度的问题。作者们的理论取向，有理性选择社会学，有新经济社会学，有社会经济学，还有交易成本经济学和心理—社会—人类学的经济学，而他们共同关注的问题，似乎都集中在经济和社会之间，强调经济行动是一种社会行动，经济行动是嵌入社会境况的，经济制度是一种社会构成。我近年来一直在寻求的，就是经济生活的社会规则，所以这本书引起我的关注。它是一本同一主题下的跨学科著作，也显示出经验学科之间的界限越来越不是以研究对象来划定的趋势。

5.《师门五年记：胡适琐记》（罗尔纲著，生活·读书·新知三联书店 1998 年版）

这本小书，是著名历史学家、太平天国研究权威罗尔纲的为学自传，虽然区区几万字，却广泛流传。这本书写于 1943 年，起初叫《师门辱教记》，后改名《师门五年记》，是罗尔纲记述他如何跟随胡适学会做学问的。罗尔纲于上海中国公学毕业后，因经济困难，没有继续到正规学校深造，而是进入胡适家，辅导孩子学习、抄写胡适父亲遗嘱和整理胡适的藏书。但就是在这个过程中，他学会了做学问百追不舍的实证方法，从求证一些历史线索的细微枝节入手，最后写出《太平天国史纲》那样的传世之作。这本易读的小书，你可以躺在床上漫不经心地品味，但却可以了解做学问的真谛。

参考文献的功能 *

我看书有个习惯，先看目录、前言、导论和参考文献。有些学者不太重视参考文献，认为是可有可无的东西，甚至认为做参考文献劳力费神，而且毫无用处，完全是陈腐学究的把戏，以至于有的参考文献完全是东拼西凑，是为了摆摆样子，装装门面。

我之所以喜欢看那些枯燥无味的参考文献，是因为在我看来，参考文献有很多功能，它是考察作者的功底、走进作者心灵的窗口。

第一，参考文献大体上可以划定作者的知识范围，让人知道作者是在一种什么样的知识框架、知识背景里讨论问题。

第二，参考文献能告诉人们，作者是在哪一条知识积累的脉络上，什么是作者的学术偏好和学术品位，作者的那些研究成果，都有哪些思想来源，因为任何研究成果，都是知识积累的结果，前无古人、后无来者的东西，几乎是不存在的。

第三，参考文献的作用，还有些像产品的说明书，读者可以根据著作成分的说明，去验证一下该著作是不是假冒伪劣产品，是不是抄袭或平庸之作。

第四，参考文献作为一种学术规范，它具有节约做学问成本的作用，别人对你的书感兴趣，你的参考文献就成为进入该领域

---

* 节选自李培林：《村落的终结》，商务印书馆，2004 年，第 399—400 页。

的一条捷径，省去了去浩瀚文献中搜索精品的力气，一个好的参考文献，简直就是一个专门研究领域的必读书目。

第五，过去中国的文人做学问的路子，从经典解读到文献求证，依赖的本钱都是文献的丰富，学者家中的孤本、善本，就像银行家的钱袋子，那是学问比拼的本钱，现在虽然很难仅仅依靠文献取胜，但对文献的掌握和熟悉，仍像雕刻家对刻刀和材料的熟悉，是手艺活的基础。

第六，参考文献就是广告牌，是作者向他的同行显示其知识实力的途径，是作者研究的专业性的证明书。

第七，参考文献是英雄榜，是学术著作名牌产品的陈列室，流行作品的价值需要发行量来说明，精品著作的价值则需要引证率来佐证。

我想把参考文献的功能凑上十条，但最终只想到七条，留待其他学者来补充。本书的参考文献，分三部分内容：一是村落研究的应读著作，我不是村落研究的专家，并不受这一领域中作品的已有评价束缚，我只是从自身研究的角度，选择那些我在研究羊城村的过程中绕不开的作品；二是引证的著作，是我把羊城村的运行规则“一般化”的过程中涉及的作品，这类作品超出了村落研究的范围，但也都可以说是某个研究领域的上品；三是我在书中引证的资料，它可能是村落文件、书刊文章、记者评述、相关报道、数据来源等等。最后，很抱歉的是，这个参考文献中，可能有偏重著作而忽略文章的倾向，限于篇幅，一些重要的相关论文未能收入。另外，这个参考文献可能列出了过多我自己的作品，它只是为了说明自己研究积累的线索，基本都是书中谈到的，让我无法删去，不过难以与那些精品著作相媲美，还请读者见谅。

谁在改变生活的逻辑*

从2001年以来，世界很多经济学家对中国的GDP增长速度提出了疑问。因为现在整个世界，从美洲大陆到欧洲和日本，经济增长情况都不太好，唯独中国经济增速接近8%。

科技在提高我们的生存能力

1984年，美国著名学者布朗教授发表了《谁来养活中国？》一文，认为中国未来巨大的粮食缺口，将会严重地冲击世界粮食市场。2001年以来，世界很多经济学家又对中国的GDP增长速度提出了质疑。因为整个世界的经济增长情况都不太好，只有中国经济增速接近8%，上帝怎么会唯独垂青中国呢？所以，他们质疑这种增长是真还是假？

在很多社会科学研究中，都没有充分考虑科技这个变量。但是，科技进步提高了我们的生存能力，它在迅速改变着我们日常生活的同时，也在改变着社会科学的一些"逻辑推论"。

首先，我们考察粮食安全问题。以前我国农业学家主要依据粮食这一指标，来判断中国的农业形势。如果粮食价格上升，说

---

* 节选自《科技日报》2003年6月24日。

明粮食生产不是很好，如果价格平稳甚至下降，就说明粮食生产很好。由于工业化和城市化进程的快速发展，中国耕地面积减少，粮食产量近两年持续下降，1999年的粮食产量接近6亿吨，2001年降到4.6亿多吨，主要的谷类如稻谷、小麦等都在下降，2002年下降幅度更大。而与此同时，粮食的价格不但没有上升，还略有下降，国家的粮食储备仍然比较充足，还能拿出很多粮食用于还林还草的补偿。而在此期间，每年进口的粮食都保持在300多万吨，并没有明显增加。

很多农业学家对此感到不解，因为我们每年增长的人口在1000万左右，粮食少了为什么不缺粮呢？我们在研究中发现，可能是我们以前没有考虑的一些新的因素正在改变我们的生活。特别是由于中国远洋捕捞技术、淡水和海水养殖技术、大棚种菜技术、动物养殖技术、动物和植物品种改良的生物技术等的快速进步，使得我国的水产品、蔬菜和奶类产品的产量在近几年大量增加。1995—2001年，蔬菜种植面积从950多万公顷增加到1640多万公顷，水产品总产量从2500多万吨增加到约4400万吨，奶类产品从670多万吨增加到1120多万吨。随着生活质量的提高，恩格尔系数（食品支出在消费支出中的比重）下降了，膳食结构也改变了。从20世纪80年代到现在，全国人均粮食的消费量，城镇从150公斤左右下降到约80公斤，农村从260公斤左右下降到约240公斤。全国近13亿人口，如果每人每年平均少消费40公斤粮食，就少消费5200万吨粮食。这种变化的影响巨大，它不仅整个改变了人们的生活，也改变了学者们对农业形势判断的依据。

其次，我们分析外国学者对中国经济增长率的质疑。诺贝尔经济学奖得主、素有“国际经济乌鸦”之称的克鲁格曼教授提出疑问，中国作为亚洲奇迹中的最大奇迹，是否会成为下一个崩塌的神话？他还说，中国的经济数据是一堆不可置信的符号体系。最系统的质疑来自美国的罗斯基教授（Thomas G. Rawski），他根据中国的能源、航空旅行、产品积压程度、失业水平和消费品价格的变化曲线分析，认为中国1999年的GDP最多增长2%，2001年中国的实际经济增长率只有官方数据的一半。他指出，1997—2000年，官方数字指出GDP累计增长24.7%，但同期能源消耗只增长12.8%。在如此短的时间单位内，产出的能源消耗如此大幅度地下降，罗斯基认为是不可能的。

能源消耗没有与GDP同比例增长，这到底是怎么回事？中国的GDP统计，当然也存在一些问题，但不能突然冒出不可比的大量水分。

我们认为，其原因是，在经济研究工作中没有充分考虑科技进步给一些变量之间的关系所带来的影响。在一般的分析模型中，除了资本和劳动的要素之外，剩下的都纳入"全要素生产率"，包括技术、管理、人力资本的因素等等，缺乏对科技影响的深入细致分析。社会科学分析模型和自然科学不一样，模型都不是完全封闭的，变量是可以增减的，一旦增加新的变量，就完全改变了数据之间的相互关系。

我们在研究中发现，能源消耗增长率的降低，很可能与科技进步带来的能源结构和能源消耗方式的变化有关。随着中国增长方式从粗放扩张型到集约经营型的转变，与之相关的能源结构和能源使用的结构都发生了重大变化。例如，2002年电子通信产品和汽车成为拉动经济的主要力量，移动通讯设备、电话传真、光通讯设备、电子计算机、微机、彩电、轿车和载货汽车的增速都十分惊人；与此同时，我们关闭了大量高能耗、高污染的小企业。中国每一个工业产品的能源消耗都在下降，而它的附加值却在增加。所以，即便在能源方面没有发生大的变化的情况下，仍然会在经济产值方面出现较大幅度的增长。

另外，我们的各类能源消耗都是按标准煤吨位计算，但近几年的能源消耗结构中，原煤的比例在下降，而原油、天然气、水电的比例在大幅度上升。随着科技的进步，按标准煤测算的能源转化为动力的水平也在提高。这些方面的变化，对社会科学研究也提出新的挑战。

科技在改变就业和工作方式

我国在基本上解决了温饱问题以后，现在面临的最大困难是就业问题。就业问题出现的新情况是，就业弹性在不断降低。1979—1990 年，中国的 GDP 年平均增长在 9% 以上，就业年平均增长近 4%，但是到 1990—2000 年，GDP 年平均增长仍高达 8% 以上，而就业年平均增长下降为不到 1%，就业弹性系数从原来的 0.477 降到 0.177，就业弹性下降最大的产业是第二产业。中国经济目前还是主要靠工业推动，但随着工业的快速增长，工业就业人数不但没有增加，反而在减少，现在比 1998 年减少了几百万人。高新技术产业和乡镇企业的机器设备每隔几年就更新换代一次，资本和技术对劳动的替代与就业之间产生了矛盾。因此，研究就业问题的专家们提出，要大力发展低污染、低能耗的劳动密集型产业，要发挥中国资本和技术紧缺而劳动力丰富的比较优势。但是，主张优先发展高新技术产业的科学家对此类主张却颇有微词。那么，如何解决科技发展与就业的矛盾呢？

我认为，科技的发展一方面消灭了一些传统的职业，但同时也在创造着更多的新职业。没有了“磨剪子抢菜刀”，但出现了很多的网络维护员、软件程序员。新技术对就业和工作方式的改变，将会是非常深刻的。我们现在对科技促进就业的作用并没有足够的估计，对科技如何促进就业，还需要深入的研究。

科技在改变收入分配的规则

根据经济学家库兹涅茨（Simon Smith Kuznets）的“倒U形”收入分配曲线假说，在经济起飞阶段，收入差距会急剧扩大，但是到了一个比较富裕的阶段，收入的差距就会逐步缩小。著名的经济学家钱纳里（Hollis B. Chenery）等人，通过对100多个国家20多年间30个变量的研究，发现人均GDP达到1000美元，是从低收入国家向中下收入国家过渡的一个关节点，75%—80%的结构性变化都发生在这个时期。20世纪90年代中期，国内多数社会科学家的分析和预测结论是，从改革以后特别是1984年以后，中国的收入差距基本上是在一直扩大，但到2000年时，也就是达到当时的小康目标时，差距就会缩小。小平同志在南方谈话中也指出，到20世纪末的时候应该突出地提出和解决收入差距的问题。但从近几年的情况看，结果完全超过大家的预料，收入差距不但没有缩小，各种数据和迹象表明，差距还在快速地扩大。

我们在思考，到底是什么造成这个违反常规的结果？现在多数学者是从分配制度上来分析，这当然是对的。但我认为，科技的发展改变了财富的积累方式也是一个过去忽略的原因。现在知识转化为技术、技术转化为产品、产品转化为财富的时间大大缩短了。原来是三五十年成就一个百万富翁，几代人积累出一个财富家族，现在不到十年就成就很多亿万富翁。深圳从一个小渔村迅速成长为现代大都市，仅凭资本的力量是不够的，还有现代科技手段提供的可能性。所以我们在收入分配制度的设计和调整方面，也必须充分考虑到科技改变积累规则这个新变化的参数，否则仅仅根据传统的思路考虑，很难控制收入差距不断扩大的趋势。

科技在改变人们的交往方式和生活半径

社会学测量个人现代化程度的一个重要指标，就是衡量人们的“生活半径”。比如一个传统的老农，一辈子的生活半径就是方圆几十公里，能够进城就是村庄里见过世面的人了。人们的生活半径越大，说明个人和国家现代化程度越高。

但是，随着信息技术的发展，人们的交往方式也正在发生一些改变。社会学家通过对求职行为的研究表明，过去对人们帮助作用大的因素，是交往频率比较高的亲友之间的“强关系”；而随着信息技术的发展，对人们帮助作用大的因素，反而是人际交往中频率不高的“弱关系”。信息技术使我们与生活圈子之外交往的可能性大大增加，这样“强关系”传递给我们的是同质信息，也就是他知道但一般我们也知道的信息；而“弱关系”传递给我们的信息，更可能是我们不知道的异质信息，是更有用的新信息。1988 年社会学家调查的结果显示，在中国“强关系”所起的作用更大，关系网络里传递的不仅仅是“信息”（information），而是“影响”（influence），是一种权力的影响。

但是，这种情况也正在发生变化。根据我们2001年的调查结果，随着人生半径的扩大，人们交往的重心正在从传统的强关系向弱关系转变，弱关系提供的新信息对人们的帮助越来越大。从乡间的马车到E-mail，是人生半径的革命。

科技改变社会知识编码系统

在社会科学研究中，对土地、机器、货币等“物质资本”的研究已经有很长的历史，但对“人力资本”的研究相对来说是较为晚近的事情。人力资本包括人们的受教育状况、工作经验、专业技术、健康、机会选择能力甚至体力和容貌等等。但在一般的研究中，为了操作方便，通常把受教育程度作为测量人力资本的指标。以前我们都是把小学、中学、高中、大专和大学等作为人力资本的分级指标，以此来验证人力资本对收入和社会升迁的作用。但是最近几年的调查结果发现，人力资本的指标出现“失灵”的情况。例如，大家都是大学毕业，但是人力资本的含量却不一样，毕业后对社会需求适应能力差异很大。因为知识更新换代很快，有些人虽然上了四年大学，但学的都是几十年一贯制的东西，人力资本含量小；而有些新兴领域的专业学习，能迅速跟上社会知识编码系统的变化，所培养学生的人力资本含量很高。同样，在计划经济时代积累的很多人力资本，在市场经济条件下也会出现“失灵”。所以说，一方面，我们的大学教育要改革，教学的内容要跟上时代的步伐；另一方面，由于科技促使社会知识编码系统的快速变化，也将过去传统的业前教育改变为终身学习，仅有文凭已经不够了，还要有各种专业的执业资格证书，工作后也还要不断进修、培训。这是科技进步对教育提出的新挑战，如果教育不能适应不断变化的社会知识编码系统，就会出现教育与社会需求的断裂，我们自以为培养出的人才，也可能很快成为废才了。

总之，科技的进步正在迅速地改变社会生活的很多领域，所以社会科学要和自然科学联盟，分析和预测科技的影响和作用。在今后的社会科学研究中，要努力把科技影响这个过去容易忽略的因素，转变成可以准确测量的参数，这样可以使社会科学的推论和判断，更加符合实际的社会发展进程和规则。当然自然科学家也应当和社会科学家携起手来，更充分、更全面地考虑，如何使科技进步更好地为改善人们的生活、提高人们的福祉服务。

社会流动与中国梦*

社会流动可以区分为复制式社会流动和替代式社会流动，只有从替代式社会流动中才可能产生新的社会分层结构。

中国的民间，有一种关于复制式社会流动的说法：即“龙生龙，凤生凤，老鼠生儿打地洞”。电视里前不久曾播放过一个记者采访一个传统牧区的牧童：“你为什么放羊？”“挣钱呗！”“挣钱干什么？”“以后娶媳妇。”“为什么娶媳妇？”“生娃。”“生娃干什么？”“放羊。”这种子承父业的“生命周期”，反映的是一种复制型的社会流动和社会分层结构，它的背后，其实有一个身份体制的问题。

在中国的历史上，还有另一种关于替代式社会流动的说法：即“富不过三代”。这也可以被称为“家族盛衰循环定律”。对此“定律”的道德解释是，富家子弟多半是纨绔子弟，是败家子，其实这并非是普遍真实的，因为人力资本的家庭再生产假设更容易得到证实。从继承制度上对此“定律”进行解释似乎更加可信：中国传统的家庭财产继承制度与欧洲国家有很大不同，也与中国的皇位继承制完全不同，它不是聚集财产和权力的“长子继承制”，而是分散财富和权力的“兄弟分家制”。这种“兄弟分家制”

---

* 本文原刊于《经济导刊》2005年第3期，第74—75页。

的功能类似于现代国家的“遗产税”，似乎是一种国家的设计，它不允许一个家族的力量无限扩大，可以与皇权和国家抗衡。对于家族的盛衰来说，创业人去世后的“分家”，往往成为产生内隙、内讧和由盛变衰的转折点。在现代一些家族企业悲壮的盛衰史上，我们仍可以看到这一“定律”在起作用。其实在中国历史上，“富不过三代”是特指没有官位身份的商人阶层，它所反映的恰恰是身份社会为维护复制式社会流动而对精英替代的限制。

在过去传统的社会中，无论在中国还是在西方，人们改变社会地位的梦想，都通过“白马王子和灰姑娘”式的故事，隐喻地表达出来。总希望上天降一个机会，使自己不再受家庭、身份、财产、地位的限制，走出复制式的生命轮回。当梦想一再破碎，谋求变化的道路受阻，愤怒就开始积聚，因而假身“孙悟空”或“梁山好汉”什么的，把个天庭和现存社会秩序打个稀巴烂，发泄心中的不平和愤懑。

中国自改革开放以后，替代式社会流动明显加快了，改变了过去那种一个人在同一个单位里，甚至在同一个工作岗位上工作一辈子的状况。过去看报纸，不管是什么领域，都是一些老面孔，你三年不看报，还能接着看，有一些精英替代性的，也就是体育等领域。现在不同了，不仅报纸上不断报道一些新的领域，而且不断有新的面孔出现，特别是像竞争非常激烈、技术更新很快的信息网络产业之类的领域，如果三年不看报，精英人物全换了。

在社会阶层结构的变动中，社会流动的增强，特别是普遍的向上流动趋势的形成，具有化解社会紧张和社会冲突的重要作用。社会阶层心态的研究告诉我们，人们比较的参照体系，除了邻近的阶层，更直接的是他们的过去。进城民工的生活景况，总体上可能并不如城市下岗职工，但他们向上流动的趋势，塑造了他们对未来的憧憬。而老工业基地的城市下岗职工，如果失去向上流动的机会，则更容易产生对过去的怀旧和对“献了终身献青春、献了青春献子孙”的不满。所以说，给人们更多的向上流动机会，建立一种使人们通过辛勤劳动、艰苦奋斗和诚信经营可以向上流动的机制，代表了一个社会的希望。

俗话说“流水不腐”。社会流动频率的加快，增加了社会的活力，使每个人的才能都能得到充分的发挥，使各种社会资源的配置更加具有效率。这种社会运行机制将使人们建立起一种信念，即每个人通过自己的知识学习、技能培养、工作努力和机会选择，都有可能改变自己的生命轨迹，实现自己的理想和抱负。

这就是我们要塑造的“中国梦”。有梦想的一代，才是有希望和有未来的一代。

社会公正、黄金分割与和谐社会*

公平正义是建设和谐社会的一个核心问题。但究竟什么是公平正义，不仅涉及分配的结果，还涉及基本的价值认识。公平的问题涉及权利公平（起点公平）、机会公平、规则公平（程序公平）、分配公平（结果公平），因此在不同的具体问题上，人们对“公平”的理解有很大的差异。例如在选举体制中，普选制下公民一人一票进行选举，代议制下按社团、群体的配额选举代表，协商制下按界别推举代表，联合国选举实行一国一票制，国际货币基金组织重大决策实行一股一票制，这都是不同的“规则公平”形式。再比如目前大家比较关心的高校招生的名额分配问题，怎样分配才算是公平呢？像法律面前人人平等那样，分数面前人人平等，按统一的分数录取线招生，这自然是一种平等。但由于不是全部考试都是统一命题，加之要避免名校学生来源过于集中于大城市，所以关照招生的地区分布，按适龄文化人口的地区分布配置名额也是一种公平。同时，义务教育要保证每个学生能够上学，或者为了多样性地发展，在招生中对一些特长生、一些少数民族考生给予适当照顾，也是为了公平。由此看来，像天平一样绝对的公平，实际上在现实生活中是很少存在的。

---

* 原载《社会学家茶座》2006年总第十五辑，山东人民出版社。

中国古代主张天人合一的和合文化，是说人类社会也要遵循自然界的一些法则。大家都知道，自然界里也有一个美的法则，就是“黄金分割率”。人类很早就发现，自然界的和谐之美，不是绝对地平均分割，而是依照“0.618”的黄金分割率。3600年前，巴比伦人和古埃及人就不自觉地把黄金分割用在金字塔的建造上。2500多年前，希腊著名数学家毕达哥拉斯发现这个规律，而古希腊哲学家柏拉图将此称为黄金分割率。无论是古希腊帕特农神庙，还是中国古代的兵马俑，它们的垂直线与水平线之间竟然完全符合1比0.618的比例。“0.618”这个数字一直被后人奉为科学和美学的统一法则，它像一个美的和谐魂灵，融入米开朗琪罗、达·芬奇、拉斐尔的绘画雕塑，也融入贝多芬、莫扎特、巴赫的音乐。在中国，2000多年前都江堰的“四六分水”，是一个接近黄金分割率的分水原则。“分四六、平潦旱”，童叟传诵的都江堰的分水原则不仅只是为了防洪，还反映了一种兼利天下的理念。大自然造化的神奇之处还在于，就是在几万年形成的我们的人体结构中，几乎通身都是接近1比0.618的比例关系，很难说清这究竟是人化的自然，还是自然的人化。

社会分配中也存在黄金分割率，公平正义也是和谐社会的一种“美”；但是，公平正义不是绝对的平均主义，不是一分为二取其中。收入分配基尼系数的合理区间值是0.3—0.4，我国的企业所得税率是33%，张五常根据理论逻辑和经验数据证明，在人多地少而造成的劳动力充分供给约束条件下，耕地分租最符合收益最大化而又与竞争均衡没有冲突的分成率是37.5%，这都是黄金分割率在社会分配中的体现。

近代以来，针对如何协调社会成员的利益关系、解决不平等和不公正的问题，社会科学家们提出了各种各样的社会公正思想，如有的根据公民权原则，主张社会公平就是给所有的人以同等的权利；也有的根据满足基本生活需求的原则，主张社会公平就是扶助弱者，给不同的人以不同的待遇；还有的根据公平与效率平衡的原则，主张社会公平主要是指机会公平，应当收益和贡献挂钩。美国政治哲学家罗尔斯在《正义论》中试图调和自由市场原则和社会公正原则，提出“有差异的平等原则”，但也受到来自左派和右派两方面的批评。左派的批评来自社会民主主义，它更加强调政府的责任和干预，主张通过国家的财政、税收、福利等手段来调控市场和进行再分配，强调福利保障的普遍性和对困难群体的扶持。而右派的批评来自新古典自由主义（Neo-Liberalism），它主张尽量减少政府干预，认为只有在充分的市场自由竞争和有秩序的商业运作条件下才可能实现社会正义，强调福利政策在任何情况下都要坚持收益大于支出。

实际上，保证公平正义的一个重要方面，就是一个国家的社会政策取向以及由此形成的法律法规制度。中国在从高度集中的计划经济向社会主义市场经济转变的过程中，社会政策也在从传统模式向现代模式转变。中国在计划经济思想指导下形成的社会政策传统模式有以下特点：在核心原则上，强调为巩固政权服务，贯彻阶级斗争路线；在目标追求上，强调要为实现赶超型工业化战略服务，实行先生产后生活、高积累低消费；在价值偏好上，形成重城市轻乡村、重国营轻集体、重中央轻地方的优先排列次序和福利保障的供给次序；在管理体制上，主要依赖行政力量、政治动员和群众运动，并力求包揽和控制一切社会事务。这种政策一方面成功地集中社会资源和调动社会力量，在较短时间内迅速建成完整的工业体系，最大限度地满足了赶超战略的需要，并塑造了平等的价值理念和十分均等化的生活方式，在贫穷和匮乏的条件下为维护中国的生活稳定发挥了作用，但另一方面，这种社会政策的传统模式，也造成了人民生活长期在低水平徘徊，社会事业发展缓慢，极大地固化了城乡二元经济社会结构，平均主义的观念和分配制度使社会缺乏动力和效率，全能管理和直接干预影响了社会活力和多样性。改革开放以后，社会政策围绕着为建立市场经济体制服务而发生了很大变化：在核心原则上，强调以经济建设为中心，以是否有利于生产力的发展作为社会政策的评判标准，放弃阶级斗争的路线和先生产后生活的模式，强调要注重改善人民生活，以消费刺激生产，但社会稳定是压倒一切的任务；在目标追求上，要求打破平均主义，效率优先、兼顾公平，实行按劳分配与按生产要素的贡献分配相结合的办法，更加强调根据实际贡献和经营效果去实现社会分配，通过让一部分人通过诚实劳动和合法经营先富起来，带动全体社会成员走共同富裕道路；在价值偏好上，城乡关系方面，鼓励社会流动和农民进城务工经商，所有制方面，既保护国有经济大企业，又鼓励个体私营经济快速发展，中央和地方的财权事权方面，在改革初期实行了放权让利并在1994年以后又逐步出现财权向上集中、事责向下分散的趋势；在管理体制和干预方式上，虽然更多使用经济的、法律的手段，但行政干预仍然是主要手段。

在新世纪、新阶段，社会公正问题之所以成为大家关心的一个焦点问题，是因为经过近30年的改革，经济得到快速发展，效率显著提高，但出现了很多新情况、新问题。比如，在推进市场化改革的过程中，中国的收入差距也不断扩大。这究竟是一个阶段性的问题，还是一个长期趋势，现在还难以定论。但无论是按照基尼系数还是收入阶层倍数的测算方法，中国目前收入差距都达到差距较大并值得警惕的状态。而且，由于隐性收入的广泛存在，实际的收入差距可能比测算出的结果还要大，而财富的差距（如金融资产和房产）更是数倍于收入的差距。直到20世纪90年代中期，多数学者还认为，这种差距的扩大是社会政策取向转变和市场化改革的“自然结果”，中国随着发展的进程和富裕起来，分配问题也会自然得到解决。但现在，中国的贫富差距扩大的曲线什么时候出现走向缩小的拐点，是否会符合库兹涅茨先扩大后缩小的“倒U形”收入分配曲线的规则，以及这种差距扩大的趋势会最终带来什么结果，都变得不太明朗。因为在全球化竞争背景下，中国不同产业的比较收益差距扩大，非实体经济的飞速发展使财富积累速度加快，产业集群化的现象使投资向特定区域更加集中，体力劳动的充分供给和竞争过度造成低位劳动工资水平停滞不前，加之腐败和非法收益的存在，这些都成为导致收入差距进一步扩大的影响因素。但是，有两个方面的问题需要高度关注，一是中国传统的“均贫富”文化遗产以及计划经济时期平均主义分配的制度遗产，会影响社会对收入差距的心理承受力；二是体制转变时期出现的机会不平等和权钱交易现象，会使社会成员对造成差距的原因产生强烈不满，从而使贫富差距问题在人们心理上放大，成为一个产生社会问题的深层影响因素。另外，一些学者也还存在着另一种忧虑，即担心社会对贫富差距问题的高度关注会影响改革的深化和市场化改革的总方向。

构建社会主义和谐社会，要把实现公平正义作为一个核心的价值目标，但实现社会公平正义，涉及的问题错综复杂，从哪里入手呢？我想以下三个方面的工作需要格外重视：

一是加强民主沟通和认识整合，确立社会公正的价值共识。在不同发展阶段、不同社会结构、不同利益格局的约束条件下，实质的社会公正的价值共识是不一样的，但都涉及要共同选择一个公平与效率的均衡点。中国的快速发展以及同时经历的工业化、城镇化、市场化、全球化，使不同的地域人群、不同的社会阶层和不同的年龄段人口，在一些社会的重要价值认同方面，都出现了较大的差异。所以，在新的历史条件下，塑造中国特色社会主义的社会公正价值共识，是一项紧迫而重要的任务，这就需要对基本国情、发展阶段和发展趋势有一个深刻而清醒的认识。

二是在社会公正的旗帜下继续深化改革，让人民共享改革和发展的成果。在通过经济改革初步解决效率问题之后，要顺应民心和发展趋势，以社会公正为目标深化社会领域的改革，使发展获得新的动力。要通过完善分配政策和法规，保护合法收入、规范灰色收入、取缔非法收入、坚决打击和杜绝腐败，理顺收入分配关系，建立合理的收入分配秩序。要通过救助贫困群体和生活困难群体、提高低收入群体的收入水平、扩大中等收入群体，调节过高收入，使收入分配结构更趋合理，逐步实现权利公平、机会公平、规则公平和分配公平，使我们的社会既是各展其能、充满活力的社会，也是公平正义、和谐相处的社会。

三是立足国情，重点推进机会公平和能力建设。中国目前经济发展很快，财力也更加充足，要根据普遍性与选择性相结合的原则，一方面逐步建立普惠的城乡福利保障体系，另一方面重点帮助当前阶段生活困难的群体。但是也要认识到，中国还是一个低收入的国家，在福利保障的普遍提供方面要循序推进、量力而行。国际经验告诉我们，从长远来看，经济增长有周期性波动的规律，有升有降，而福利保障遵循直线的刚性增长规律，只升不降，这二者是有矛盾的。所以在建设和谐社会的过程中，也要防止福利保障支出增长过快，转化成未来发展的沉重包袱和不稳定因素。中国作为一个人口众多、人均资源紧缺、老龄化速度较快的发展中国家，福利保障不能向发达国家看齐，要实施积极的社会政策，重点进行机会公平和能力的建设，发挥各方面的积极性，为所有的人通过辛勤劳动、努力工作、诚实经营来改变未来生活创造更多的机会和渠道，使每一个公民心中都有一个中国梦。

农民的理性 *

农民是否具有理性，是学术界长期争论的一个话题。人们似乎还从没有对其他社会群体表示过这种疑虑。这种疑虑实际上来自一个很根本性的提问，即农民在工业化的过程中，如何实现从传统到现代的过渡？这个过渡是否意味着价值取向上的裂变和革命？

在社会学关于传统乡村的研究中，传统的小农在很长一段时期，一直被视为一个另类，通常被描述成传统、封闭、保守的群体象征符号。几乎在所有经典社会学家的论述中，农民的价值取向和群体特征都被作为与现代理性相对立的另一极。如梅因（Henry Sumner Maine）关于“身份社会”与“契约社会”的对立，涂尔干关于“机械团结”和“有机团结”的对立，滕尼斯（Ferdinand Tnnies）关于“礼俗社会”和“法理社会”的对立，雷德菲尔德（Robert Redfield）关于“民俗社会”与“都市社会”的对立，韦伯关于“前现代社会”与“现代社会”的对立，帕森斯关于“特殊价值”与“普遍价值”的对立等等。对他们来说，从前者到后者的过渡，是一种“结构的转型”或“模式的转换”。

法国著名农村社会学家孟德拉斯（Henri Mendras）在他的

---

* 本文原刊于《文景》2002年第一辑。

《农民的终结》（*La fin des paysans*）一书中写道，"20亿农民站在工业文明的入口处，这就是在20世纪下半叶当今世界向社会科学提出的主要问题"，因为在此之前的上个世纪，"较之工业的高速增长，农业的缓慢发展可以给人一种安全稳定、千年平衡的印象，与工业的狂热相对照，农民的明哲适度似乎是永恒的：城市和工业吸引着所有的能量，但乡村始终哺育着恬静美满、安全永恒的田园牧歌式幻梦"，而工业化和城市化的铁律打破了原有的平衡，震撼和改变了整个社会结构。

所有的这些阐述都在暗示，农民具有的理性是一种"哲理"，它不同于以经济理性为基础的现代理性，因为虽然农民也追求趋利避害，但不追求收益最大化。在人类学的研究中，由于多数研究是采用参与观察的个案调查方法，更注重远离"宏大历史记述"的非文字经验事实、集体记忆和口述文化，因而努力挖掘的往往是个案的特殊性。即便探讨小农行为一般规则的研究，也往往强调这种规则不同于其他社会群体行为规则的特殊性，特别是强调这种特殊行为规则的文化意义。在这样的探讨中，小农的生存方式成了一种特殊的文化遗产，并不因为普遍的现代化而发生彻底的转变。在多数人类学家看来，把传统乡村的小农纳入社会现代化变迁的研究，是一种学术上的"武断"。

为了说明这一点，人类学家习惯引证的经典例子：一个是马林诺夫斯基（Bronislaw Malinowski）发现和概括并随后被许多人类学家解说的"库拉交换圈"。对于这种具有经济交换功能的"臂饰"和"项圈"的交换圈，几乎所有人类学家都指出了单一经济理性维度解释的"荒谬"和"幼稚"；另一个是吉尔兹（Clifford Geertz）发现和描述的作为"深层游戏"的"巴厘岛斗鸡"。边沁（Jeremy

Bentham）在《立法理论》（*Theory of Legislation*）一书中从功利主义立场出发，提出“深层游戏”的概念，指那些参与赌注过高的赌博游戏的人陷入一种非理性的行为逻辑，而吉尔兹揭示，巴厘岛人类似赌博的斗鸡游戏，在深层阶段更为重要的已经不是物质性获取，而是名望、荣誉、尊敬、敬重等“地位象征”，这种被边沁主义者视为非理性的“深层游戏”，蕴涵了巴厘岛人社会生活的“核心”驱动力和全部意义。大部分注重“小传统”、“地方性知识”的实体主义学者，都不认为小农是非理性的，只不过是认为，小农的理性是一种不同于“功利主义”的“另类理性”。

在经济学中，关于农民理性的争论形成了两大学派。恰亚诺夫（A. V. Chayanov）在《小农经济的理论》（*Theory of Peasant Economy*）中，认为小农经济是一个不同于资本主义企业的独立体系，有自己独特的运行逻辑和规则，它对最优化目标的追求和对利弊的权衡，体现在消费满足程度和劳动辛苦程度之间的估量，而不是在利润和成本之间的计算。斯科特（James C. Scott）在他研究东南亚小农生计的《农民的道义经济学》（*The Moral Economy of the Peasant*）一书中也指出，小农经济行为的动机与“谋利”的企业家的行为动机有很大差异，在小农特定的生存环境中，其“规避风险”的主导动机和与自然的“互惠关系”，体现的是小农对抗外来生计压力的一种“生存理性”。小农由于生活接近生存线的边缘，并受制于气候的变幻莫测，对于新古典经济学的收益最大化，几乎没有计算的机会，典型的情况是，小农耕作者力图避免的是灾难性的歉收和绝产，通过冒险发大财对他们来说是不切实际的想法，用决策论的语言说，小农的不冒风险是为了缩小最大损失的主观概率，在这方面，他们与熊彼特式的企业家完全不同。这类解释隐含的一种判断是，现实中并不存在独立的和抽象的经济行为，一切经济行为都是社会行为，所以单一的经济推论是武断的和外来的逻辑。

与这种小农“另类理性”的解释相反，另一派经济学家论证了“经济理性”解释小农经济行为的“普适性”。舒尔茨（Theodore Schultz）在《改造传统农业》（*Transforming Traditional Agriculture*）一书中，认为小农并非是没有经济理性的另类，他们作为“经济人”，其实很类似企业家，同样富有进取精神，尽管他们由于技术和资本的限制，经济规模较小、收益较低，但其生产趋近一种既定条件下较高效率的“均衡”水平，一旦有新的经济刺激，小农一样可以进行传统农业的改造，而不需要外来的集体组织。波普金（Samuel L. Popkin）在《理性的小农》（*The Rational Peasant*）一书中分析小农的政治行为时则更进一步，认为小农简直就可以比拟为一个“公司”的投资者，他们的行动选择，完全是在权衡各种利弊之后为追求利益最大化做出的。

也有一些学者，试图在研究中包容和调和以上这两种解释逻辑的矛盾。黄宗智在研究中国长江三角洲小农经济时指出，人口的压力和耕田的减少，使小农采取了趋于“过密化”的生存策略，即在单位劳动日边际报酬递减的情况下，小农为了生存仍不断增加单位耕田面积劳动力的投入，以换取单位面积产出的增加，这种维持生计的策略，完全不同于追求利润最大化的资本积累策略，但这并不表明小农缺乏经济理性，一旦有了外部的刺激，如随着中国改革开放后乡镇企业的发展，其他替代的就业选择使小农耕作劳动投入的“机会成本”增加，小农就能走出支配他们的“过密化”生存逻辑。

黄宗智的分析是很有道理的，其实，从过程分析的角度看，以上两派观点并不存在根本的理论冲突和差异，冲突和差异只在于我们是否能够假设会发生使农民从“生存理性”过渡到“经济理性”的“巨变”。这种“巨变”就是中国目前“流动民工”所反映的“小农终结”过程和“城中村”所反映的“村落终结”过程。

不过，当农民的经济理性一旦爆发，其结果又往往令人始料不及。近20年来，中国珠江三角洲的工业和城市以令人目眩的速度扩张，这种高速扩张形成了许多地处城市中心的所谓“城中村”。“城中村”在整个珠江三角洲地区，是一个非常普遍的现象和非常热门的话题，围绕着“城中村”，街谈巷议中也有各种各样的故事。我在去广州市调查之前，曾经设想，所谓“城中村”，就是在很多城市的城乡结合部出现的、已经转为以从事工商业为主的村落，是城市地域扩张的一种自然延伸，大概就类似于北京的“浙江村”、“韩村河”那种村落，无非是生活和工作都很城市化了，但房子矮一点、商业气氛淡一点而已。然而，当我到作为华南经济、政治、文化中心的广州市“城中村”进行实地调查时，尽管事先已阅读了一些相关的资料，还是感到一种心灵的巨大震撼，处于惊讶的失语状态。

现实呈现给我们的“城中村”，与我们心目中原来的想象，实在有太大的距离：就在繁闹的市中心区域，就在鳞次栉比的高楼大厦之中，每个“城中村”就像在方圆几公里人为制造的一个整体的高达20多米的“水泥巨物”。震撼还不仅仅来源于此：这个“水泥巨物”并不是由某个公司或某个经济集体建造的，其基本的住宅楼是一家一户的个体盖起来的，但在土地和房租收益的刺激下，建筑已完全失去个体差异的美学意义，经济的铁律也碾碎了中国传统村落和谐人居空间的“文化意义”。在连接着的非常雷同的七八层高的建筑物中间，是由原来的宅基地间隔确定的宽约1.5—2米的街道，可是在第二层楼以上，为了最大化地扩展住宅建筑面积，街道两旁的楼都伸展出来，几乎把露天的地方全塞满，形成当地人戏称的“贴面楼”、“亲吻楼”和“一线天”。村落中的大部分住宅，白天屋里也要靠电灯照明，村里的街道也形同“地道”。但就是在这样的环境中，村里的人气和商业气氛却很旺，狭窄幽暗的街道两旁，排满各种闪烁着霓虹灯招牌的商店、杂货店、发廊以及各种服务网点，在村里居住的人除了村民之外，还有几万租房而居的外来打工者。都市里的这种“城中村”，既像是古老历史的遗物，又像是快速城市化过程中新生的活体。

从经济理性选择的角度看，“城中村”这种特殊的建筑群体和村落体制的形成，是农民在土地和房屋租金快速增值的情况下，追求土地和房屋租金收益最大化的结果。村民每户的宅基地面积在70多平方米，用市亩制计算，也就是一分多地。农民创造的“一分地奇迹”，是最大化地利用了土地价值，把楼盖到六至八层，使拥有的住宅建筑面积增加到400—600平方米，而且建筑从二层以上探出，完全挤占了公用街道的“空域”，尽管并没有占用公用街道的“领土”。“村民”们一般是自己居住一层，而把底层的铺面和其他住房全部出租。

“城中村”的这个“故事”，使我想起张五常应用于亚洲的著名的“佃农理论”。以前，西方的学者一般都认为，耕地的固定租金制比收入分成制更有利于产出的最大化，因为固定的租金比随产出增加而增加的租金对佃农的劳动和资金投入具有更大的刺激力。张五常则根据理论逻辑和经验数据证明，在竞争和由于人多地少而造成的劳动力充分供给这种特殊的约束条件下，耕地的一定的收入分成制也是最有利于产出最大化的合约安排。他的论证逻辑是一个简单的假设“故事”：假如一个佃主有一大块耕地，他租给一个佃农，获得的收入分成率会较高，因为规模经营的效益可以使佃农不另谋高就。但佃主并不满足于此，于是他把土地分租给两户佃农，虽然他的分成率会下降，但由于耕作规模变小后单位面积的投入增加，总产出的增加会使佃主的总收入也增加。但是，如果佃主不断地把耕地切廾分租，这种分成率下降而总收入提高的逻辑不会一直持续下去，到某一点佃主再切下去，佃主的总收入就会下降。也就是说耕地分租的曲线上，只有一个点是符合收益最大化而又与竞争均衡没有冲突的。亚洲某些地区土地改革确定的佃主的分成率不能超过耕地收入的 37.5%，就是接近这个点的一种分成率，这说明依靠政府管制实行的土地改革的成功，实际上也是一种竞争合约的成功。

实际上，所谓农民的理性，是深深扎根于他们生活所处的社会关系网络之中的，当农民由于外部的刺激要冲破这个网络时，这个深层的网络仍然会产生巨大的影响作用，从而使一些表面看起来的裂变，仍然具有深层的延续性。人们可以在几个月之内平地起高楼，但却很难在废墟上构建历史。在废墟上构建历史的举动，必然会带来价值的扭曲和历史的回潮，需要花更大的代价进行历史的修复。也许，把传统的哲理融入现代经济理性的理性，才是真正的理性。

透视“城中村”：我研究“村落终结”的方法 *

中国正在发生村落的巨变。从1985年到2001年，在这不到20年的时间里，中国村落的个数，由于城镇化和村庄兼并等原因，从940 617个，锐减到709 257个。仅2001年一年，中国那些延续了数千年的村落，就减少了25 458个，平均每天减少约70个。人们原来以为，村落的终结与农民的终结是同一个过程，就是非农化、工业化或户籍制度的变更过程，但在现实中，村落作为一种生活制度和社会关系网络，其终结过程要比作为职业身份的农民更加延迟和艰难，城市化并非仅仅是工业化的伴随曲，它展现出自身不同于工业化的发展轨迹。

我聚焦的“城中村”现状

我为切入这项研究而选择的调查对象，是华南大都市里的“城中村”。“城中村”在整个珠江三角洲地区，是一个非常普遍的现象和非常热门的话题，围绕着“城中村”，街谈巷议中也有各种各样的故事。近20年来，珠江三角洲的工业和城市以令人目眩的速度扩张，这种高速扩张似乎是引发产生“城中村”这种独特事

* 本文原刊于《思想战线》2004年第1期。

物的直接原因。但问题并非如此简单，因为在其他国家的城市化过程中，这种“城中村”现象还几乎从来未出现过。所以，“城中村”现象的产生，一定与中国的一个比较独特的因素相关联，这就很容易使人们联想到中国已经实行了几十年的城乡分割的户籍制度。但这种户籍制度是所有的中国村落共有的，所以还应当有另外的特殊机制在起作用。而这种机制究竟是什么，则成为激发我研究热情的一个“悬念”。

在调查之前，我们原来设想，所谓“城中村”，就是在很多城市的城乡结合部出现的、已经转为以从事工商业为主的村落，是城市地域扩张的一种自然延伸，大概就类似于北京的“浙江村”、“韩村河”那种村落，无非是生活和工作都很城市化了，但房子矮一点、商业气氛淡一点而已。然而，当我们到作为华南经济、政治、文化中心的广州市“城中村”进行实地调查时，尽管事先已阅读了一些相关的资料，还是感到一种心灵的巨大震撼并惊讶的失语。因为现实呈现给我们的“城中村”，与我们心目中原来的想象，实在有太大的距离：就在繁闹的市中心区域，就在鳞次栉比的高楼大厦之中，每个“城中村”就像在方圆几公里人为制造的一个整体的高达20多米的“水泥巨物”。震撼还不仅仅来源于此：这个“水泥巨物”并不是由某个公司或某个经济集体建造的，其基本的住宅楼是一家一户的个体盖起来的，但在土地和房租收益的刺激下，建筑已完全失去个体差异的美学意义，经济的铁律也碾碎了中国传统村落和谐人居空间的“文化意义”。在连接着的非常雷同的七八层高的建筑物中间，是由原来的宅基地间隔确定的宽约1.5—2米的街道，可是在第二层楼以上，为了最大化地扩展住宅建筑面积，街道两旁的楼都伸展出来，几乎把露天的地方全塞满，形成当地人戏称的“贴面楼”、“亲吻楼”和“一线天”。村落中的大部分住宅，白天屋里也要靠电灯照明，村里的街道也形同“地道”。但就是在这样的环境中，村里的人气和商业气氛却很旺，狭窄幽暗的街道两旁，排满各种商店、杂货店和服务网点，在村里居住的人除了几千村民之外，还有几万租房而居的外来打工者。

都市里的这种“城中村”，既像是古老历史的遗物，又像是快速城市化过程中新生的活体。宏观上来看，城市化是转移农村剩余劳动力、提高农民收入水平、改造村落社会结构的必由之路。而且我们通常认为，这个城市化的过程是充满农民的欢庆、喜悦和梦幻的。然而，在这村落城市化的最后一环，在这村落的终结点上，为什么我们看到的却是一个千年村落文明裂变和新生的艰难？

从研究对象的角度看，相对于企业、机关和城市社区，村落的进入并不困难。首先，村落是中国社会最基层的末梢，外来的调查者，通常被视为从社会的上层来的，至少是从制度架构的上层来的，所以一般都能够受到尊敬和认真的接待；其次，村落是一个熟人社会，通过私人关系，很容易融入，农民也是朴实好客的，不像在城市社区和企业里调查，被调查对象通常带有警惕和怀疑的眼光；第三，在村落中，生活和生产经营、家庭和工作场所、私人领域和公共领域，都没有非常清晰和严格的划分，你比较容易从一个日常的领域进入，然后转到你所专注的领域；第四，村落中很少有秘密可言，每一个村落大婶，都是破解村落秘密能力很强的乡土“福尔摩斯”，即便是文字档案资料，借出来复印也并不是很困难的事。

我们的调查，在通过行政渠道的介绍和私人关系的安排下，比较顺利地进入村落。第一次调查是2001年10月，我们对广州市7个“城中村”进行了调查，它们是石牌村、棠下村、瑶台村、三元里村、同德村、冼村、杨箕村、林和村和猎德村。我们在调查中访谈了部分政府管理者、村干部、村民和居住在“城中村”的外来打工者。此后，我们拟定了一个更加细致的结构性访谈调查的提纲，邀请大学的学生在经过一定培训后参加访谈工作。第一批访谈调查整理了40多万字的访谈资料，但我们发现，学生们太受访谈提纲的约束，一些较好的个案由于面面俱到而不够深入。于是我们修改了访谈提纲，要求访谈注重挖掘日常生活的“故事”，把访谈变成了收“生活故事”，这样第二批访谈资料又整理出约80万字，访谈调查的范围也扩展到40多个城中村。我从中选编了一部分，涉及22个村的访谈资料。

他者的研究方法和成果

如何处理和使用个案调查和访谈资料，在社会学所谓“质”的研究方法中，一直是一个令人困惑的问题。在这方面，过去中国的村落研究存在两种调查原材料加工的方法。

一种是费孝通先生的方法，我称之为“文本概括法”。就是把调查的资料和受访者的话语慢慢地咀嚼，然后转化成比较精练、比较条理化的文本语言表达出来。这种语言不像那些充满学术概念的推论，比较通俗易懂，但也不是文学语言，它要表达的是“事实”，不是故事，也不是逻辑，就像现实之树去掉了多余花叶的枝条，所以谈不上好看，主要还是供专业人士阅读，一般读者可能会觉得没有故事而难以读下去。费老的《江村经济》和李景汉的《定县社会概括调查》，应该说都是使用的这种方法。

另一种林耀华先生的方法，我称之为“文学概括法”。这是把调查的原材料进一步加工成文学的语言，更具体地说，是小说的语言，它不舍弃生活语言中那些鲜活的东西，而是把调查的一些片段、零碎、芜杂的原材料，转化成一个完整的故事，就像一部小说，因为小说的原意，就是区别于“文本大说”的市井故事。这方面的代表作，就是林耀华先生的《金翼》，这是一本用小说体裁写成的人类学著作，它的写作方法数十年来一直面临着一些学者的不断质问，这究竟是虚构的故事，还是科学的研究？尽管林先生自己一再表明，这部书的故事是真实的，是东方乡村社会与家族体系的缩影，展示了种种人际关系的网络，它是运用社会人类学调查研究方法的结果，尽管有国际著名经济人类学家雷蒙德·费斯（Raymond Firth）教授为它作序并对其学术价值给予极高的评价，但在学术研究如同工匠的手艺活和工业流水线的今天，如何调查、如何收集处理资料、如何分析问题，都有了“标准化”的“规矩”，所以林先生别出心裁的“文学概括法”，一直被视为一个“另类”。

在西方社会学界，对使用访谈和实地调查资料的重视，可以追溯到美国的芝加哥学派。1918—1920年，美国社会学芝加哥学派的领军人物之一托马斯（W. I. Thomas）和兹纳涅茨基（F. Znaniecki），发表了五卷本的《身处欧美的波兰农民》（*The Polish Peasant in Europe and America*），震动了学界。托马斯等人甩开史学界传统上侧重的、围绕领袖人物和重大事件的政治、战争等主题，寻求从“普通人”的失业、贫困、社会动荡、拥挤、无根漂泊等问题入手，“自下而上”地书写历史。他们称自己的新方法是“生活研究法”（The Life Study Method），是让外来移民自己讲述生活故事，注重收集研究对象讲述生活经历的文献，特别是信件。五大卷的《身处欧美的波兰农民》多数都是汇集了类似的活材料，作者有他自己的假设，即认为不管是青年男女离开美国的农场去都市寻找工作，还是一个美籍非洲人离开南方农业区迁向哈雷姆或芝加哥，也不论是一个波兰农民来到匹兹堡的一个钢铁厂工作，还是一个意大利家庭离开家园到布法罗的罐头食品厂谋生，在所有这些情况下，人们都是将一种结合紧密的、以家庭为基础的传统文化抛到身后，而去努力适应一个更为个人主义的、更具竞争性的社会，但作者希望，这种普遍性的东西，能够通过生活故事自己述说出来。他们反对“社会普查”堆积数据和偏于道德说教的“常识社会学”（common-sense sociology），如《匹兹堡调查》写道：“在那儿你会看到瓦解社会的力量多么令人不可抗拒，而进步的力量又如何被委靡不振和自私自利的社会风气拒之门外。”根据托马斯的“生活研究法”，《身处欧美的波兰农民》中占主导的是来自外来移民的“活材料”，而不是作者对这些材料的解释和分析。

受托马斯等人影响很深、也属于美国社会学芝加哥学派的老怀特（W. F. Whyte），似乎在试图走出一条独特的更加文学化的加工调查材料的道路。之所以称他为老怀特，是因为他的儿子小怀特（M. K. Whyte），现在是美国以研究中国问题著名的社会学家。老怀特 1943 年写的《街角社会》（*Street Corner Society*），研究的是波士顿的意大利人贫民区，他在研究上是个不愿循规蹈矩而且有点桀骜不驯的人，这本书的文体，有些像介于学术著作和小说之间的东西，在叙述故事的过程中，还不断地引证调查访谈的对话，就像一般的学术著作引证经典的名句。老怀特曾想成为一名小说家，并以《街角社会》的初稿，去参加非小说书稿大赛，但他又成功地使《街角社会》被富有严格学术传统的芝加哥大学社会学系接受为博士论文，并在答辩中胆大妄为地反击对他的论文“没有明确概念定义和系统文献回顾”的严厉批评。《街角社会》后来成为芝加哥学派的代表作之一，甚至成为一种“讲述外部世界的叙事方法”，成为后来喜欢个案访谈调查方法的学者争相模仿的楷模。

《街角社会》更加文学化的方法，使得它与早期的那些经典社区著作，都有很大的不同，如沃纳（W. L. Warner）的《扬基城》（*Yankee City*），林德夫妇（Robert and Helen Lynd）的《中镇》（*Middletown*）以及韦尔（C. Ware）的《格林威治村》（*Greenwich Village，1920—1930*）。韦尔的《格林威治村》，其实与本书的主题很相像，它是写20世纪30年代格林威治村如何在快速的城市扩张中被并入纽约市的过程，而韦尔的关注点是，在这个过程中，格林威治村独有的特征，如何仍能保持未被吞噬。但这几本社区研究的经典，在叙述方式上，仍然是以逻辑线索为主，而不是以故事线索为主，就像《中镇》的写作，是按照谋生、成家、育儿、闲暇时间的利用这样一些通用的题目来写的。

实际上，如何利用个案调查的访谈资料，面临着很大的困惑和窘境，这也是所谓“质”的研究的困惑和窘境。一方面，很多学者希望这种访谈资料也能具有统计意义上的“代表性”，所以在一个社区里面，也采取分段分层抽样和统一访谈提纲的办法，但结果是，统一的访谈提纲限制了访谈的话题，使访谈的记录枯燥而且重复，更为尴尬的是，这种使访谈资料“科学化”的努力，不仅未使访谈资料获得科学化的形式，而且还丢失了真实鲜活的实质。另一方面，访谈资料作为生活语言，具有话语/本位、符号/意义、能指/所指的两重性，它本身是一种隐喻，意义的揭示需要解释的过程，而研究者的解释，根据研究者的不同而有差异，有时这种差异甚至会扩大为对立。换句话说，研究者和被研究者的关系，其实并非主体和客体的关系，而是主体间性的关系，即访谈资料的意义根据主体间性而会发生变化，这样一来，研究者是否能自认为比被研究者高明、深刻，而具有肢解、切割、筛选和重新解释生活语言的权力？研究者的解释，是否并不是“揭示”而是“遮蔽”了生活语言的真实含义呢？因为访谈资料的话语，毕竟与问卷调查的数据不同，它的意义对访谈的“情景”有很大的依赖，而使用访谈资料的人，是无法再造和重复“情景”的。问卷调查数据的问题，是完全舍弃和遗忘了调查“情景”，并主观假定这些“情景”并不影响对数据的解释，所以数据的测算，是可重复的“科学工作”，而访谈资料的解释，则变成不可重复的“艺术工作”。

我们目前还无法解决这种方法论上的窘境和尴尬。我在研究中采取了妥协的办法，既没有像《中镇》和《江村经济》那样，把访谈的资料转化成文本语言，并按通行的逻辑线索编排，也没有像《街角社会》和《金翼》那样，尽可能地用生活语言来叙述一个完整的故事。

《村落的终结》这本书的前半部分，是我个人的解读、理解、看法、认识和判断，是我试图从纷杂的现象和故事中，提炼出一些可以从学术的知识框架角度来理解的规则和道理，而书的后半部分，是原汁原味的访谈记录，我把解读和理解的权力，交给每一位用心的读者。读者通过自己的解读和理解，可以证实、也可以证伪我在前面的论述。

据统计，广州市共有139条“城中村”，以“条”而不是以“个”为单位来计算“城中村”的数量，表现出“城中村”融入城区的特点。这139条“城中村”大体可以分为三种类型：一是处于繁华市区、已经完全没有农用地的村落；二是处于市区周边、还有少量农用地的村落；三是处于远郊、还有较多农用地的村落。我们调查研究的“城中村”，基本只限于第一种类型，因为它们最突出地呈现出村落终结的特点，这个类型的村落在广州市139条“城中村”中约占1/3，本文中“城中村”概念的使用，也特指这一种类型的村落。

村落研究虽然进入调查对象比较容易，但也存在两个重大缺陷，就是类型比较上的困难和概括具有更广泛对话能力的类型上的困难。

村落生活千姿百态，每个村落都有自身的一些特殊约束条件。村落的个案调查，尽管可以做得非常深入细致，但也容易囿于个案的特殊性而失去普遍的解释力。而宏观的大规模村落问卷调查所获得的数据，又往往会丢失甚至遮蔽一些有血有肉的现实生活。特别是对村落生活和制度历时性变迁的“过程”研究，一个时点上的共时性问卷调查显然有很大的局限性。尽管利用问卷调查数据进行生命历程的研究已经取得很大的突破，但数据反映“过程”还是欠缺“丰满”和“质感”。

费孝通先生很早就意识到，村落研究中存在个案解释力的局限问题，从乡村工业的形式比较，到小城镇的类型比较，再到农村区域发展的模式比较，他一直在探索乡村社区研究的现实类型比较方法，试图通过这种类型比较，走出村落个案的局限。

但是，现实类型的比较方法，实际上仍然难以克服个案解释力的局限性，只不过把局限的范围大大地拓展了。现实类型的局限性，主要表现在两个方面：其一是，这种比较类型不是经过抽象的理想类型（ideal type），不具有超越个体经验的普遍解释力，也不是经过还原的原型（prototype），不具有历史寻根的意义。由于现实类型的无数多样性，因此最后的分类需要某些简单的标准，但这样一来就会发现，所谓类型只是某个方面更加突出一些而已，类型之间的共同性多于它们之间的不同，于是就会提出，是否需要理想类型来强化解释力的问题。此外，已有的村落现实类型的比较，多半都只是一种横断面的或共时性的比较，因此缺乏对纵深面或历时性过程的比较解释力，这些缺陷都限制了村落现实类型的对话能力。

为了走出这种局限，一些学者也在试图提炼某种村落比较的理想类型或象限图示。

1988年，杜赞奇（P. Duara）利用日本南满铁道株式会社调查部（简称满铁）1940—1942年在河北、山东主要是6个村庄的调查资料（6卷本《中国惯性调查报告》），写了《文化、权力与国家：1900—1942年的华北农村》（*Culture, Power and the State: Rural Society in North China, 1900—1942*）一书。“满铁”的资料，成就了不少外国学者，马若孟（R. H. Myers）据此写了《中国农民经济：1890—1949年河北和山东的农业发展》（*The Chinese Peasant Economy: Agricultural Development in Hopei and Shangdong, 1890—1949*），黄宗智据此写了《华北小农经济与社会变迁》。杜赞奇的著作，是对调查资料的重新解读，他显然不愿意囿于个案资料，希望发掘出这些资料的深层含义。杜赞奇在他的书中画了一个当时国内学者还较少使用的村落分类象限图，横坐标是生活的富裕或贫穷，纵坐标是邻近城市、宗教社区或远离城市、宗族社区，调查的6个村庄，被分成4种理想类型，放在4个象限里。在这三个分类标准里，生活贫富或发展程度，是历来大家都关注的维度；靠近或远离城市这个标准的选取，则显然受到施坚雅（G. W. Skinner）市场体系理论的影响，与大多数中国学者不同的是，施坚雅格外强调，中国的村落与城市、市场的连接程度和方式，决定了村落的很多特质；宗族或宗教这个标准，虽然看起来似乎有些牵强，但却是一个全新的维度，而且把宗族与宗教问题联系起来，大大开拓了村落研究的视野，并提高了村落研究的对话能力。

1990年，王汉生等人以农村工业化为背景，试图概括出村落变迁的解释模式。他们认为，中国改革以后，农村社会分化的历程，可以用“工业化”程度和“集体化”程度两个视角在一个十字坐标上构架出4种村落或农村区域理想类型，即高集体化和低工业化类型、低集体化和低工业化类型、高工业化和低集体化类型和高工业化和高集体化类型。其中“集体化”程度与“社会分化”程度具有同等的意义，集体化程度越高，社会分化程度越低。

很难说王汉生等人这种构架村落理想类型的思路受到杜赞奇的影响，因为当时多数中国学者还未看到杜赞奇的书，他们似乎更可能受到贝尔（D. Bell）在《后工业社会的来临》（*The Coming of Post-industrial Society*）一书中提出的分析框架的影响，该书当时在中国颇为流行。贝尔在该书1976年版前言中，以代表生产力的技术为横轴，以代表社会关系的财产关系为纵轴，构成一个十字坐标，技术横轴划分的是工业化程度（工业的，前工业的），财产关系纵轴划分的是集体化程度（资本主义的，集体主义的），这样就出现了4种配合：工业资本主义的（如美国）、工业集体主义的（如前苏联）、前工业资本主义的（印度尼西亚）和前工业集体主义的（如中国）。贝尔认为，并不存在唯一的社会变迁解释构架，可以有不同的社会发展图式：如封建的、资本主义的和社会主义的；或者前工业的、工业的和后工业的；或者按韦伯的政治权威架构来分，就是家长制的、世袭制的和法制—理性的科层制的。“在某一历史阶段内，很可能某一特定的中轴原理非常重要，而成为其他大多数社会关系的决定因素。”

随后，王晓毅也提出了一种很类似的村落理想类型的解释框架，他用“权力集中程度”与“商品经济发展水平”两个维度构架出村落社会分化的4种理想类型，即商品经济发展水平低而权力集中的同质社会、商品经济发展商品高而权力集中的异质社会、商品经济发展水平低而权力分散的同质社会和商品经济发展水平高而权力分散的异质社会。表面看来，王晓毅的划分只是王汉生等人划分的一种翻版，但仔细考究，又的确有不同，因为低集体化的村庄，权力集中程度并不一定低，权力集中可以和集体制相联系，但也可以和家族制相联系，同样，商品经济发展水平可以和工业化相联系，也可以和市场化相联系，这样王晓毅的类型构架实际上是增加了两个观察和分析的视角。

李国庆在为一项百村调查课题设计村落类型划分方法时，把宗族权力强弱与行政权力强弱以及市场影响强弱与行政权力强弱作为两个象限图的坐标，划分出8种象限。这样，经济的、政治的和文化的因素似乎都考虑到了，象限图也变得更为复杂了，但与现实的距离似乎也更远了。我与李国庆曾讨论过这个问题，象限复杂化以后，看起来考虑的因素更全面了，但随之而来的问题是，我们很难从现实中找到特征合适的村庄放到象限中去解释。

以不同观察维度的交叉，来构成具有理想类型意义的分析框架，这比简单的横断面的现实类型比较，似乎在理论上前进了一步，它不仅更加注重历时性的研究视角，而且引入了其他不同的发展解释图式。但象限图示的复杂化，也带来新的问题，它越来越成为无血无肉的枯燥骨架。它本来是要寻求更普遍的解释力，但却像一些“模式”的研究一样，走到了反面，随着现实的发展，连特殊的解释力也丧失了。至少从目前来看，在利用象限图示的理想类型分析具体村落方面，还没有人比杜赞奇做得更为成功。

我的研究方法之源

有鉴于此，在本项研究中，我思忖再三，在研究方法上想另辟蹊径，也就是试图在研究中建立一种关于中国村落终结的具有普遍解释力的理想类型。这种方法当然是受韦伯关于理想类型的原创性论述的影响，但它与韦伯使用的含义又有很大不同。韦伯与很多德国的思想家一样，深受德国思辨哲学的影响，即认为越“形式化”的东西，越符合思维逻辑的东西，越能反映事物的本质，这与深受经验主义影响的法国社会学家涂尔干所说的“社会事实”有很大的不同。对于涂尔干来说，越实证主义的，才越是真实的，而对于韦伯来说，本质的东西是超越经验的，因此越是符合现实因果联系的思维构造，才是能够理解的。

但我所说的这种理想类型，不是哲学家塑造的抽象骨架，而是看起来有血有肉的东西，有些像小说中的故事和人物，它来自生活，但无法还原为生活，是生活的提炼和综合，生活中可能并没有完全相同的人物，但又有很多人对号入座。从研究的角度来看，老舍的《茶馆》、鲁迅的《祝福》、曹禺的《雷雨》、巴金的《家》、沈从文的《边城》……这都是提炼得具有普遍解释力的理想类型。

我给自己塑造的这个村落类型起了一个学名，叫“羊城村”，代表珠江三角洲城郊地区进入终结过程的村落。这个“羊城村”，在现实中有一个村作为基本的塑造底版，但却具有许多原型，我把这些原型中最有代表性的那些特征和故事提炼出来，用这些来自生活的原始素材，像机器压缩饼干一样，压缩成“羊城村”和“羊城村的故事”。这些故事是真实可靠的，不是捕风捉影、杜撰捏造的，但也并非是原汁原味的，它去掉了一些与主题无关的细节，突出了那些与主题联系密切的线索。

中国改革开放以来，在村落城市化过程的链条上，社会学已经有众多不同类型的散点研究，尽管很难说每一个散点研究塑造的村落类型都具有理想类型的意义，但这些散点的研究已经基本可以穿起一个过程或一条线索：如周大鸣对广东都市里的村庄“南景村”的研究，王春光、项飙、王汉生等对都市外来流动民工和农民小业主聚居地北京“浙江村”的研究，折晓叶对高度工业化的东南地区超级村庄“万丰村”的研究，王铭铭对发达地区农业村闽南“美法村”、“塘东村”的研究，陆学艺等人对北方地区初步工业化的“行仁庄”的研究，于建嵘对湖南农业村岳村的研究，肖唐镖对江西、安徽 9 个农业村的研究，黄平等人对欠发达的民工流出地 4 省 8 村的研究等等（周大鸣，2001；王春光，

1995；项飙，1998；王汉生等，1997；折晓叶，1997；陆学艺主编，2001；黄平主编，1997；肖唐镖等，2001；于建嵘，2001)。通过对村落城市化链条每一个发展环节理想类型的建立，我们就可以在理论上再造当代中国村落变迁的生动而又丰富的全过程。

我对“羊城村”的塑造方法，应当说有些像商学院里讲授的“典型案例”，这些案例的意义，并不在故事本身，而在于案例揭示的法则。

过去，社会学界和经济学界的朋友聚在一起，常常开一些互相“讥讽”的玩笑。经济学家喜欢“讥讽”的是，社会学没有理论，只有一些没有结论的细致描述和没有精致提炼的素材，其余的就是同情的眼泪和愤慨的话语，就像一盆“杂烩菜”。而社会学家反唇相讥的是，经济学是研究降低成本的，但无奈经济学家学问之外的收益使做学问的成本太高，所以到处都是经济学家对宏观问题的观点、看法、见解和评论，唯独不见经济学家对微观案例的深入分析，而那些所谓“见解”，就像一根根弃之可惜而嚼之无味的“肉骨头”。

后来，北京天则经济研究所设立了一个制度变迁案例分析的宏大研究项目，给予特殊资助，带动一大批经济学家像教MBA课程一样，去搞案例分析。这个项目的成果也结集出版为《中国制度变迁案例研究》，并一集、二集、三集地出下去。

引起我的兴趣的，不仅是这些案例分析本身与社会学案例分析的差异，更有周其仁教授为第一集案例写的评论“研究真实世界的经济学”，他在那篇评论中，提出“超越实证经济学”问题。

周其仁认为，这些经济学首批案例研究成果的一个显著特点，是系统地将自科斯以来新制度经济学的许多新发展，运用于中国近年发生的制度变迁，而科斯的研究方法强调，理论赖以成立的前提性假设，不但应当是“易于处理的”（manageable），而且必须是“真实的”（realistic）。科斯一生不但偏爱用实例，而且偏爱用经过他本人下工夫调查的实例，比如英国历史上的灯塔究竟是政府还是私人修建的，美国联邦通讯委员会如何通过分配频道资源集中了权力，福特汽车公司与其零配件厂的一体化程度。在这些著名的问题中，科斯都是一面利用大量一手或二手的材料弄清事实的来龙去脉，一面自己来对事实“简化”，从而得到可用于经济学研究的“够格的”实例。

然而周其仁教授认为，虽然首批九个天则案例个个精彩，但这批成果在“把实例一般化”方面普遍薄弱，普遍存在“前理论十足，后一般化不够”问题。而实例本身并不能自动回答问题，从实例的研究，到得出对真实世界的理解，中间还需完成一个跳跃，这就是把实例一般化。所以说“真实世界的经济学”，又是“超越实证经济学”的，其方法论的三个关键词是：真实世界、实例和（把实例）一般化。

我所塑造的“羊城村”这个理想类型，也是为了“超越实证社会学”，努力把实例“一般化”，用我前面的话说，就是追求“更普遍的解释力”和“更广泛的对话能力”。

另外，我还不是把“羊城村”作为一个“一般的村落”来研究。对于我来说，“羊城村”不仅仅是一个村落，它也是一个企业，是一种村落和企业合一的特殊的经济组织。这种经济组织，是深深嵌入村落社会网络的，它为我们提供了一个解释现实经济组织及其运行规则的很好的特例。它让我们可以从一种比较原初的状态下，观察企业的生成和裂变。而在市场和企业这两极的理想状态之间，是一个连续谱的种群，它在现实中有多样性的变异形态，“羊城村”就是其中的一种。我们在现实的一些特例身上，常常能够找到使我们更深刻理解“普遍规则”的钥匙。在科学的研究历程中，“特例”的功能从来就不是对“普遍规则”的反动，而是修正和扩大“普遍规则”的边界。

在写作的方法和分析的关注点上，我受到两本书的影响。一本是贝克夫妇的《生活中的经济学》，那里面汇集的，是1985—1995年的10年时间里，理性选择学派巨擘G. S. 贝克为美国《商业周刊》所撰写的一系列专栏文章。享有突破“黑板经济学”和走出“象牙塔”盛誉的贝克，1992年因用经济理论分析社会问题的成就而获得诺贝尔经济学奖。他在那些给普通读者写的文章里，用通俗的语言和清晰的理论，分析了真实世界的各种现象，从犯罪、移民、歧视、劳工、教育、吸毒、婚姻、妇女地位、烟酒销售，一直到税收制度、政府管制、利益团体、国际贸易、股票市场和经济衰退。他的语言朴素无华，却字字珠玑，处处渗透着真知灼见，读后更让我对崇尚晦涩生僻玄虚的文风深恶痛绝。记得有一次在乡下，几位学界同仁在听完一位老农的生活洞见之后，感慨万千，有些自嘲地讥讽说，过去学富五车的学界前辈，手艺的绝活是能够把深奥的道理解说得像老农的故事一样通俗易懂，而我辈近来的本事，似乎是专长于用孤冷朦胧的概念去费劲地解说大家都知道的常识。所以，这本书的叙述语言，我力戒过于学究气。

另一本影响我的写作关注点的著作，是格兰诺维特和斯威德伯格1992年编的《经济生活的社会学》，他们选择了15位著名社会学家、经济学家和人类学的文章，这些文章都是从历史的、比较的和社会学的角度，来探讨经济生活、经济组织和经济制度的问题。作者们的理论取向，有理性选择社会学，有新经济社会学，有社会经济学，还有交易成本经济学和心理—社会—人类学的经济学，而他们共同关注的问题，似乎都集中在经济和社会之间，强调经济行动是一种社会行动，经济行动是嵌入社会境况的，经济制度是一种社会构成。这也成为我这本书的主要假设，我在书中所寻求的，就是经济生活的社会规则。

这本书是写村落终结的过程，它的基本研究结论和意义是：一、村落的终结和农民的终结不是完全同一的过程，不是非农化、工业化和户籍改革就能解决的，村落的终结更加艰难、更加漫长，一蹴而就的结果往往造成社会的断裂。二、村落的终结必然伴随产权的变动和社会网络的重组，其间必然伴随着激烈的利益和价值冲突，需要建立一种超越“零和博弈”的新的合作和整合机制。三、村落组织的传统本土资源，并不完全是现代性的对立面，它也可以融入或被用来构建现代化的新传统，在所有被视为对立两级的中间，都存在连续谱的过渡和多样性。四、“城中村”在城市化过程中具有双重的功能，它既是城市异质的边缘，也是替代贫民窟而成为农民工融入城市并转变成新市民的摇篮和桥板。五、“城中村”的研究，为我们最终揭示从村落非农化、工业化、去工业化到城市化和村落终结的变迁逻辑提供了可能。

书斋随笔*

遵命文字，又要写成随笔形式，这本身就是个悖论，海峡那边称之为吊诡，其实都来自西文 Paradox，其原意是“类似于正论的”。以前已经习惯了听老一辈讲他们的过去和人生体验，习惯了听那种凝重的话语和沉重的话题，在这种聆听中仿佛跨越了代际之间的时空，有了心灵上的碰撞和沟通。现在，忽然到了需要我作为“过来人”和更年轻的朋友沟通的时候，才蓦然间感到时光流逝的一去不返和青春不再留下的追忆。社会变迁的迅速使我们和新一代的朋友似乎也有了新的“代沟”，他们对新事物的敏感、对新知识的渴求和对新趋势的热情，常常使我和我们这一代人也感到惊奇，甚至他们日常生活的话语有时也使自认为思想并不陈旧的“我”感到陌生。但我坚信代际更替和知识积累的进步法则，历史总是需要铺垫的，经过生活之河经年累月一浪接一浪的冲刷，才能留下来晶莹的像宝石一样的颗粒。记得上中学的时候总是愿意向父辈高喊“理解万岁！”现在易位变换角色，真有一种惶恐和不安。

当兼职老师：并非自愿的选择

听我祖父讲，我家是曾连续五代从事乡间私塾先生行当的世

---

* 原载文林、海焘主编：《中国新一代思想家自白》，九洲图书出版社，1998 年。标题有改动。

家，但从未出过考上哪怕是秀才头衔的人，所以谈不上书香门第。我祖父给我灌输的观念是，将来是读书人管理的世界，不管世道怎样变，只要读书就有饭吃。读书教书在他眼里就像是一门祖传的求生技能，但他那并非密不宣人的技能留给我的深刻印象，就是他作为有问必答的方便活字典和他算账时打算盘的娴熟，这两项技能如今已被电脑和计算器替代。

“文革”中的社会影响改变了我的家传的对“教书人”的看法。那时我父亲在一所并不出名的大学里当校长，他首当其冲受到猛烈的批判，幸好他给人的“老实人”印象和他对政治风云的嗅觉不灵敏救了他，他很快“靠边站”，并去“五七干校”下放劳动，避免了许多皮肉之苦。我生活周围的那些平时自视甚高的著名教授，一时间也都斯文扫地，是真的去扫地和打扫厕所。社会的舆论和青年人的叱咤风云的激情，似乎在塑造着一幅“教书人”的漫画式的形象：戴着一圈叠一圈的高深度近视眼镜，不谙世事，不懂生活，迂腐陈旧，远离社会。一位著名女教授对“尼龙袜”的无知曾成为普遍嘲笑的话题。我的父亲，这位辅仁大学（教会学校）的毕业生，参加革命后多年从事行政事务，甚至把英文的基本词汇忘得精光，但我当时真感到庆幸，他因此而没有留下太多的笔墨文字，免受了许多刨根究底的无情批判。我当时作为“黑七类”和“走资派”的“可教育好子女”，受尽了陡然而来的白眼和冷遇，在心灵留下难以抚平的创伤。当时的社会环境塑造了我和相当多青少年对“教书人”的蔑视，我下定决心，今生绝不从事教师职业，断了世代教书维生的家传也在所不惜！

另一件事情强化了我的这种意识。我中学的班主任是一位数学老师，由于我对学习三角函数的偏爱和数学课程考试也常名列前茅，因而得到他的青睐，但我同时也是一伙他所头痛的捣蛋学生的同党，使得他常常要对我进行规劝和警告。这位班主任当时已经30多岁，还没有女朋友。当时城市中的习俗一般也是男的二十六七岁结婚，他未能找到女朋友可能是由于他的富农出身和不善交往。但他没有女朋友成了我们这些捣蛋学生私下里的笑柄，有时甚至当面以此取乐，令老师十分尴尬。那时的学生对老师常缺少应有的尊敬，一个个心里想的都是干什么也别干老师这种受学生嘲弄的行当。有一天，我父母的老朋友来我家做客，谈起他们有一位侄子在我所在的中学教书，希望能请来一起做客，家母让我赶紧跑腿去请，谁料想要请的客人令我大惊失色，他竟恰恰是我的班主任，可以想象得出我当时的窘境。幸好这位不显山不露水的班主任还能虚怀若谷，对我过去的不恭之举竟一字未提。事后我未敢询问他是否以前就知道这层关系，但当时我想他若知道而不露一点口风，也真够故作深沉的。从此我更坚定，千万不要去当老师。

斗转星移，春秋几度。我父亲在家养病闲住，通读《鲁迅全集》，引得我也跟着看鲁迅的“花边文学”和对鸳鸯蝴蝶派的批判。父母下放后，怕我自己在家学坏，委托一位在图书馆工作的邻居阿姨监管，这位阿姨没有别的高招，为把我拴在家中，靠工作之便，每周都偷偷给我借回一摞当时还属于禁止的有关文学、社会、历史的“资产阶级”的书。此后当兵服役几年，1977年恢复高考后，我就沿着学士、硕士和博士一气读了下去。后来到中国社会科学院从事研究工作，但终究还是做了指导硕士生、博士生的导师。虽说当老师并非我自愿的选择，但我过去生活和学习中的老师，不知怎样已经潜移默化地为我定下人生道路的坐标。

也许这是一种命数和家传的遗风，一种意识抗拒不了的渗透到血液和骨子里的东西。

治学诀窍：耐得住枯燥

大学毕业后考上出国留学生，因名额问题改派往法国，我们几十个人只好到北京语言学院改学法语，强化训练了一年多，每天早晨6点起来枯燥地背单词，晚上躺在床上听录音直到入睡。

1983年终于到了过去通过巴尔扎克和雨果的小说了解的法国，心想总算结束了锤炼入学敲门砖的枯燥生活。望着巴黎塞纳河的潺潺流水和富人区华丽住宅上面的亭子间，不禁想起巴尔扎克小说中描写的外省小人物到巴黎不择手段地挤入上流社会的奋斗过程。第一学年下来省下的钱，就和同学结伴而行，买欧洲学生暑期旅游通票，背着睡袋游遍欧洲的主要城市，据说我们是第一批这样旅游欧洲的中国大陆学生，到哪儿都被当作日本人。

旅游归来后兴致勃勃地给导师谈一路趣闻，导师却沉着脸甩给我一份长达几页纸的读书书目。回去细看，心情一下凉了下来，所列的书目都是老掉牙的古典得不能再古典的著作，我当时心仪的却是最时髦的理论和最新潮的趋势，心想读这些书还用不远万里跑到国外？此后曾多次试着和导师讨论一些最新发表的新奇理论，以便炫耀自己阅读的广泛和对前沿问题的跟踪，没想到没有一本书逃出导师的阅读视野，他的知识面就像如来佛的手掌心任你翻跟头，最后还是扔过来那句老话，回去读经典，要耐得住枯燥。我多想让导师更多地带我去参加国际学术会议，更多地去访谈那些大公司和机构，更多地参加学者的聚会和沙龙，但导师似乎最卖力的就是开书单。我所在的巴黎第一大学（巴黎索邦大学）坐落在市中心塞纳河畔的拉丁区，它的前身是13世纪中叶创立的索邦神学院，是世界上最早的几所大学之一，周围却是众多的一天到晚热闹非凡的咖啡馆，很多是过去名流学者经常聚会的地方。我常想，大学设在这里真不知是出于什么考虑，面对那么多的诱惑让学生如何守住清心、修成正果？在这样的环境中读导师列的古典书目，有时读起来说实在的味同嚼蜡，但也只好硬着头皮读，读书笔记就做了11本。我曾心想，西方的导师也没有什么治学的诀窍，无非是耐得住枯燥而已。

这耐得住枯燥的读书，参加工作后才感到使我终身受用无穷，因为以后忙着进行课题研究，忙着进行实地调查，忙着整理数据和资料，忙着著述写文章，还忙着各种科研、教学和外事的行政事务，再也没有这么集中的时间安静地读书。倒是我的博士生的读书不断鞭策着我，看到他们捧着自己的博士论文就像捧着自己新生的婴儿，我也分享一份他们耐得住枯燥后的喜悦。

为了中国：我们这一代的使命感

费孝通先生为《中国社会科学季刊》的扉页题写了四个大字："为了中国"。每个字的笔锋都显得那么凝重和岁月沧桑，这凝聚着一代人的期冀和使命感。

我80年代初赴西方求学的时候，受到的最大刺激是中国的实际国际地位与原本想象的出入太大，尽管事先阅读了许多材料有了思想准备，但西方的普通人对中国这个东方大国的漠然和轻视仍然出乎我的意料，至多也就是对遥远东方的好奇，西方媒体谈论中国的话题几乎是凤毛麟角，而美国和日本在欧洲的影响比比皆是，中国的商品也只能摆在廉价的店铺，中国到法国的代表团也常往跳蚤市场跑，在地铁里见一队西服笔挺东张西望的亚洲人的眼神，就可以立刻断定是从中国大陆来的，他们常成为吉卜赛孩子帮伙围住掏摸口袋的对象。90年代再去法国时，情况为之一变，从日常生活中显露出的中国人的地位明显提高了，中国巨大的购买能力成了新闻媒体的重要话题，很多财团和公司设立了专职的对华贸易人员，我的许多过去的同学依靠从事对华业务过上了中产阶级的生活，到法国访问和旅游的中国人开始常出入于高档商店，中国的产品也进入了“老佛爷”（Lafayette）等老字号豪华店，中国人走在街上的眼神也开始变得悠闲、随意和泰然。过去出国买什么都觉得是天价、老是在橱窗前驻足观望的中国人，现在也感到许多东西比国内还便宜，甚至觉得已经没有什么国内买不到的东西，再也看不见过去大包小包地往国内捎家用电器的现象。

我80年代末回国后，急于了解改革开放以来中国基层社会发生的变化，立刻到山东陵县这个中国社会科学院的多年跟踪调查点进行了为期一年的调查。乘车颠簸在乡间望着一路的尘土和盐碱地，入户访谈与不善于簿记的农户一起计算着货币和实物的收入，为了一个数据的真实性书生般地与统计部门争得面红耳赤，晚上回到居住的平房点燃已忘记如何生火的冒烟煤炉……我常常禁不住思忖：中国的现代化还将是一个多么漫长而艰难的路程，主要是与西方相比农村的差距太大了。但改革开放以来最大的变化也在农村，在胶东半岛，在苏南地区，在浙江的沿海和北部，在福建的沿海一线，在珠江三角洲，这个上亿人生活的农村区域正在迅速成为新兴的城市群带，其发展的趋势就像是上百个城镇构成的洛杉矶，其变化速度之快和观念更新之快令我们这些常下去调查的人也惊讶不已。现实生活底层结构出人意料地快速变迁，是对社会科学研究的最大刺激。我所感到欣慰的，并不是自己的研究对现实的变化起到了哪怕是十分微薄的作用，而是意识到我的研究也已经融为这伟大变化的一个有机部分。

与年轻的亲近朋友谈我的这种“使命感”情结，他们常常会带着怜悯的神情平淡地问，你们这一代这样活得累不累，谈点别的轻松的行不行？弄得自己倒要反问，难道真的是我自作深沉，总是不自觉地扮演布道传业解惑的角色？

我想我总可以对我 5 岁的儿子灌输点我的“使命感”，他却根本不理这茬儿，仰起头来理直气壮地要求给他买手表，还说幼儿园的好多小朋友都戴着，最好是有数字显示的那种电子的，我真想对他说你爸爸过了 20 岁还没戴上手表呢，真是烧包的，但我妻子却说现在都这样，而且一下子就给他买了两块表，说换着戴。

世界在变，生活在变。一代人有一代人的历史。但“为了中国”，是我改不了的情结。

做学问的代价

在中国旧时科举制度下，做学问几乎是社会地位升迁的唯一通道，韦伯所说的决定一个人社会地位的财富、权力、声望等要素，似乎都可以通过“做学问”来获得。这种以官场考试定终身的科举制，本应是现代文官制的起源，至少比世袭制要先进得多，但韦伯却认为，现代的科层制只能产生于属于法理型的“形式法律”传统的国家，而像中国这种依据绝对价值衍生的法律原则行事的伦理型国家，其基于科层制的古代文官制度不可能发展成现代的科层制。不管对科举制的评价如何，随着社会的发展，人们的社会升迁的道路是愈来愈宽广、愈来愈多样化了。

但传统的力量仍是巨大的，现在人们对子女教育的重视程度不仅丝毫未减，反而变本加厉。在“文革”中失去了受正规教育的机会的一代，似乎要把历史的遗憾在子女身上得到补偿，所以对子女教育的严厉史无前例，看着那些每晚挑灯奋读至深夜的十几岁的孩子，真感到他们之间的竞争比大人们在市场上的竞争还要残酷，不亚于过去的“头悬梁、锥刺股”。残酷的还在于如果考重点中学或大学差几分，就要缴纳几万元的“自愿赞助费”，那相当于父母几年的工资，而且父母还都争先恐后，把子女的学习竞争变成父母之间的竞争。在这种情况下如果孩子学习不努力，父母还能有好眼色看？然而，与过去相比发生的巨大变化是，似乎希望孩子以后“做学问”的父母的比例愈来愈少了，把“做学问”当作人生道路的选择的青年人的比例也愈来愈少了。过去一直要求知识分子要走出书斋，深入到实践中去，似乎做学问的都是十年寒窗苦、不问世间事熬出来的，书读得够多了，但书生气太足，不知世态炎凉和人间世故，所以要求他们深入实际“了解社会”。但现在随着大批知识分子下海经商、跳槽转业，知识分子中也愈来愈多了深通世故者，几天就攒出一部“著名专著”，吃吃饭聊聊天就写出“有价值的研究报告”，从互联网上下载点信息就编本书的，大有人在，由此人们又开始强调，做学问的要能够坐冷板凳，似乎做学问就是“坐学问”。

在充满着各种社会升迁机会的今天，做学问的代价似乎愈来愈高了，或者说机会成本愈来愈高了。它不仅不再是读书人的第一位选择，简直就是丧失了“比较优势”的职业选择，因为做学问可能意味着发财无门、做官无权、潜学无名，还可能意味着没有车子、宽敞的房子和以后供子女上学的票子；而一旦做学问的人去追求发财、做官和虚名，他也就不再被认为是在真正做学问了，而且比那些理直气壮的追求名、权、利的人，显得还要虚伪和装模作样。做学问似乎要变成一种非职业化的活动，成了一种副业、一种嗜好，一种个人的追求，甚至一种消遣和奢侈。说自己在做学问，似乎不是在说一项工作和职业，而是在说自己没有打牌、搓麻、钓鱼、蹦迪，是在从事更加高雅的业余活动。不过我总以为，这是中国转型期的社会价值错位。每一个时代都有一种社会普遍崇拜的、具有权力符号的象征意义的重要价值，但随着时代的交替和社会的变迁，这种符号是在变化的，人们的价值观念也是在变化的。在未来的时代，知识的作用会愈来愈大，人们做学问的方式可能会随之发生深刻的变化，但做学问作为一种职业是不会消失的，而且会取得它应有的社会地位。因为，一个成熟的社会，需要有对它当前的轰轰烈烈的事具有反思能力的人。

我目前所关注的理论问题

我目前所关注的理论问题主要有三个：社会结构、非正式制度和国有企业的逻辑。

我曾经撰文指出和论证，社会结构转型是社会资源配置的“另一只看不见的手”，即认为在政府干预这只看得见的手和市场调节这只看不见的手之外，还存在着另外一种看不见的力量，这就是社会结构的转型。实际上这也不是什么新见解，我只是借鉴了社会学中经济活动“嵌入”社会关系网络的理论和经济学中关于企业组织对市场具有替代作用的理论，并将其融合在一起和扩展化了。我认为，在家庭经营组织中、在企业中和在社会的非正式制度中（社会潜网），都存在着与其组织形式相配套、相契合的社会关系网络，这些网络会影响人们的行为，影响社会资源的配置。如家庭关系在家庭经营中可能表现为利他主义，从而构成家庭经营中的互助和共同抵御风险的机制；在私营和乡镇企业发展的一定阶段，家庭关系可能会形成一种降低监督成本的机制；而在大型国有企业中，家庭关系可能会成为修改科层制的运行方式。这都是社会结构影响社会资源配置的形式。处在社会结构转型期的国家，社会结构转型对社会资源配置的影响会更加明显和具有分析意义。

我对“非正式制度”的兴趣来自改革开放以来的经验事实。人们普遍看到的情况是，那些经济迅速发展和起飞、民众生活快速改善的地区，往往并不是那些具有大量国家投资项目的城市地区，而是那些具有传统的工商精神的乡村地区。这种地区（苏南、闽浙、珠江三角洲）在发展中所利用的许多行为规则，既不属于科层制的令行禁止的规则，也不属于市场的交易契约规则，而是靠传统伦理、家庭网络和人情信用等维系的一套“非正式制度”的规则。

这套“非正式制度”得以发挥巨大的作用，在中国有它的特殊条件：

一是中国的乡村历来是正式制度薄弱的区域。费孝通先生在研究中国过去的皇权和绅权制度时，就曾提到过“皇权止于县”

的现象，在县以下，是科层制贯彻不到的民间绅权区域，或者说是一个自治的区域。中国现在的行政科层制贯彻到了乡镇，但乡镇以下，实际上留有很大的自治空间，也是正式制度薄弱的区域，在法律上，村一级权力也属于乡村自治组织。自治的空间和正式制度的薄弱，成为非正式制度生长和发挥作用的土壤。

二是中国正处于一些旧的正式制度被突破或破除，而新的正式制度（行政的和市场的）尚未建立或完善的时期。这里涉及一个正式制度的起源问题，即正式制度究竟是自下而上的，通过非正式制度的过渡而形成正式制度的呢？还是自上而下的，通过理性设计、法令法规的颁布形成的呢？在我看来，前者是更基本的过程，后者的形式化过程一般都是以前者为基础的。中国的经济体制在从计划经济向市场经济转变的过程中，往往在某些方面形成正式制度的“缺位”的状况，而正式制度缺位的区域和时期，正是非正式制度活跃和发挥更大作用的区域和时期。

三是在那些历史上具有工商精神的区域，一直存在着与市场活动相切合的，或者说市场活动“嵌入”（embedded in）其中的非正式制度的社会网络。在公社制度解体以后，这种传统的社会网络成为新的经济活动扩展和运行的依托，而经济活动本身具有的扩张性，又使这些非正式制度到处传播。

中国的非正式制度在很多情况下都是与“传统”相联系的，所以用“现代性”的价值尺度对其进行价值评价具有很大的“风险”。因为一方面它们（非正式制度）的本质特征往往是“传统的”、“乡土的”、“前现代的”或“反现代性的”，另一方面它们的功能在一定的范围和时期又是促进市场化和现代化的，并似乎成为向现代化正式制度顺利过渡的必要桥梁。正是这种复杂性，使得对非正式制度的研究成为社会学研究的“真问题”。

为了研究国有企业的运行逻辑，3 年前我就组织了对 9 个城市 500 多家国有企业的问卷调查，此后又进行了个案调查和访谈调查，我们没有急于发表我们的看法和研究结果，是想使我们的研究结果得到来自更多方面的佐证。我们的基本看法是，国有企业是理性人，因为它追求效用和利益的最大化，但它并不是完全的经济人，因为只有在利润最大化目标与它的综合福利最大化目标一致时，它才追求利润最大化，所以它追求的是相对的利润最大化，但这并不妨碍它是理性决策者。正是由于追求综合福利最大化这一逻辑前提，国有企业的行动逻辑朝着功能内卷化和人员过密化的方向展开：综合福利最大化的目标规定了国有企业并非具有单一的利润取向，福利保障作为利润的替代指标引导企业走向功能内卷化，即福利功能向企业内部的转移和扩展，功能的内卷化决定了企业人员的过密化，即在企业总产值递增的情况下，由于人员及相应福利支出的增多而出现人均效益产出的递减，而人员过密化所形成的企业内相对独立的利益格局，反过来又成为企业功能继续内卷化并走上福利化道路的条件，以至于不打破这一利益格局就无法改变国有企业的这种运行逻辑的轨道。

我们解释国有企业运行逻辑所使用的“内卷化”或“过密化”概念，受到黄宗智对长江三角洲和华北小农经济运行逻辑的解释的启发。他用“过密化”或“内卷化”（involution）这个概念来解释农业没有发展的增长这一悖论现象：人口对土地的压力和耕地的缩减，使农民趋于过密化，即以单位劳动边际报酬递减为代价换取单位面积劳动力投入的增加，生产越是过密化，就越是难于把劳动力抽出而走通过资本化提高劳动生产率的道路。要改变这种过密化的增长逻辑，就要使被替代的劳动力寻求另外的就业机会，改革以后长江三角洲农村正是通过发展乡镇企业才改变了这一运行了几百年的逻辑。

国有企业要走出自身有增长而无发展的过密化逻辑，也必须通过提供“另外的就业机会”来实现。

调查研究中的故事*

求真是学术的良心

刚回国的时候，正赶上中国社会科学院组织全国百县市经济社会调查，我参与了一个课题组，到鲁西北的陵县搞调查，一待几乎就是一年。从法国繁华喧闹的花都巴黎，一下子深入到一个到处是盐碱地和沙土地的农业县，心理上有很大的反差。这个县曾长期是中央农村政策研究室资助的一个调查和观察点，我们住在观察点长期租用的县政府招待所的一排平房里，屋子里有很多过去来过的调查人员留下的旧书刊，甚至还有一张乒乓球台。我们每天骑着自行车，到县府各个部门和村里去搞调查。刚去的时候正赶上冬天，平房没有暖气，靠烧煤取暖，我们这些在城市暖气房子住惯了的人，最怕的就是晚上封煤炉，因为十次有八次会封灭，第二天重新生火，就会出现一个个被烟熏火呛得直流眼泪的奇景，引得招待所里的当地人乐呵呵地就像看西洋景。最惬意的时候，是外面狂风呼啸雨雪交加，户外的一切活动似乎都停止了，屋里的炉火因气压升高而被烟囱抽得特旺，连炉子也烧红了，这时躺在被窝里，沏上一杯碧螺春，翻着久违了的闲书，心不在

---

* 选自中国社会学网，其中部分内容以《书斋随笔》为题发表在《师资建设》2004年第5期。

焉地听着录音机里传来的比才的《卡门》……

调查本身并不复杂，因为没有什么特别要证明的假设。如果说有什么假设的话，那就是认为，中国的县级单位是相对完整的社会，是国家大社会的缩影，对县社会的解剖，是了解国家大社会运行和发展的基点。然而要真正做到调查的实事求是，却是很辛苦的事。例如，对于改革以来农民生活水平变化的评价，当时通常是以“人均纯收入”的增长来衡量，但我在调查中发现，这一指标是适应农村生产责任制而产生的，把它与改革前公社体制下“人均分配收入”进行比较时，应当注意到，尽管二者在形式上基本一致，都是总收入扣除经营费用、国家税收、集体提留和生产性固定资产折旧后与参与分配人口的比值，但“人均分配收入”没有包括自留地和家庭副业（尽管可能很少）的收入，而“人均纯收入”实际上有一部分要用来上缴集体提留以外的“乱收费”项目，此外计算收入时农产品实物的折价标准由于国家收购牌价的变化而调高了。在考虑到这些因素的基础上，我测算的该县农民人均纯收入1988年比1978年增长了3倍多，对于这一结果，我又通过对农民消费水平、消费结构、食品结构的分析进行了旁证，而此前的多数文章和调查材料都认为该县农民人均纯收入1988年比1978年增长了十几倍。再一个例子是教育经费的支出，最简单的办法，当然是分析地方政府教育经费的开支，但实际上，当你深入到具体的学校分析经费来源时，你会发现，政府的拨款只是“人头费”而已，靠“社会筹集”经费是学校正常运行和教师奖金的主要保障，而“社会筹集”的结果在不同发展程度的地区差异甚大，没有细致费力的调查和测算，就无法掌握这种差异，而仅凭省力的统计数据的比较，在学术上就有很大的风险。

一年的蹲点调查是耗时费力的，但我的确从中获益匪浅。我常常怀念那种无欲无求、没有太多诱惑和烦恼、在细雨霏霏中独自思考的日子。从那以后，我在使用统计数据进行宏观分析时都非常谨慎，力求弄清楚每一个数据的口径、来源、可比性和可靠性。建国后，我们进行过很多细致的调查，但往往容易为了证明某种理念而丧失了学术上的实事求是，真正的学术应当是社会的良心。

深入生活的收益

改革开放以来，国有企业一直是经济学研究的重点，但20年过去了，尽管从扩大自主权到资产重组，国有企业进行了各种各样的改革，但效益状况并没有得到根本的好转。国有企业的研究，似乎成为社会科学中的哥德巴赫猜想。近几年来，我一直在从社会学的角度进行国有企业的调查研究，但随着大量国有企业职工下岗问题的出现，又似乎感到自己的研究不过是隔靴搔痒。1996年，我组织了对全国10个城市500多家企业的问卷调查。面对上千万的调查数据，我心里却一直发憷，从纯粹学术的角度说，这么丰富的资料和数据，可以写出不少具有学术价值的文章，但如果这些数据本身有问题的话，根据这些数据所作的分析结果是否具有实际意义呢？于是，我决心和课题组一起花费大量时间进行个案访谈调查。

1997年秋，我们踏上去东北的路程。那里有世界上少有的肥沃的黑土地，有不需要人工灌溉系统也能风调雨顺的气候条件，有丰富的自然资源和人才储备。望着路旁一望无际的庄稼，少了几分中国多数地区人多地少的忧虑，但又多了几分靠粮食作物如何致富的深思。我们调查了很多家几万人的大型国有企业，这些企业由于是资源开发型的或由于当初战略上的考虑，大都设在远离城市的地方，有的在少有人烟的山区，要长时间地乘车跋涉。听说是从北京来搞调查的，企业和工人对我们显示出极大的热情，介绍和陪同我们来的省劳动部门干部对我们说，很多企业都拖欠了一年多职工工资了，职工情绪很大，因一时难以解决，他们都不敢来。我们对各个层次的职工进行了个别访谈，有的一个职工就谈5—6个小时。我们常常不忍打断他们的滔滔不绝，因为他们似乎有太多的事情要向人们诉说，尽管他们知道我们这些研究人员无法给他们解决任何具体问题，但有人倾听他们的呼声似乎就是给他们的安慰。他们很多人当年都是名牌大学的毕业生，为了建立共和国的工业体系，在“先生产后生活”的原则下，“献了青春献终身，献了终身献子孙”。如今冬天在即，企业购买暖气用煤的款项还没有落实，而那里冬天的最低温度达到零下30多摄氏度。一家企业的厂长对我说，他是为了对该企业加强领导和扭亏为盈，从一家城市里的经营效益好的企业调来的，但该企业产品缺乏市场，转产需要时间和资金，企业又是在山区，没有“社会”，企业自己要“办社会”，负责职工的孩子入托、子女上学、家属就业，以及生老病亡、日常生活……再有本事的厂长，也会被这众多的事务和由此产生的成本拖垮的。由于产业结构的升级和调整，很多传统产业必然地走向萎缩了，但如何在改革的过程中进行利益的整合，如何在市场经济条件下确立社会公正，如何对历史的欠账进行补偿，的确关系到改革中人心的向背。

这次调查，使我确立了对国有企业“社会成本”进行数量分析的重点。问卷调查中对国有企业养老、医疗、住房、福利以及各种福利设施的调查恰好派上用场，我用数量测算的结果来佐证企业个案访谈的结论。所谓企业的“社会成本”，就是企业正常生产经营成本以外的不得不承担的成本，这种成本直接冲销了企业的利润，但改由国家或社会承担尚缺乏必要的过渡条件。然而，没有对“社会成本”的清晰测算，就没有关于企业实际经营状况的真实信息和正确评价，也就难以作出对特定的企业是否应当补偿以及补偿多少如何补偿的决策，也无法判断企业的亏损是否真是由于“社会成本”所致。我的研究，对于解决国有企业的具体问题，也许根本算不上杯水车薪，但我国有那么多研究人员，如果对这样关乎民生的重大问题缺乏研究，这只能是学术本身的悲哀。

调查研究人员最大的良心上的不安，是面对众多被调查者对你的期望，你的调研结果实际上可能对他们毫无助益。从东北调查回来，为了平息这种不安，我赶写了反映问题的调查报告和解决问题的建议，但我也知道，能够起实际作用的可能性十分渺茫。我从内心中惦念着，这些过去的创业者如何度过那个冬天……

“锁定”的应当是职业道德

上初中的时候，我比较喜欢古典文学，唐诗宋词元曲和明清章回小说，透着飘逸、潇洒、壮烈和激昂，人情的跌宕起伏远比数字的换算有趣，加之老师常把我的作文当作学生作业的范文，自尊心的满足就成了追求美文学的激励。但时过境迁，儿时的幻想多半与现实的职业选择相异。随着计算机和相关统计计算软件在研究中的普及，社会科学在数量研究方面出现了巨大的飞跃，以至于很多国外的社会学和经济学的学术研究杂志，如果没有严格的数量分析的证明过程，单凭理论分析和观点的阐述，文章是很难发表的。文字的精美也愈来愈被图表所取代，不再是学术的追求。

然而，数量分析的过程是非常枯燥和辛苦的。这不仅需要掌握大量的调查和统计数据，而且需要比较完善的假设以及正确的测算和证明的步骤。有时你费神熬夜忙上一周，出来的测算结果却与你的假设相隔十万八千里。很多数据分析人员都有那种切身的体验，获得一个理想的模型分析结果，就像买彩票中了头奖那样喜悦。但是，在社会科学领域，由于社会现象的复杂性，没有考虑到的相关变量和无法实现操作化的相关变量总是存在的，这样任何基于一定理论假设的模型和方程，都不是封闭的。这就意味着，社会科学领域任何的模型测算结果，都存在着无法消除的误差和解释上的较大弹性。

在自然科学领域，如果你依照规范的研究步骤获得的测算结果与常识相悖，那可能是你接触到新发现的边缘，但在社会科学领域，如果出现与常识相悖的数量分析结果，研究人员往往首先怀疑自己的变量选择和原始数据有问题，于是有的研究人员反复测算而得不到“理想”结果时，就采取一种“方便”的办法，根据主观判断人为地“校正”测算结果，使之符合经验的常识。

为了杜绝这种“校正”，最新的统计分析软件从程序上“锁定”某些关键性的数据，让研究人员无法擅自变通，其目的是维护研究领域的职业道德，可谓煞费苦心。但职业道德的“锁定”，只能主要依赖于研究人员的自律，怎能靠电脑软件守住学术贞操？君不闻“道高一尺，魔高一丈”的警句？

黄宏有一个幽默的电视小品，以一个修鞋匠作现身说法，讲各行各业都要有自己的“道”（职业道德），主旨是讽刺现在某些行业人员太不讲职业道德。实际上，类似的职业道德问题，也影响到向来被认为是精神净土的学术界。粗制滥造、假冒剽窃、炒作和雇“枪手”吹捧，在学术界已屡见不鲜。但如果连学术的职业道德也要电脑软件来约束，学术也就难逃贬值的厄运了。

前人曾把学术的最高境界概括为：“回头蓦见，那人正在灯火阑珊处”，但要具有“回头蓦见”的功夫和机遇，必须耐得住“独上高楼”的寂寞，并有“终不悔”的执著和“众里寻他千百度”的傻气垫底。

承前启后篇

我的研究理路 *

社会科学文献出版社的谢寿光社长建议我整理出版自己的文集，但我对此一直非常迟疑，总感到已发表的文章达不到出版文集的分量，而且时过境迁，自己对以前发表的东西总是觉得不太满意。但在谢社长的一再催促下，我想通过整理文集，理清自己的研究理路，对于自己把握好今后学术研究的定位，也是有好处的。

这里选出的是近十几年来发表的18篇文章，其中有7篇发表在《中国社会科学》，有6篇发表在《社会学研究》，还有几篇发表在《中国社会科学辑刊》和《中国人口科学》等杂志。

这些文章中的有些观点、看法、判断和解释，在今天看来可能很值得商榷，但我无意做任何的改变，因为它们记录着我的眼睛和学术思想的真实轨迹。

《另一只看不见的手：社会结构转型》曾被《中国社会科学》1992年第5期作为头篇文章发表，随后获得“第一届全国青年社会科学成果奖”三个一等奖之一（经济学、法学、社会学）。尽管今天看来理论上是有很多欠缺，但它对于推动把社会结构转型作为社会学研究的主题，对于推动确立一个新的发展观，是发挥了作用的。

---

* 本文是李培林学术论文集《另一只看不见的手：社会结构转型》的前言，社会科学文献出版社，2005年。

《新时期阶级阶层结构和利益格局的变化》发表在1995年第3期。那个时候关于这个论题存在着很大的争议，不仅仅有学术上的争议，政治上也有很大的争议。由于《人民日报》用半版转发这篇文章的内容，使我处于了争论的旋涡，尽管不少人认为文章能够直面重大的现实问题，并提出有解释力的论证，但批评的意见也很激烈。一派认为这是“海归派”用西方的理论和概念解读中国的现实，另一派认为这是“粉饰现实”的虚假乐观主义，这些并非都是学术层面的批评，当时给我造成心理上的压力。但我坚持认为，尽管改革以来利益格局的变化存在很多难解之结，但中国绝不能走回头路。进入21世纪以后，情况发生了变化，虽然改革方向上的共识逐步形成，而贫富的分化并没有按照预期的那样出现开始缩小的转折点，而是加速扩大。我的看法也有了改变，开始认为贫富差距的继续扩大会造成很多人对改革预期的转变，从而成为中国发展的潜在风险。于是我写了《中国贫富差距的心态影响和治理对策》一文，这是我在利益格局分析上的一个判断的转折。

《老工业基地的失业治理：后工业化和市场化——东北地区9家大型国有企业的调查》作为《社会学研究》1998年第4期的头篇文章发表。当时我一直期望，中国经济的新增长点在20世纪90年代中期从珠江三角洲转向长江三角洲之后，能够继续北移，从而带动东北的重新崛起。但随后的西部大开发战略的实施，使振兴东北老工业基地的战略推迟实行。不过这项从就业问题入手的研究，却获得了一个意外的推动扩大教育的政策效果。这篇文章的最后一部分关于“扩大教育、推迟就业、缓解失业”的政策建议，通过一定渠道反映上去，得到当时中央领导人的批示，促进了中国高等院校连续数年扩大招生政策的实施。现在看来，尽管高校扩招中也出现了种种问题，但这个决策对于提高中国在全球化过程中人力资本的竞争力还是利大于弊的。

在我的研究理路中，我一直期望自己保持对“真实世界”的“问题意识”。这种“问题意识”，一是现实层面的，就是努力解读和回答那些重大的实践问题；二是学术层面的，就是注重那些具有知识积累意义的前沿问题。读者可以从《国有企业社会成本分析——对中国10个大城市508家企业的调查》(《中国社会科学》1999年第5期)、《网络化：企业组织变化的新趋势——北京中关村200家高新技术企业的调查》(《社会学研究》2003年第2期)、《走出生活的逆境的阴影——失业下岗职工再就业中的“人力资本失灵”研究》(《中国社会科学》2003年第5期)、《巨变：村落的终结——都市里的村庄研究》(《中国社会科学》2002年第1期)等文中，看到我在探索学术问题的持续努力。我不敢说自己取得了什么学术成就，但我确实从没懈怠，这种力量不是来自对什么学术声望的追求，也不是来自对完成课题的压力，而是一个学者内心深处对“真实世界”的问题关怀。

我是1987年从法国巴黎第一大学获得博士学位后于次年回国的，我很庆幸自己作为一个研究社会发展的学者能够身处中国的大变革时期，因为自己生于斯、长于斯的祖国发生的千年未有之变局，发生的社会结构巨变，是对自己学术研究热情的极大的、持续的刺激。那种急切地想揭示发展规则和洞察未来趋势的渴望，是我留在国外的那些朋友们所难以感受到的，我希望他们能够理解我的选择。

中国目前的经济已经进入新一轮的快速增长周期，在这样一个关键的发展时期，中央关于“五个统筹”（即统筹城乡发展、统筹区域发展、统筹经济社会发展、统筹人与自然和谐发展、统筹国内发展和对外开放的要求）的科学发展观的提出，在学界和广大人民群众中引起极大的反响，因为这是人们一直在期盼的一个新的发展战略和社会政策选择。

这个新的坚持以人为本，全面、协调、可持续的发展观，可以说是一个重大的战略思想，它是建立在中国正在“和平崛起”的经验基础上。正是“中国经验”的基础，使科学发展观具有重大理论意义。

为什么这么说呢？对社会学来说，协调发展本身并不是什么新思想，社会学建立的160多年来，经典的社会学家都在反复地重申这个主题：协调、秩序、进步等等。在社会科学中，社会学的追求“协调”、经济学的追求“均衡”、法学的追求“公正”、政治学的追求“合作”，这都是一贯的学科理念，与科学发展观的基本原则是一致的。但在现实社会中，并不存在绝对的协调、均衡、公平和合作，绝对化的协调、均衡，就会沦为缺乏激励和活力的平均主义，所以在很多情况下，发展的突破和超越，恰恰是打破原有的所谓协调和均衡。中国的改革开放，引入市场机制，打破“大锅饭”，让一部分人先富起来，都是要破除绝对的平均主义，增加激励，加快发展的速度，甚至是实现超常规的发展。然而，这种超常规的发展也带来新的问题，就是新的失调和失衡，在某些方面可以说是严重的失调和失衡。正是在这种背景下，我们说科学发展观里的重要价值，它的内涵的精髓，来自“中国经验”的基础。

现在的一个现象是，国外的多数学者比国内的学者似乎更看好中国的发展，国外学者中尽管也有说“中国即将崩溃”、“中国增长有水分”的一派，但更多的是认为中国的超常规发展将打破现有的世界经济政治格局，无论是提出“中国的奇迹”、“中国正在崛起”的还是提出“中国威胁论”的，都是认为中国的崛起是不可遏制的趋势。而且他们从过去历史上国家力量对比发生重大变化带来国际均势失衡的经验出发，很担心中国的崛起会对世界经济政治格局产生难以预测的结果。但国内的学者接触现实生活问题比较多，他们的经验感受远远超出GDP的增长率，他们反而更容易对那些诸如中国的就业、收入分配、城乡差距、社会保障、腐败等难点问题忧心忡忡。

中国是一个人口大国，13亿人口和几百万或几千万人口是不同的量级。很多事物的通行发展规则，放在13亿人口的基数上都会发生新的变化。对人口小国来说的彰显成就，除上13亿人口也许算不上什么，而任何微小的差误乘上13亿人口，可能就是天大的问题。比如GDP的增长率，由于中国目前每年仍净增长800多万人，中国的人均GDP只有日本的约1/30，所以中国经济增长8%，只相当于日本增长2%，因此尽管有“崛起的中国、沉没的日本”的说法，我们自己不要昏了头飘飘然。艾滋病、出生婴儿性别比例失调这种看似不大的问题，对13亿人口的中国来说，都有可能演变成大问题。

“中国经验”的重要性在于，它将来肯定会改写现代化和全球化理论的很多假设，会修改社会科学各门学科的一些既有规则，至少从我的专业角度来看是这样。这是因为一个13亿人口大国的超常规发展，提供了很多超出我们一般所说的“常态社会”的新经验。

长期以来，社会学的主流，就是研究“常态社会”，即认为在常态的情况下，社会的变迁是按照一定的既有规则进行的，即便是社会的变革和转型，也是长期变化积累的结果。社会学的主流思想，是坚信人的理性力量和社会发展的有序性，认为在社会发展领域不存在无法追寻因果关系的“裂变”和“突进”，所以，即便是专门研究社会问题的“越轨社会学”、“灾难社会学”等等，也都是从“常态社会”的角度来考虑。社会学以往对失业、人口过多、贫富差距、贫困、疾病、犯罪、教育短缺、社会保障不足、环境污染等社会问题的研究，也都是从“常态社会”的假设出发，把这些社会问题视为“常态社会”秩序的“失范”而已。

而且，很长一段时期以来，国际社会学界也被一种乐观主义的情绪所笼罩，从贝尔的《后工业社会的到来》、托夫勒的《第三次浪潮》到卡斯特（M. Castells）的《网络社会的崛起》（*The Rise of the Network Society*），都在描述一种信息社会的令人振奋的前景。人们一直相信，我们对自然的征服和对社会的控制，将是一路凯歌的，新的技术进步将会自然解决我们百思不得其解的那些问题。当然，国际社会学中过去也一直存在着悲观主义的危机学派，特别是20世纪60—70年代，正当西方发达国家陶醉于高增长、高消费的“黄金时代”时，罗马俱乐部发表了《增长的极限》的研究报告，一些学者从人口激增、资源短缺、环境污染和生态破坏的角度，发出惊世骇俗的警告。近年来也有从文化角度提出预警的，如亨廷顿（S. Huntington）的《文明的冲突与世界秩序的重建》（*The Clash of Civilizations and the Remaking of World Order*）、福山（F. Fukuyama）的《大分裂：人类本性与社会秩序的重建》（*The Great Disruption: Human Nature and the*

Reconstitution of Social Order)。但这类危机的判断，常常被学术界主流排除在“规范研究”之外，总认为类似的危机预言，虽然轰动一时，但总是时过云散，因为人类的理性战无不胜，煤没有了我们有石油，石油没有了我们还有核电。直到德国著名社会学家贝克和英国著名社会学家吉登斯通过“规范研究”提出“风险社会”理论，国际社会学界才开始认真地思考，我们是不是真的面对一个新的不同于传统“常态社会”的“风险社会”，但国内社会学界，由于大家集中关注快速的经济增长和社会开放中的发展问题，还没有来得及反思“风险社会”理论对认识中国发展阶段变化的意义。

“中国经验”这个概念，对于真正理解科学发展观的重大意义非常重要。从“中国经验”出发，我们才能真实地了解中国发展中诸多社会风险的临界点在哪里，这些临界点单凭既有的规则是推论不出来的，不顾前提条件和约束单从原则推论出的结论往往会是虚假的。比如说贫富差距问题，规则中有一条是差距随发展先扩大后缩小的库兹涅茨“倒U形”曲线，因为其他国家发展到一定阶段（如人均GDP 1000美元），会出现人口增长停滞、劳动力紧缺、劳工的谈判和讨价还价能力大为增强，从而致使劳动力相对收益增长、资本相对收益下降，但中国有劳动力无限供给的特殊情况，所以近十年来在资本和技术收益都大大提高的同时，农民工的非技术工作的工资几乎没有什么变化，农民工的权益也必须由政府出面来加强保护，中国的贫富差距仍然呈现快速加大的趋势。再比如粮食问题，十几年前国外就有“谁来养活中国”的说法，中国也的确每年耕地都在大量减少，而人口每年还在大量增加，但这么多年过去了，粮食没有发生短缺，粮价在没有大幅度增加粮食进口的情况下也没有飞涨。什么原因呢？数亿人的消费结构变化会改变很多问题，水产品、蔬菜、水果、奶制品的大量增产，使城市人均年消费粮食从20年前的150公斤下降到今天的不到80公斤。我并不是说中国的粮食安全问题不重要，但在我看来对中国粮食安全的最大威胁是“谷贱伤农”造成的抛荒，而不是农民的种植结构变化。再比如艾滋病防治问题，以前中国对这个问题缺乏正视，甚至有点“家丑不可外扬”似的，现在中国政府公开向艾滋病宣战了，因为SARS危机的教训让我们认识到，在中国这样的人口密集大国，虽然84万艾滋病病毒感染者对中国来说成人感染率不到1%，但我们并不清楚到什么临界点它就会出现超出常规的几何速度扩散。中国的人口总量对一些既有规则的改变，增加了中国发展中社会风险的“突发性”、“不确定性”、“难以预见性”。

建立在“中国经验”基础上的理论，才是真正的中国理论，才会产生它独有的学术魅力和影响世界的“中国学派”，而这个“中国学派”，将探索一条中国走向“现代和谐社会”的新路。这条新路对国际意味着，中国的崛起自然会带来世界经济政治格局的一些变化，但这种变化是对世界和平、稳定、进步的贡献，而绝不是威胁；这条新路对中国自身意味着，中国决心走经济发展和人口、资源、环境相协调的道路，走中国的社会主义市场经济道路，走有社会活力的共同富裕道路，坚决防止经济、社会、自然的重大失调，坚决防止一切权贵资本主义倾向。

中国社会学的实践取向与理论匮乏*

承蒙出版社之邀，为《现代社会学文库》作序，本人自觉才疏学浅，深感惶恐。

今年是戊戌变法百年纪念，也是北京大学百年纪念，中国早期现代化肇始的许多制度化标志都发生在百年之前的1898年前后，中国的社会学亦然。1895年严复发表了《原强》，把西方的社会学思想融合为他自己的群学思想；1897年严复把英国社会学家斯宾塞1873年著的 *The Study of Sociology* 一书译成中文，冠名为《群学肄言》；1895年前后，根据梁启超的记载，康有为在广州长兴学舍（万木草堂）设立了群学的课程。如果以这些事情作为社会学在中国产生的标志，那么中国的社会学就已经有一百多年的历史了。而若以1910年京师大学堂（1912年改为北京大学）开设社会学课程作为中国社会学学科的标志，那也已经有88年了。社会学在中国的产生，实际上是西学东渐和中西文化碰撞、融合的结果。社会学导入中国的过程，与现代的器物、制度、思想和文化导入中国的过程是同步的，可它一经导入和产生，就完全被纳入中国的文化话语系统和观念系统，而作为新思想的种子，它也在改变着这一话语系统的观念系统。

---

* 本文是作者1998年为社会科学文献出版社《现代社会学文库》丛书作的总序，标题另加。

社会学导入中国，不仅仅是作为一种理论、一种思想或一种方法，也是作为一种学术制度，就像与其同期导入中国的学堂、船政、邮电、铁路、银行、矿务等等制度形式一样，都是早期现代化的制度符号。社会学的导入中国，使中国学者对于社会现象的研究跳出了一般性现象分类和大一统混沌解释的方法羁绊，走上了从具体现象的归纳出发寻求背后的因果规则的实证道路。

梁启超在他1923年的演讲《中国近三百年学术史》中，对中国学术开始转向务实的思潮追溯得更远。他认为近三百年“厌倦主观的冥想而倾向于客观的考察”的时代学术思潮，是对过去六百年道学传统的反动。蒋方震更把“由主观之演绎进而为客观之归纳”，概括为堪与欧洲文艺复兴相媲美的“清学之精神”。无论走向实证的学术取向乃中国所固有还是西学之东渐，中国广泛开始按一定方法进行的社会调查，却的确是在社会学导入中国以后的气象，并非中国传统治学文化的土壤里自然生长出来的。中国的学者那时才幡然醒悟，原来在楼阁里谈论的学问，也是需要通过对日常生活的观察来检验的。

作为社会学主要研究对象的社会行动结构，实际上就是日常生活的基层结构，它的变迁是每日每时都在进行的，它是由无数的、似乎司空见惯、习以为常但又实际上变动不居的日常社会行动构成的。这种持续的不间断的社会结构变迁是社会发展的常态，只不过有时缓慢得让人感到死气沉沉，有时又加速得让人感到变幻如云、不知所措。社会学所研究的、所关注的、所要通过社会调查获得的学问，实际上就是关于这种日常生活基层结构变化规则的知识。这种知识除了来自对日常生活经验的分析综合之外，别无他途。

这种做学问的方法，并不只限于对“现实问题”的研究。在历史研究的领域，这一方法也同样有效。法国著名历史学家布罗代尔（Fernand Braudel，1902—1985）在研究15—18世纪物质文明、经济和资本主义时，就特别注重从最基层的日常生活结构的变化入手，他不厌其烦地从各种琐碎的关于衣食住行的资料中去发掘那些人们所不经意的东西，认为这样才能真正揭示市场经济和资本主义的形成。这样撰写历史当然不如研究重要历史人物和重大历史事件的传统历史方法简洁，甚至让人觉得把轰轰烈烈的历史写得那么平常乏味、那么枯燥烦琐，但这样撰写的历史也许才是更为真实的、更接近历史本来面目的。中国是史学大国，但对中国的历史、史学家更多关注的是正史（“二十四史”）和编年史（《资治通鉴》等），而不是各种历史档案本身。对中国“二十四史”，史学家历来关注的也是本纪、帝纪、列传、世家以及王朝更迭等重大事件。近现代治史的学者，才把目光更多地转向考古发掘的和历史遗留的实物，注重引证和依据第一手资料，也更注意研究史书中反映日常生活的食货志、刑法志、地理志、礼仪志、乐志、艺文志、职官志、舆服志、选举志等等。

20世纪初社会学在中国的导入和产生所推动的学术走向生活、走向实践的取向，以及外辱内忧之下学者所形成的富国强国的强烈使命感，形成了中国社会学的介入生活、干预生活的传统，推动一大批学者走出书斋步入生活基层。但是，学术走向生活、走向具体和走向个别的惯性和偏好，也容易形成两个学术上的弊端：一是对理论的轻视以及由此造成的理论上的匮乏；二是在研究中国或研究中国某个地区、某个村落时，过分地强调其文化价值的“特殊性”，而与现代性的普遍性断裂。

改革开放后中国恢复社会学以来，中国的社会学研究在中断约30年后又迅速地发展起来。一个国家的经济快速起飞和社会加速转型的现实，对社会学的研究形成强烈的刺激。近十几年来，中国的社会学家们进行了大量的社会调查，参与了很多社会现实问题的研究，积累了丰富的资料，但在理论上有分量的建树，仍告阙如。

中国社会学要在理论上有突破性的进展，必须以人类关于社会变迁和社会发展的共同的知识财富为基础，积极参与国际社会学界共同的知识积累过程，系统而全面地了解国外社会学发展的各种趋势，把握住国际上社会学研究的理论前沿问题。要善于理解和辨析各种不同的理论学派观察社会现实的视角和方法，无论这种理论学派是实证的抑或解释的，是结构决定论抑或理性选择论。因此，及时地翻译和介绍国外社会学的著作，特别是翻译和介绍国外社会学的最新研究成果，就成为中国社会学走向理论上的成熟和参与国际学术界的一项基础性工作。目前，信息技术和知识经济的发展正在以出人意料的速度迅速地改变着世界的面貌，很可能会使社会的产业结构、职业结构、组织结构、生活方式和工作方式都发生革命性的变化，并对社会学的理论思考和研究方法产生重大的影响。中国社会学也应密切跟踪和了解这种新的变化趋势。

学习国外社会学的理论和方法，当然要与研究中国现代化过程中的那些紧迫问题结合起来。社会学作为一门介入生活、改良社会的应用学科，从它诞生的时候起，它的发展就始终与对进步和秩序问题的关注密切相连。然而，每个国家的社会学，并不能因研究对象的特殊性而具有学术上的特殊性，更不能因研究对象的特殊性而在学术上实行排他主义。社会学可以有许多不同的学派、不同的命题和不同的思潮，其研究对象可以具有时间和空间的巨大跨度以及文化上的巨大差异，但属于这个学科的基本假设、基本逻辑和基本规则是相同的，使用的学术语言和学术概念是共同的。

中国社会学目前在理论上的苍白，固然与社会学在中国内地近30年的研究中断不无关系，但独坐寒窗者日少，短平快的研究日多；理论的反思少，观点的炒作多；长远的知识积累少，赶时髦的时兴之作多；欣赏别人成果者少，自以为是者多，等等。成就和功利目标发生如此转向，也是至关重要的原因。

大学里的莘莘学子，通过老师和学兄之口，一代又一代地传咏着王国维对苦涩的治学道路所给予的诗意般概括："古今成大事业、大学问者，不可不经历三种之境界：'昨夜西风凋碧树，独上高楼，望尽天涯路。'此第一种境界也。'衣带渐宽终不悔，为伊消得人憔悴。'此第二种境界也。'众里寻他千百度，回头蓦见，那人却在灯火阑珊处！'此第三种境界也。未有不阅第一、第二种境界而能遽跻第三种境界者。"可见做大学问，要具有"回头蓦见"的功夫，就非要有"独上高楼"的勇气和"终不悔"的决心才行。

但愿这套包括研究中国现实问题和国外译著两个系列的社会学文库，能够成为中国社会学走向更加成熟的见证，记录下中国社会学新一代学人努力建树理论命题和丰富学术积累的真实足迹。

村落终结与中国经验*

法国著名社会学家孟德拉斯的著作《农民的终结》，我是在十几年前翻译的，1991年由中国社会科学出版社出版，当时只印了2000册，只是在农村研究的学术界流传。但进入21世纪后，很多人搜寻此书而难以找到，甚至负责农村工作的国家高层领导也专门调看这本书。在这种情况下，社会科学文献出版社决定再版此书，并委托我约请孟德拉斯教授专门为该书中文版的再版写一个前言。但当我2003年年中与孟德拉斯教授联系时，却从他女儿那里得到他病重住院的消息，本想等他病愈后再与他谈写前言的事，但不幸的是，几个月之后，却传来噩耗，孟德拉斯教授于2003年11月5日在巴黎病逝，终年76岁。

孟德拉斯教授早年在美国芝加哥大学接受社会学的专业训练，深受芝加哥学派注重经验研究的学术传统影响，他在巴黎政治学院任教时，曾是反传统的“田野教学派”的一员，强调研究必须建立在经验调查基础上的重要性，反对在象牙塔里做学问，认为理论的反思和推论必须扎根于定量的调查统计资料或定性的调查案例资料。他希望能够通过一种跨学科的经验研究，来提炼默顿所倡导的“中程理论”。而他一生景仰的社会学大师默顿，就在

---

* 本文是作者为孟德拉斯著《农民的终结》中文版再版写的译者前言，社会科学文献出版社，2005年，标题另加。

2003年2月以92岁高龄早于他8个多月仙逝。

《农民的终结》一书于1967年首次出版时，曾使法国学术界感到震惊。因为法国是欧洲传统的农业大国，这样的农业大国却面临农民文明的终结，不能不在人们心理上产生巨大的冲击。但20年后，当《农民的终结》在法国再版，孟德拉斯为该书增写20年的变化时，几乎没有人再对孟德拉斯提出的命题质疑了。1970年代，孟德拉斯领导法国科学研究中心的一个"社会变迁观察课题组"，在遍及法国的60个观察点进行了连续的社会变迁调查，从而把他关于"农民的终结"的命题在更广泛的社会变迁解释中展开。

孟德拉斯所说的"农民的终结"，并不是"农业的终结"或"乡村生活的终结"，而是"小农的终结"。在孟德拉斯看来，从"小农"（paysan）到"农业生产者"（agriculteur）或"农场主"（fermier）的变迁，是一次巨大的社会革命。在一个传统的农业社会转变为工业社会和后工业社会的过程中，农民的绝对数量和人口比例都会大幅度减少，但农业的产出并不会同比例地大幅度减少，这是一些发达的工业大国同时也是农业产出大国的原因，如美国、加拿大、澳大利亚、法国、西班牙等。而且，无论社会怎样发展，无论乡村怎样变化，农民不会无限地减少，农业的从业者作为基本生活必需品原料的生产供应者也不会消失。

英国作为最老牌的工业大国，可能是发达的大国中农民的比例最少的国家，但在从20世纪70年代初到90年代末的长达30年的过程中，农业从业人员在全部就业人员中的比重也只从1.9%下降到1.3%。而且英国的乡村田园风光和生活情调在欧洲是有名的，从喧闹、拥挤和节奏紧张的城市到乡村去，你会感觉到鲜明的对比：绿色的田野中放牧的牛羊，蓝天白云下式样别致的农舍，清新的空气和淳朴的好客。当然，尽管乡村还存在，农业还存在，农户和农庄还存在，农产品仍供应有余，但农民作为一个传统的阶级早已经终结了。在英国，现在农业的从业人员基本上分成三部分：一是占有生产资料、只负责经营的农场主；二是占有生产资料、自己从事大部分劳作的自我雇佣的农业生产者；三是不占有生产资料、被雇佣的农业机械的操作者，他们实际上已成为农业工人。经营性农场主的收入和生活水平大体相当于中型企业经理，自我雇佣的农业生产者也相当于中产阶级的上层，操作农业机械的农业工人相当于技术工人。总之，现在发达国家的农业从业者，无论在生产方式上还是在生活方式上，都发生了很大的变化，他们被融入了后工业社会，并随着技术的进步而发展。他们已成为一个很小的社会职业群体，研究农民的学者寥寥无几了，议会里听不到他们的声音，各种大型专题调查的数据中也看不到他们的身影，作为农民象征的传统价值已愈来愈失去共鸣，他们的后代中留在乡村继续从事农业的也愈来愈少了……但农业劳动者仍然是整个社会中一个重要的、不可或缺的社会群体。

1997 年，孟德拉斯在接受法国《人文科学》杂志的采访时说，关于“农民的终结”这个命题，从农业政策的角度看，政治家们已经有了很好的理解，他们认识到要使农业尽可能成为一个竞争性的生产部门，与此相反，从政治发展的方面看，政治家们并没有真正理解这个革命的意义，他们仍然经常把农业生产者的政治影响等同于过去农民的影响。

在十多年前，“农民的终结”这个话题对于当时中国这样一个农业大国来说似乎还非常遥远。孟德拉斯在书中指出，“20 亿农民站在工业文明的入口处，这就是在20世纪下半叶当今世界向社会科学提出的主要问题”，因为在此之前的上个世纪，“较之工业的高速增长，农业的缓慢发展可以给人一种安全稳定、千年平衡的印象，与工业的狂热相对照，农民的明哲适度似乎是永恒的：城市和工业吸引着所有的能量，但乡村始终哺育着恬静美满、安全永恒的田园牧歌式幻梦”，而工业化和城市化的铁律打破了原有的平衡，震撼和改变了整个社会结构。对于整个中国来说，这种“巨变”可能要延续很长时间，但由于中国地区发展的不平衡性，在一些较发达的地区，这种“巨变”目前已经在加速地进行。

但是从乡土的自给自足社会到市场的风险社会，农民和村落的终结，是一个巨变，但也是一个漫长的过程，其间伴随着无数不足以为外人道的喜怒哀乐，既有摆脱农耕束缚、踏上致富列车的欣喜和狂欢，也有不堪回首的个体和集体追忆。

一个由血缘、亲缘、地缘、宗族、民间信仰、乡规民约等深层社会网络联结的村落乡土社会，其终结问题不是非农化和工业化就能解决的。村落终结过程中的裂变和新生，也并不是轻松欢快的旅行，它不仅充满利益的摩擦和文化的碰撞，而且伴随着巨变的失落和超越的艰难。

农村、农业、农民被称为中国社会的“三农问题”。“三农问题”之所以一再引起社会和学界的高度关注，是因为近年来农民的实际收入水平增长缓慢，虽然政府采取了不少措施，都未能从根本上解决问题，城乡居民收入差距不断扩大，再这样下去，务农农民将被抛在中国现代化的列车之外。

中国正在一心一意地期盼着通过和平崛起，实现自身的现代化目标。一个现代化的社会，可能有很多的政治、经济、社会、文化等方面的衡量指标。最为人们所关切的指标，大概就是人均GDP，这个指标包含着很多发展水平和生活水平的信息，也比较容易进行国际比较，但人均GDP的指标也会掩盖很多信息，比如它不能反映资源枯竭、环境恶化和贫富悬殊等方面付出的成本。

社会发展的测度是一项比较复杂的社会技术，不过从发达国家的经验看，现代化的一个非常关键的、也是比较容易把握的指标，就是要让农民不再是穷人，使普通的农民能够达到中等收入阶层的生活水平。中国如果集中财力让中国人城市的现代高楼大厦赶上发达国家的城市，可能并不需要多么漫长的时间，看看中国城市里到处的吊车和脚手架，不会有人对此有太大的怀疑。但是要能使中国的普通农民也过上现代社会普通市民的生活，则需要付出长期的努力奋斗，在政策、制度、发展战略等诸多方面都要做出调整，而那将是一个充满艰难、曲折和坎坷的历程。但只有中国的普通农民也不再是穷人，中国才是真正富裕起来、真正实现社会现代化，这对于中国和对于世界，都是功在千秋的伟业。

在全球化和中国社会快速变迁的背景下，中国的农村、农业、农民都不再能够脱离开这个大的背景孤立地发展。中国的耕地资源紧缺，人地关系紧张，平均每个农户只有约半公顷的耕地，绝大多数都是“小农”经营。尽管劳动力成本比较低，但与国外很多国家户均几十公顷甚至上百公顷的“农场”经营相比，竞争上还是处于劣势。在这种情况下，减少农民、转移农村劳动力、农户兼业、政府扶持农业等，成为提高农民收入的必然选择。

这种大的背景和必然的趋势，衍生出“农民工、失地农民和村落终结”的“新三农问题”，这些问题往往成为现在引发社会矛盾和冲突的焦点问题。据不完全的统计和学者的估算，目前全国有上亿进城农民工，进城农民工从20世纪90年代中期就替代乡镇企业职工成为转移农村劳动力的主渠道，但直到今天，还没有关于进城农民工的户籍身份、劳动保护、社会保障、医疗待遇、子女就学等方面的立法。近几年的失地农民也突然激增到数千万，各种不断扩张的开发区、工业园区、大学园区的圈地，使这部分农民的数量快速增长，地权的重组、变更、利益分配以及其中很多农民从失地走向失业，带来一系列新的社会问题。另外，由于征地撤村、村庄合并、村落并入都市等原因，现在在中国的行政版图上，几乎每天都有约70个村落消失，原有的传统村落社会网络被打碎，使很多农民进入城市但难以融入城市，产生生活和心理上的各种困难。

“新三农问题”涉及的“农民工、失地农民和村落终结”，是城乡关系的“连接点”，是改变农村面貌和改善农民生活的“前线”，也是社会矛盾和冲突的“热带”。

在“新三农问题”中，当前最值得关注的，是失地失业的农民。中国正处在新一轮的经济增长周期中，土地增值的收益成为最大的收益，而这块收益能否公正、公平地分配，也成为利益矛盾和冲突的焦点。在这个过程中，农民作为弱势群体，他们的利益往往受到侵害，他们应当获得的土地收益，往往被开发商转移和侵占，使拥有土地所有权的村民集体和拥有土地使用权的村民个人，得不到合理的利益补偿。

土地是务农农民的命根子，是农民摆脱贫困地位和抵御生活风险的最后依托，要高度警惕农民土地增值收益大量外流造成大量城市新贫民。在中国目前近80万个村落中，很多村落的农民正在大量地失去土地，他们的农业耕作史断裂和终结了，而村落的历史还在延续。在这种延续的历史中，故事的主题似乎并没有改变。从传统农村的土地族群冲突到平均地权的土地革命和土地改革，从土地集体化的人民公社运动到分田到户的家庭承包责任制，从宅基地纠纷到土地流转中的矛盾，从国家的征地到现在土地租用收益的分配……村落故事的主题，始终都是围绕地权问题。

中国经济增长的潜在危险，是增长收益得不到普遍分享，特别是广大的农民被排除在获益之外。上亿的农民工在支撑着中国梯度推进的工业化，但近十多年来，他们的平均收入水平没有什么大的变化。数千万农民在城市化的圈地中失去了祖祖辈辈赖以生存的土地，但他们中很多人在失地的同时也沦为失业的境地。每一年都有上万的村落在中国行政版图上消失，这些数千年的村落解体以后，农民怎样融入与它们完全不同的城市是一个亟待解决的问题。

目前我国总体上实现的小康社会，还是在城乡之间和地区之间发展很不平衡的小康，目前农村人口仍占2/3左右，农民人均纯收入只有城镇人均可支配收入的约1/3，“三农问题”（农村、农业、农民）是我国全面建设小康社会面临的最大难点。我们必须充分估计农村转变的困难，面对现实，攻克难点，要清楚地认识到，中国不可能在一个农民占绝对多数的情况下实现全面的小康社会。

要解决“新三农问题”，首先要千方百计提高农民收入，而使农民合理地分享土地增值收益是提高农民收入的重要途径之一。2002年中国农民人均纯收入为2476元，改革开放24年中，农民人均纯收入年均递增7.2%，但分阶段看，1979—1985年7年间增长最快，年均递增15.2%，而1985年以后的17年，年均递增降为

4.0%，特别是1998年以后的3年，增长速度降低更为明显。如果我们要把中国农村和城镇居民收入水平的差距限制在20年以内，也就是说，使2020年农民人均纯收入达到2002年城镇居民人均可支配收入7700元的水平，那么就要使农民人均纯收入在2020年以前达到约6%的年均增长水平。这个目标对我们来说，也还是一个很大的挑战，要在优化农业产业结构、减轻以至逐步取消农业税费负担和财政转移支付等方面，做出一些重大的选择。但目前急需解决的，是防止土地增值收益分配中对农民的剥夺。

要解决“新三农问题”，就要大量转移农村劳动力。人多地少，农村人地关系紧张，是农民收入低下的根本原因之一。改革开放以来，我国已经把约2.5亿农村劳动力转变成非农产业从业人员，这可以说是“千年未有之变局”。其中，乡村工业和其他乡村非农产业的发展，吸纳了约1.5亿农村劳动力，进城的农民工约有1亿多人。20世纪90年代中期以后，由于乡镇企业的产业结构升级，资本和技术增密，吸纳农村劳动力的能力有所下降，农民进城打工成为转移农村富余劳动力的主渠道。根据我国目前每亩耕地投入的劳动力计算，农村只需1.5亿劳动力，目前的3.6亿农业劳动力，还需转移的2亿多人，即便按2020年非农就业人员达到70%的目标，也还需要转移约1.5亿农村劳动力。现在全国农民现金收入中，约40%是外出务工收入，一些省份（如四川省和安徽省）农民外出打工收入，超过和接近了本省的地方财政收入。所以用法律来保护农民工的权益，保障农民合理的土地增值收益，防止农民因失地而失业，促进农村富余劳动力有序地从农业转移出来，是至关重要的。

要解决“新三农问题”，还要加快把农民转变成市民的速度。

城市具有经济聚集效益和福利设施共享效用，实现全面的小康社会，就必须把解决“老三农问题”与解决“新三农问题”结合起来，把解决“三农问题”的思路拓展到农村之外，逐步减少农民，把更多的农民转变成市民，要注重利用传统的社区和社会网络资源，帮助农民融入他们陌生的城市。城市的各级管理者，应当做出把农民工转变成新市民的具体规划，在户籍、住宅、就业、劳动保护、医疗、子女教育等方面提供制度设计和保障。

在1980—2004年的20多年时间里，中国把约2.5亿传统的农民转变为职业工人，这种巨变在任何国家的工业化历史上都不曾发生过。这种“巨变”所形成的“中国经验”，对全世界的发展和社会科学的理论，都将产生深远的影响。理解和解释这个“中国经验”，对中国农民的发展前景和中国社会科学的发展都至关重要。我相信通过《农民的终结》来了解他国的经验，对于概括和总结“中国经验”，是一个很好的启示。

默顿“中层理论”的启示*

在当代社会学理论的发展过程中，我们看到了两种不同的趋势：一是返回古典、走向新的综合的趋势，即社会理论的兴起；二是注重经验研究和中层理论提炼的趋势。这两种趋势，其实都是对当代社会学面临的新的挑战做出的回应。

这种新的挑战，其实是来自社会实践领域中社会现象和社会问题的日趋复杂性。从单一学科视角对社会现象的解释，已经越来越难以真实地反映现实的复杂变化。我们本来以为，在后现代理论之后，那种宏大叙事的理论时代已经永远过去了，但随着现实的发展和跨学科研究的展开，社会理论重新兴起。在社会学领域，当代的那些思想大师，如布迪厄、吉登斯、贝克，越来越倾向于把它们的理论称为“社会理论”，而不是“社会学理论”。这反映了一种走向新的综合的趋势。过去人们习惯于用研究的领域来划分学科之间的界限，但现在这种界限越来越模糊了。如社会公平问题，现在已经很难说这是个社会学问题还是经济学问题或法学问题。从不同的学科视角对同一问题的探讨，更有助于对社会复杂现象的理解。

与此同时，新的挑战还来自于社会学的宏大理论与经验研究

---

* 本文是作者为李培林、覃方明主编的《社会学：理论与经验》（第一、二辑）写的前言，社会科学文献出版社，2005年，标题另加。

的脱节，这种脱节使默顿提出的注重“中层理论”（Theories of the Middle Range）建设的问题具有了新的意义。社会学研究的一个特点，就是比较强调研究结论要基于对经验调查材料的分析。但在目前的社会学博士论文或硕士论文中，人们普遍感到存在一个问题，就是理论综述与经验材料分析的脱节。这个问题，其实与社会学中层理论建设比较薄弱密切相关。翻开社会学的理论概论，可以看到很多的命题，但比较缺乏建立在经验研究基础上的规则和定理。

缺乏学科的规则和定理，这与社会学多角度的学科视角有关。当一个问题的解释变量可以不断增加的时候，形成可靠的规则和定理其实是很困难的。默顿在《论理论社会学》（*On Theoretical Sociolgy*）一书中谈到“中层理论”建设时，其实继承的仍是社会学的古典传统，即设想社会学能像物理学那样，建立一些颠扑不破的铁律。比如他把社会学的参考群体理论、社会流动理论与物理学上磁学、大气压力学说相类比，并表示“在20世纪物理学和20世纪社会学之间，相差着亿万个小时持续的学科化的和积累性的研究，社会学或许还不到出现爱因斯坦的时候，因为还没有开普勒，更不要说还得有牛顿、拉普拉斯、吉布斯、麦克斯韦和普朗克”。

其实，由于社会科学与自然科学的差异，特别是由于对任何社会问题的解释方程和模型都难以完全封闭，完全按照物理学的模式来建设社会学的中层理论，时间证明这条路是走不通的。但默顿关于建设“中层理论”的命题，在今天给我们的启示，是社会学要应对现实提出的新的挑战，要注重理论研究与经验研究的沟通，特别是要注重基于中国当前发展经验的理论建设。

中国作为一个十几亿人口的大国，近几十年来的经济体制、社会结构以及人们的日常生活，都在快速地发生着深刻的变化，基于这种新的发展经验的理论建设，将会极大地推动社会学的发展。中国社会科学院社会学研究所已经将以前出版的《国外社会学》改为《社会理论》，由商务印书馆出版。现在我们编辑这套《社会学：理论与经验》，作为中国社会科学院社会理论重点学科的一项理论建设，期望有助于推动社会学“中层理论”的建设和发展。这项理论建设工作得到国家社科基金重大委托项目“中国社会学基础理论重建研究”的支持，同时也感谢社会科学文献出版社对这套学术著作的出版给予的支持。

2005年4月于北京

村落终结的社会逻辑 *

《村落的终结》这个书名的选择，并不是为了赶“终结”一词的时髦，因为时下不少人在谈论“历史的终结”、“现代性的终结”等等，甚至还有“终结系列丛书”。选择这个书名，是因为我曾翻译孟德拉斯的《农民的终结》一书，而我的研究恰恰是要说明，农民的终结并不等同于村落的终结。但这个研究的题材，最初是来自我的博士生蓝宇蕴。约三年前，她在拟定博士论文题目时，我提出的要求是，最好选择符合她的知识背景的、她所熟悉的专题，并要具有学术上的对话意义和现实价值。她提出了几个题目让我帮助定夺，其中关于“城中村”的研究题目，引起了我的兴趣。“城中村”是她生活的广州市里出现的现象，在珠江三角洲一带很普遍，也很特殊，在其他国家乡村城市化过程中比较少见，而且广州市在建设国际大都市的规划中，改造“城中村”是一个重点和难点，由此也引起一些社会冲突。我的直觉让我感到，村落的最后终结，不是一个轻松浪漫的过程，与农民的终结可能不是同一的过程。恰巧蓝宇蕴在广州的家的附近，就有“城中村”，她已有相当程度的了解，调查起来也方便。况且，蓝宇蕴在南开大学社会学系获得硕士学位，那里的学术传统，让她对村落研究

---

* 本文是李培林著《村落的终结——羊城村的故事》一书的后记，商务印书馆，2004年，标题另加。

的路数驾轻就熟。

这样，她的研究题目就定下来了。但我被激发的研究兴趣却无法消退，于是我在工作的中国社会科学院社会学研究所里，申请了一个题为“都市里的村庄经济研究”的小项目。原计划只选一个“城中村”进行研究，也就是写一个调查研究的报告。但在第一次调查之后，我写了《巨变：村落的终结》一文，发表在《中国社会科学》2002 年第 1 期上，同年英文季刊《中国社会科学》（*Social Sciences in China*）的秋季刊，作为刊头文章发表了该文的英文简本。随后，国内的一些媒体和国外的学者，也都发表了表示关注的评论。这使我更进一步意识到，这个研究题目可能具有较大的潜在对话能力。随着研究的深入，兴趣一发而不可收，调查范围的逐步扩大，也使研究经费出现困难。恰好福特基金会资助美中学术交流委员会的第四批“公共政策研究项目”，正在征集申报过程中，这样我就以“‘城中村’村落终结过程中的利益冲突和社会政策研究”为题，申报了该项目，经过几轮匿名评选，我的申请幸运地获得批准，也使得该项课题研究在更大规模和更广泛议题上展开。

但在本来认为是最艰难的调查访谈资料完成之后，写作却一度陷入了停顿。一方面是面对一大堆杂乱的访谈记录，一时不知道如何处理是好，总是难以理出头绪，下笔试写一节，仍然找不到感觉，总觉得缺乏新意，有些“硬写”的滋味，让我不得不中途辍笔。另一方面，我还有其他课题同时进行，这边进展不顺利，我怕事倍功半，就把精力转到别的课题，加之其他的社会事务，致使《村落的终结》一书的笔耕断断续续，进展缓慢，而且写作味同嚼蜡。在此期间，我的博士生蓝宇蕴的博士论文写作却进展迅速，大体上是每月写出一章，从网上发给我审阅，我通过批阅她的论文和提出修改，倒是也没有间断思考，并不断产生一些新的想法。

我原来设想，要重新回到“城中村”里去住一段时间，从经验感受中汲取点新的灵感和写作激情，才能下笔出神入化。出发的准备都做好了，那时广州虽然已经出现SARS疫情，但给我的感觉是还没有可怕到阻碍我的行程。谁知随后SARS在北京和全国的蔓延，造成了全社会的恐慌，并演变成必须用特殊警戒措施来应对的“社会危机”。出差取消了，会议推迟了，亲朋好友不串门了，有病也不敢去医院了，所有的人群聚集的娱乐场所都关闭了，连过去车水马龙的饭店和商店也门可罗雀了，乘坐公共交通和出租车都感到危险了，多数国家机关和事业单位都实行轮流值班制度了，学生也都停课了，人们似乎在经历一次看不见硝烟的战争。我所在的中国社会科学院，行政人员实行值班制度，而科研人员全部放假在家“自我隔离”。这是我十几年来经历的最长的在家封闭居住的一段时间，本来应台湾“中央研究院”社会学研究所所长章英华之邀赴台学生访问的计划，在临行之前也被迫取消了。我也彻底地安下心来，重新开始《村落的终结》的写作，每天写作8—10个小时，穿插着还要阅读一些相关著作，查阅相关的资料，每天除了上网查看疫情进展、督促孩子自学和晚上的散步，时间全部用在书的写作上。由于精力的集中，写作进展顺利，专心写作时每天3000多字并整理部分访谈资料，从不晚上散步的我，固定的散步也成了“康德式”的，有了固定的路线和时间。

这样近两个月下来，就完成了这本书的写作。而此时我的学生蓝宇蕴的博士论文，也已杀青，并定名为《都市里的村庄：关于一个“新村社共同体”的实地研究》。只是她在最后阶段，于“五一”节不听劝告，返回疫区老家广州，回来后被拒绝进入研究生院，在校内隔离居住半月，手边没有任何书籍，致使论文的扫尾有些仓促。不过她的努力还是得到承认，她的论文在答辩中得到答辩委员会的委员们较高的评价，被系学术委员会评为社会学系年度优秀论文，并被纳入“三联·哈佛燕京学术丛书”出版计划，我也为此感到欣慰。

现在，我的《村落的终结》和蓝宇蕴的《都市里的村庄》都即将出版，这两本书成了参照读物。但这两本书又的确有很大的不同，她是写一个村庄——珠江村，而我是虚拟了一个“羊城村”来综合“城中村”的特征；她更注重村落的社会层面和本土资源，而我则偏重于经济运行的社会规则；她的调查更加深入，资料也更加细致和丰富，但我是“功夫在诗外”，是试图借“羊城村的故事”来提炼一些具有普遍意义的东西。我想我的书可以更好地说明她的论文的意义，而她的论文可以进一步验证我的结论的真伪。

这两本书都是写村落终结的过程，在宏观层面上也有一些共同的结论和意义：一是村落的终结和农民的终结不是完全同一的过程，不是非农化、工业化和户籍改革就能解决的，村落的终结更加艰难、更加漫长，一蹴而就的结果往往是造成社会的断裂；二是村落的终结必然伴随产权的变动和社会网络的重组，其间必然伴随着激烈的利益和价值冲突，需要建立一种超越“零和博弈”的新的合作和整合机制；三是村落组织的传统本土资源，并不完全是现代性的对立面，它也可以融入或被用来构建现代化的新传统，在所有被视为对立两级的中间，都存在连续谱的过渡和多样性；四是“城中村”在城市化过程中具有双重的功能，它既是城市异质的边缘，也是替代贫民窟而成为农民工融入城市并转变成新市民的摇篮和跳板；五是“城中村”的研究，为我们最终揭示从村落非农化到村落终结的变迁逻辑提供了可能。

参加这项研究的，还有中国社会科学院社会学研究所的王春光研究员，他参加了调查和研究的全过程。王春光祖居温州，对民间社会有很深的真实感受，他研究北京“浙江村”的博士论文，出版后颇得好评。他还追寻温州人的足迹，远赴巴黎调查，写出《温州人在巴黎》一书。我们两个曾合作写过《新社会结构的生长点：乡镇企业交换论》，在这次调查中他给我讲述的许多关于村落里的故事，晚上经常有的彻夜讨论，以及他对底层生活的关切，都对我村落研究视点的确立产生很大的影响。这次《村落的终结》的写作，本是我们两人的合作计划，而且已经讨论了写作提纲，并进行了初步分工，无奈各自手里都还有其他的课题，他一直是一项社会分层大规模调查研究课题的主要成员之一，也很难集中精力于关于村落终结的写作。我们原本打算一起去“城中村”调查和实地生活一段时间之后，专心写完这本书。但 SARS 危机改变了所有既定计划，也使《村落的终结》最后终结，变成我一个人的苦役。

我真诚地感谢折晓叶、苏国勋、张晓山、景天魁、孙立平、秦晖、王晓毅、王延中等人，他们对我和蓝宇蕴关于“城中村”研究的关注、建议、评述和批评，使我受益匪浅，蓝宇蕴最后的博士论文答辩，使我感到是对自己学术眼光的考验。我一直认为，知识生产需要一个学术团体的氛围、思想的碰撞、智力的交锋、理解的交换以及同行的评价和刺激，是知识生产的重要动力，历史上学派的产生，通常都是与一个有内部激励机制的学术团体相联系。

费孝通先生于93岁高龄欣然命笔，为本书题写书名，令我受宠若惊，也深为惶恐，但愿本书学术质量不负先生的墨宝。

最后，感谢历史悠久并在出版界富有声望的商务印书馆愿意出版拙作，我将此作为一种荣幸。

非正式制度：社会学研究的真问题*

继焦的博士论文要正式出版了，邀我这个指导老师写一篇序，这对我来说自然是责无旁贷的。但就这个题目来说，仍感到力所难及，这并非是什么谦词。继焦原是中山大学人类学系毕业，在考博士研究生以前就已经是中国社会科学院的助理研究员，所以对我来说，继焦既是学生，也是学友和学院同事。

继焦对“非正式制度”这个研究题目的选择，在很大程度上是我的要求和受我的鼓动的影响。尽管“非正式制度”的研究是人类学历来的经典主题（人类学研究的似乎都是非正式的），但由于我自己对非正式制度并没有深刻的研究，所以始终有一种担心误人子弟的恐慌。

我对“非正式制度”的兴趣来自改革开放以来的经验事实。人们普遍看到的情况是，那些经济迅速发展和起飞、民众生活快速改善的地区，往往并不是那些具有大量国家投资项目的城市地区，而是那些具有传统的工商精神的乡村地区。这种地区（苏南、闽、浙、珠江三角洲）在发展中所利用的许多行为规则，既不属于科层制的令行禁止的规则，也不属于市场的交易契约规则，而是靠传统伦理、家庭网络和人情信用等维系的一套“非正式制度”的规则。

这套“非正式规则”得以发挥巨大的作用，在中国有它的特

* 本文是作者为张继焦《市场化中的非正式制度》一书写的序，文物出版社，1998年，标题另加。

殊条件：

一是中国的乡村历来是正式制度的薄弱区域。费孝通先生在研究中国过去的皇权和绅权制度时，就曾提到过皇权止于县的现象，在县以下，是科层制度贯彻不到的民间绅权区域，或者说是一个自治的区域。中国现在的行政科层制度贯彻到了乡镇，但乡镇以下，实际上留有自治空间，也是正式制度薄弱的区域，在法律上，村一级权力也属于自治组织。自治的空间和正式制度的薄弱，成为非正式制度生长和发挥作用的土壤。

二是中国正处于一些旧的正式制度被突破或破除，而新的正式制度（行政的和市场的）尚未建立或完善的时期。这里涉及一个正式制度的起源问题，即正式制度究竟是自下而上的，通过非正式制度的过渡而形成正式制度的呢？还是自上而下的，通过理性设计、法令法规的颁布形成的呢？在我看来，前者是更基本的过程，后者的形式化过程一般都是以前者为基础的。中国的经济体制在从计划经济向市场经济转变的过程中，往往在某些方面存在正式适度“缺位”的状况，而在正式制度缺位的区域和时期，正是非正式制度活跃和发挥更大作用的区域和时期。

三是在那些历史上具有工商精神的区域，一直存在着与市场活动相切合的，或者说市场活动“嵌入”（embedded in）其中的非正式制度的社会网络。在公社制度解体以后，这种传统的社会网络成为新的经济活动扩展和运行的依托，而经济活动本身具有的扩张性，又使这些非正式制度到处传播。

中国的非正式制度在很多情况下都是与“传统”相联系的，所以用“现代性”的价值尺度对其进行的价值评价具有很大的“风险”。因为一方面它们（非正式制度）的本质特征往往是“传统的”、

"乡土的"、"前现代的"或"反现代的"，另一方面它们的功能在一定范围和时期又是促进市场化和现代化的，并似乎成为像现代化正式制度顺利过渡的必要桥梁。正是这种复杂性，使得非正式制度的研究成为社会学研究的"真问题"。让继焦选择这一有难度的题目作博士论文，也有帮助自己加深这方面的理解的"私心"。

这本书的研究主旨，是要建立一个解读非正式制度的范例，其经验材料的调查地点——琼市（学名，即海南省的原琼海县，现琼海市）。海南岛是继焦的家乡，他自小在那里生活，他的父母至今仍在那里生活。他在那里调查，具有语言、文化和人际关系上的优势。琼海目前是海南岛工商业较发达的地区，是著名的侨乡。但从全国的范围看，这里过去长期处于以传统农业为主的经济落后的状况，也是过去计划经济的正式制度比较薄弱的区域，在走向现代市场经济制度的过程中，非正式制度异常活跃，并发挥着重要的社会整合作用。继焦的人类学训练使他能够比较客观地解读他所熟悉的经验材料，并不因为是家乡而融入个人的感情色彩。令人尤为欣慰的是，为了这项研究，他阅读了很多他原本并不熟悉的经济学文献，从而使这项研究具有了人类学以外的学术对话能力。

这项关于中国非正式制度的个案研究，在某种程度上说具有开拓性的意义，因而也难免存在一些不足。现在看来，调查的范围还是过大了，一个县对单个的调查者来说是较难把握的，如果选择琼海的一个工商活动比较活跃的镇进行更长一段时间的调查，经验材料的支持会更加系统和扎实。

但愿继焦能把这项研究继续下去，严谨治学，厚积薄发。

以上是重读继焦书稿的点滴心得，权作序。

信任也是一种“社会资本”*

我的博士生张缨已经毕业两年了，经过补充和修订，她的博士论文《信任、契约及其规制——转型期中国企业间信任关系及结构重组研究》即将出版，她邀我为该书作序。其实每一个学生的博士论文，就其专门领域来说，都应当是超出导师的研究范围和深度的，所以所谓作序，只能是从论文指导老师的角度谈谈对该主题研究的想法。

“信任关系”既是一种非正式制度，也是一种社会资本。对“非正式制度”的关注和研究，似乎是社会学的一个经典主题，这个主题由于新制度主义理论研究视角的兴起，而再次成为社会学关注的焦点。如果说社会学与经济学和法学有什么研究上的区别的话，我想这种区别已经越来越不是研究的现实领域的区别，而是研究所使用的理论框架、概念体系、观察角度和方法的不同。比如，如果说中国的经济学和法学研究的更多的是正式制度的话，那么社会学和人类学更多研究的则是非正式制度。

中国历史上就是一个非正式制度广泛起作用的社会，草根社会中的生活，很多方面都靠非正式制度的调节。在近 20 多年的社会大转变时期，快速的制度变迁和制度创新也造成新旧制度更替

* 本文是作者为张缨《信任、契约及其规制——转型期中国企业间信任关系及结构重组研究》一书所写的序，经济管理出版社，2004 年，标题另加。

的“制度空白”，使非正式制度更加活跃。

中国社会科学界对正式制度已经有很多深入的研究，但对非正式制度运行的“潜规则”研究还比较缺乏。我近若干年来指导的博士论文，虽然是涉及不同的研究对象、利用不同的第一手经验调查资料，但基本上都是从不同的侧面解释和揭示“非正式制度”的“潜规则”这样一个主题，如张继焦的《市场化中的非正式制度》、张翼的《国有企业的家族化》、于剑波的《企业行动者的社会资本与社会成本》、赵延东的《下岗职工的社会资本与再就业》、梁栋的《网络组织的兴起》、蓝宇蕴的《都市里的村庄》等。

张缨的这本博士论文，实际上是从“信任关系”的角度来阐述“非正式制度”对于社会组织和社会运行的重要性。信任也是一种“社会资本”，这种社会资本不是针对个体资本而言的社会性资本，而是针对物质资本和人力资本而言的社会关系资本。

快速社会变迁中出现的信用危机，并不仅仅是传统的人情信用的危机，它也是普遍的信用道德和信用制度的危机。从假冒伪劣产品到上市公司报表造假，从豆腐渣工程到假文凭、假学历，从统计数据的浮夸虚报到学术界的论文抄袭，这一切都在昭示着是社会信用的普遍危机。

过去对传统信用体系的危机，多半是从社会转型的角度分析，认为从“人情信用”到“契约信用”，从“互识社会”的熟人信用到“匿名社会”的陌生人信用，从特殊主义信用到普遍主义信用，这都意味着社会结构的转型。传统信用体系的危机，就是传统人际关系对现代社会的不适应。

古典学者韦伯在《儒教与道教》(*The Religion of China: Confucianism and Taoism*)一书中认为，信任关系有两种方式：一是特殊主义信任，以血缘性社区为基础；另一种是普遍主义信任，以信仰共同体为基础。中国社会的信任关系，大多建立在亲缘或类亲缘的私人关系基础上，所以中国人对圈内人有“特殊的信任”，对“外人”却非常不信任。而新教的伟大之处，是冲破了氏族的纽带，使商务信赖的伦理品质，建立在实际职业经验的考验上，他说这一点为所有的观察家所“证实”。现代学者福山在《信任：社会美德与创造经济繁荣》（*Trust: The Social Virtues and the Creation of Prosperity*）一书中也认为，经济深植于社会生活之中，一个社会成员之间的信任普及程度，通常是经由宗教、传统、历史习惯等文化机制所建立起来的，中国社会的本质和信任关系的基础是家族主义，由于文化的差异，不同社会的信任度差异很大，美国、日本、德国属于高信任度国家，而法国、意大利和中国属于低信任度国家，而只有那些拥有高信任度的社会，才有可能创造较稳定、规模较大的企业组织，从而在新的全球化经济中具备竞争力。

卢曼的研究走出了这种社会类型的分割。他在《信任与权力》（*Trust and Power*）一书中指出，在所有的现代社会中，都存在着两种信任体系，即人际信任体系和制度信任体系，前者建立在“熟悉性”（familiarity）人情上，后者建立在法律等惩戒性或预防性机制上，二者都是在特定条件下，人们对风险的心理预期和估价，都有其特定的功能，而信任最基本的功能，就是“简化”社会交往复杂性的功能，但社会需要的不止是一种“简化”功能。卢曼甚至认为，“不信任”和“信任”是相辅相成的，同样具有“简化”功能，只有在一个“不信任”被制度化了的系统里，也就是说具有完备的监督机制的系统里，“信任”机制才能正常地发挥它的功能。

现在研究信任的多数学者都是从信任的正面功能入手，把信任视为一种可以获得资源的、不同于物质资本和人力资本的“社会资本”，并试图揭示和测算出这种社会资本的运行规则。不过，与卢曼一样，新制度主义的威廉姆森（O. E. Williamson）和理性选择学派的科尔曼（J. S. Coleman），也都看到信任的另一面，他们在把信任视为降低交易和监督惩罚成本的机制的同时，也都指出信任实质上是建立在成本—收益算计上的一种“风险行动”。

继卢曼之后，还有一位社会学的信任问题专家，也对维持信任体系的基础，提出类似的看法，他就是巴伯（B. Barber）。巴伯在《信任：信任的逻辑与局限》（*The Logic and Limits of Trust*）一书中，把人们的信任分成不同的层次：最高的层次就是对自然秩序和社会秩序的信任，其次是信任专业和权威人士控制社会秩序的能力，最后是信任社会交往的对方能够履行其义务和责任。在巴伯看来，信任体系的危机，通常是发生在后两个层次，它来自权力、知识的滥用带来的监督机制失效。

所以说，人情信用和契约信用，二者并不具有完全替代的意义，它们从不同的层次，调节着人们的经济社会生活的交往。尽管二者的具体运行规则不同，但深层的道理都是一样的。

现在看来，卢曼提出的“不信任”的功能问题，可能是过去的“信任”研究有所忽略的方面，对于探索信用体系危机的原因来说，关于“不信任”功能的研究，是一个非常有价值的角度。

道德教育是要劝善的。人们总要相信“世上还是好人多”，才能产生信任关系。但法律法规的制定，则必须建立在“好人也会变坏”的不信任基础上，在每一个不信任的环节，都建立监督和惩戒的机制。民众要具有普遍的“不信任”的权力，也就是对信用的监督权力，从而能够把这种不信任的机制，扩展到所有的担保社会信任体系的权威人士和组织，因为谁也不可能完全排除，权威人士上演牧童的“狼来了”的故事。而一旦人们普遍感到，他们的“不信任”根本就无法控制“失信”的蔓延，那才是真正的信用体系的危机。

“托拉斯”（trust）这种行业垄断组织，在英文里和“信任”、“信托”（trust）是一个词，这不是偶然的，它表明权威的组织，来自人们信任的委托。但权威组织也要有对其“不信任”（distrust）的监督机制，这就是反垄断的（antitrust）规制。只有民众感到，他们的“不信任”，在权威人士和权力组织的层次上也能控制“失信”，日常生活中的信用危机，才能真正化解。

中国的新发展道路，不能建立在传统和现代的断裂上，要利用传统和现代的各种资源，在个体行为规范、职业道德、政府规制、法律契约等各个层面，建立起一套完备的信任系统，这是我们民族和国家走向现代化的根基。

张缨的这本著作，尽管在理论逻辑的疏离和经验调查的概括方面还存在一些欠缺，但毕竟从一个很好的角度，开拓出一块研究的天地。这方面探索的理论价值和现实意义，我自然毋庸赘言，读过此书的人相信都会真切感受到。

走向终结的村社共同体 *

《都市里的村庄：一个“新村社共同体”的实地研究》是蓝宇蕴在其 2003 年通过的博士论文基础上修改成书的。

蓝宇蕴是我指导的少数几个女博士中的一位。她在南开大学受过社会学的训练，熟谙社区研究的传统。几年前，还在她拟定博士论文题目的时候，我提出的要求是，最好选择符合她的知识背景、生活经验和研究兴趣的题目，同时这个题目又不要过于宏大、便于把握，并要具有学术上的对话价值和较大的现实意义。她提出了几个题目让我帮助定夺，其中关于“城中村”的题目，引起了我的兴趣。“城中村”在其他国家的乡村城市化过程中比较少见，而在她生活的广州乃至整个珠江三角洲则很普遍，而且，在广州建设国际大都市的规划中，改造“城中村”是一个重点和难点。直觉让我感到，村落的最后终结，不是一个轻松浪漫的旅行，与农民的终结可能不是一个同一的过程。

该书提出了都市村社共同体的概念，为村落共同体的研究增添了一种“走向终结的村社共同体”的类型。书中通过对与“城中村”相伴生的、具有鲜明过渡性意涵的都市村社共同体的研究，揭示出，正是依托于这一独特的社区，依托于这一农民“小传统”

---

* 本文是作者为蓝宇蕴《都市里的村庄：一个“新村社共同体”的实地研究》一书所写的序，生活·读书·新知三联书店，2005 年，标题另加。

所塑造的“新型社会空间”，从而使得弱势的非农化农民群体在走向彻底的城市化过程中，拥有了一个能够通过自治来维护自身利益的社会场域。相当于把“城中村”问题化的趋向而言，这项研究在理论上有一定的新意，对政策研究也很有启发。同时，该书的经验研究再次表明，村落组织的传统资源，并不完全是现代性的对立面，它也可以融入或被用来构建现代化的新传统，在所有被视为对立两极的中间，都存在连续谱的过渡和多样性；“城中村”在城市化过程中具有双重的功能，它既是城市异质的边缘，也是替代贫民窟而成为农民工融入城市并转变成新市民的摇篮和桥板。这项研究还为我们最终揭示从村落非农化到村落终结的变迁逻辑，提供了新的材料。

在蓝宇蕴写作博士论文的同时，她也参加了我所主持的一项由福特基金会资助的关于“城中村”研究的课题。在这项研究中，我和蓝宇蕴不仅仅是师生关系，更重要的是合作者。基于对广州“城中村”的调查资料，我也撰写了一本专著，书名为《村落的终结》，已经由商务印书馆出版。这个书名来自我十几年前翻译的法国著名社会学家孟德拉斯的著作《农民的终结》，该书最近已由社会科学文献出版社再版，我把自己的著作取名《村落的终结》，是为了表明村落的终结与农民的终结遵循着不同的社会逻辑。

蓝宇蕴的《都市里的村庄》与我的《村落的终结》，可以视为相互参照阅读的读物。但这两本书又的确有很大的不同，她是写一个实实在在的村庄——“珠江村”（学名），而我是虚拟了一个“羊城村”来概括“城中村”的逻辑；她更注重村落的社会层面和本土资源，而我则偏重于经济运行的社会规则；她的调查更加深入，资料也更加细致和丰富，而我是“功夫在诗外”，是试图借

“羊城村的故事”来提炼一些具有普遍意义的东西。我想我的书可以更好地说明她的论文的意义，而她的论文可以进一步验证我的结论的真伪。

“三联·哈佛燕京学术丛书”是一套学术品位较高的系列著作，我希望读者们在认真读过这本书后能够认为蓝宇蕴的这本书配得上这套丛书的盛名。

2004年8月于北京

劳动关系的社会建构 *

游正林的博士论文的修改稿《西厂劳工——国有企业干群关系研究（1979—2006）》（以下简称《西厂劳工》），准备在中国社会科学出版社出版，已经排版二校，作为他的博士论文的指导老师，他已多次提出请我给他的这本书写一个小序，这是国内学界比较流行的做法，我本难以拒绝，但又迟迟难以下笔。难以下笔的不仅是因为总是空不出时间，更重要的是因为他的论文结论让我自己也有一些未思考清楚的困惑。

游正林在北京大学获得社会学硕士学位后，到中华全国总工会领导下的中国工运学院工作，这个学校现在易名为中国劳动关系学院。他于 2002 年考入中国社会科学院研究生院，在职攻读博士学位。劳动关系是他所在学校的专业主题，也是他自己近十年来一直关心和研究的题目。《西厂劳工》是他对我国西部机械制造行业中一家大型国有企业的调查研究结果，研究的主题是企业内部的劳动关系。他是我较难指导的学生之一，这不是因为他的研究水平，而是他的研究主见，我提出的一些修改意见，他虽然很少反驳，但往往力图使用坚持己见的办法来沉默"抵抗"。

有的问题他说服了我，比如把国有企业的劳动关系称作"干

---

* 本文是作者为游正林《西厂劳工——国有企业干群关系研究（1979—2006）》一书写的序，中国社会科学出版社，2007 年，标题另加。

群关系”来研究。的确，在计划经济时期，我们几乎是用统一的“单位体制”来管理国家机关、事业部门和企业。领导和被领导的关系，可以统称为“干群关系”。但现在国有企业的运行体制发生了深刻变化，职工实行了全员劳动合同制，建立起一种有别于干群关系的“劳动关系”。这种劳动关系因企业所有权的变化，在私有企业中被称为“劳资关系”。有的学者主张把所有企业的劳动关系都称为劳资关系，认为“资方”不是指私人占有资本的业主，而是指“出资方”，出资方可以是私人也可以是国家。这是一种模糊不同劳动关系性质的做法。游正林把国有企业的劳动关系仍作为“干群关系”来研究，有他的道理。他认为虽然国有企业实行了全员劳动合同制，但产业工人作为企业主人的“政治理念”没有变，这与我们国家社会主义性质所决定的人民群众是国家的主人的“政治理念”是一致的，不管这种理念在现实中是否得到真正落实，它对国有企业的劳动关系仍然产生着影响。一般的企业劳动关系，是企业内部的管理事务，而把国有企业的劳动关系当作干群关系来研究，则涉及更广泛的社会管理的事务。因为事实上国有企业发生的劳动关系冲突，通常都被工人理解为、认知为“干群关系”问题，他们为了解决劳动关系问题，往往不是去找厂长，而是去找市长、找政府。游正林实际上是通过采用国有企业“干群关系”的概念，把“劳动关系”放在一个更加广泛的范围里讨论。

有的问题，到现在他也没有说服我，比如对国有企业改革过程的价值认识。国有企业改革在我国是一场广泛而深刻的变革，多数国有企业在过去有过艰难的创业历史，有过非常辉煌的时期，但最后也有过难以为继的处境。对于这段历史和国有企业的运行机制，我在《转型中的中国企业：国有企业组织创新论》和《国有企业社会成本分析论》两本书中有过比较细致的分析。在改革的过程中，很多国有企业浴火重生，重振雄风，而且国有企业至今仍是我国企业税收的主要来源，但也有一些国有企业走向衰落，经历了痛苦的磨难，无可讳言其间也引发了较多的干群冲突，成为社会关注的一个热点问题。游正林选择调查的西厂，也正是一个走向衰落、干群冲突比较突出的企业。游正林前后两次深入西厂调查，在占有大量的经验资料和文献资料的基础上，对1979年以来发生在西厂内部的干群冲突现象进行了历时性的描述和分析。他提出的一个基本理论视角是组织公正问题。本来组织公正与社会公正有区别，因为组织内部是要消除交易成本的等级制，而社会和市场是普遍存在交易成本的交换制，两种博弈机制是不同的。但一方面由于国有企业的特殊性，另一方面由于现代企业出现利益相关者网络，这使得组织公正问题与社会公正问题有了更紧密的联系。游正林的论文告诉我们，组织公正实际上是建构的，依赖于在特殊情境下干群关系的处理，产权的所有性质并不能完全保证劳动关系的性质，因为产权是可以被虚置的。游正林的这项研究，揭示了国有企业工人行动的一些潜在规则和运行逻辑，也引起了人们对国有企业的改革历程进行一些必要的反思。比如如何在企业改制、主辅分离、下岗安置中分摊社会成本、化解社会矛盾、避免冲突激化等等。这对于今后国有企业在改革中妥善处理劳动关系，对于探索建立和谐劳动关系的途径，都具有重要启发意义。但问题是游正林的结论，在我看来似乎过于悲观。他是一个动情的学者，对产业工人有深厚的感情，长期的工会系统的工作背景，也使他更习惯于从工人的利益出发来考虑对改革过程的评判，但这也容易使他在调查研究中介入情感因素，把个案的结论推向总体，存在产生“合成谬误”（fallacy of composition）的风险。

什么是“合成谬误”呢？用广为流行的萨缪尔森（Paul A. Samuelson）的《经济学》（*Economics*）里的定义来解释，就是如果认为对于部分来说是对的事情，对于整体来说也是对的，那么这个错误的推论就是“合成谬误”。“合成谬误”是个案研究在方法论方面遇到的一个最大难题，比如对农民工的研究，很多个案都揭示了他们的抗争、呐喊和愤怒，其真实性是无可争议的，但依据大规模的抽样调查获得的数据，研究结果却显示虽然他们的经济社会地位比城市工人低，但整体满意度、公平感、安全感、未来预期等却比城市工人高。所以，整体判断不能否认结论相反的个案，但个案研究也难以推论整体。

社会学的研究很注重收集第一手的经验资料，这是社会学的传统。中国社会学目前的研究，有很多是基于对一个村落、一个社区、一个企业的深入调查。研究者都希望自己的研究成果能够产生更广泛的对话影响，希望自己研究的“个案”具有更广泛的代表意义，能够成为“一般化的规则”。个案研究使研究结果“一般化”的最常用途径是类型学的办法，比如费孝通先生用手工业、作坊工业和工厂工业三个村落类型来概括乡村工业的发展过程。我在《村落的终结》一书中也曾采用“理想类型”的方法来概括“城中村”的特征和运行机制。还有一些学者试图抽象出工业化、市场化、集体化、宗族化等几个基本维度，来概括中国乡村的基本特征。总之，个案研究如果不解决代表性问题，那就像是一麻袋马铃薯，增加的个案研究可能只是重复性的工作，在学术积累上失去其应有的意义。

然而，轻视个案研究，只注重宏大叙事，在学术上也是危险的，因为从无数的个案凝结为宏大叙事，有很多的“信息遮蔽”和“信息扭曲”的可能性。现在社会学的个案研究，人们习惯于采取“叙述故事”的办法。这种办法的好处是提供在场的场景，便于人们对真实性的判断和理解，但也要防止两种倾向，一种是经学式的“我注六经”的办法，用一些随意的个案访谈来证明先定的假设；另一种是文学式的“六经注我”的办法，让所有的推论都服务于既有的判断。

游正林的《西厂劳工》，把社会史的方法和扎根访谈的方法结合起来，这在一定程度上使他的个案研究在资料的系统性上更加丰满，但在如何使个案结论与“一般化规则”衔接方面，还有明显不足。中国工业社会学的开山著作之一是《昆厂劳工》，我希望他的《西厂劳工》能够成为这方面研究的一个学术积累，也希望他能持续地把这项研究坚持下去，在方法论上能够更加完善，为构建中国的和谐劳动关系提出令人信服的真知灼见。

私营企业主的关系运作*

邀请指导老师为自己出版的博士论文写序，似乎成了一种俗称的“潜规则”，也是一种难以推脱的责任。我在指导建文进行博士论文选题时，主要强调两点：一是要有兴趣。有兴趣的题目，才会有研究的激情，能够享受做研究的乐趣。没有兴趣的题目“硬”做，很难出优秀的成果。二是题目要可行。再好的想法无法实施，不能落到实处，也很难做好。建文的硕士是在武汉大学学习经济社会学，对社会资本和关系网络一直都很感兴趣，而且当时我也能帮他找到相关的课题参与，故选择了这方面的题目。

一直以来，我都密切关注社会结构和非正式制度相关的理论问题。我曾经撰文指出和论证，社会结构转型是社会资源配置的“另一只看不见的手”，即认为在政府干预这只看得见的手和市场调节这只看不见的手之外，还存在着另一股看不见的力量，这就是社会结构转型。在家庭经营组织中、在企业中和在社会的非正式制度（社会潜网）中，都存在着与其组织形式相配套、相契合的社会关系网络，这些网络会影响人们的行为，影响社会资源的配置。在私营和乡镇企业发展的一定阶段，家庭关系可能会成为修改科层制的运行方式。这都是社会结构影响社会资源配置的形

---

* 本文是作者为尉建文《中国私营企业主关系网络调查》一书写的序，中国社会科学出版社，2009年，标题另加。

式。处在社会结构转型期的国家，社会结构转型对社会资源配置的影响更加明显和具有分析意义。

《中国私营企业主关系网络调查》这本著作是建文在其博士论文的基础上，经过加工、修改和完善而撰写成的。该著作按照社会资源配置的三种机制——市场、政府和社会潜网，勾勒了私营企业主获取社会资源的三张关系网络——官员网、客户网和亲缘网。在此基础上，对于私营企业主关系网络的运作、建构的过程以及关系网络的运行规则和资源交换规则进行了深入的探讨，这些研究对于中国本土化的“关系研究”有了一定的推进。

关系运作对很多私营企业主来说是能做不能说的事情。因此，做企业主关系网络的调查是非常困难的事情。建文为了使此项研究工作能够深入，在经验资料收集方面下了不少工夫，先后在成都、西宁、北京和青岛等地方对一些企业有了深入的访谈，积累了大量的个案材料。这些调查的实施和获得，也有赖于他在读博士期间参加了科技部中国科技发展战略研究院“西部中小企业技术与制度创新”的研究项目，并从奥巴尼中国城市研究网（urban China research network）申请到了一个企业研究的资助项目。

“社会关系”是社会学研究的一个传统题目，但过去的研究总体上是在现代化过程的框架下，即认为现代化也是社会关系理性化的过程，是从“血缘地缘关系”向“业缘关系”的转变。但现在，“社会关系”的研究被放在一种新的框架下，被看做是一种具有社会产出能力的“社会资本”，就像“经济资本”和“人力资本”一样，是能够配置社会资源的社会网络，是传统工具延续或移植到现代社会中。从某种意义上说，“社会关系”是一柄双刃剑，它就像社会的血脉网络，当血脉中流淌的是健康的信任、互惠和信息时，它促进了社会的活力；但当它主要成为权钱交易的管道时，血液就会毒化了，一切制度化的社会交往甚至市场交往也都被毒化了。但社会学目前的多数研究，是揭示和证明社会关系的作用及运作机制，而很难对关系网络做出价值的分类和判断，这是此类研究继续深化的一个难点。

这本著作为私营企业主关系网络研究搭建了一个很好的理论框架，但私营企业主关系网络涉及政商关系、市场关系和亲缘关系，错综复杂，且不同网络的运作逻辑也大不相同。现在看来，在一本著作中全面分析私营企业主的三张关系网，的确存在诸多困难。建文现在已经是中央财经大学社会学系的老师，希望他以后能够坚持自己喜欢的经济社会学的研究。也希望建文的此项研究能够成为该领域的一个新的研究起点。

探寻“关系地权”的逻辑*

臧得顺的博士论文《农地产权制度的经济社会学分析——基于鲁、鄂四个村落的实地调查》，几经修改后即将付梓（书名《“谋地型乡村精英”的生成：巨变中的农地产权制度研究》），邀我作序，我也欣然命笔。在我带的博士中，得顺是比较特殊的一位。因为他在读博士学位之前，既无社会学的学历，本科也非来自名校，以此学术经历，能够考上中国社会科学院研究生院的社会学博士，实属不易。更为不易的是，他在博士学习期间，读书和调查都十分刻苦，研究能力得到极大提高，特别是博士论文得到答辩老师的高度评价，让人刮目相看。

孟子曰，君子有三乐，一乐是“父母俱存，兄弟无故”，二乐是“不愧于天，不怍于人”，三乐是“得天下英才而教育之”（《孟子·尽心上》）。当老师的最大的快乐，就是看到弟子们手捧自己心血凝成的博士论文，就像怀抱着自己新生的婴儿。

得顺的人生经历与求学历程比较崎岖坎坷。他出生于山东宁阳一个贫苦农村家庭，是村里第一位本科大学生，并且是他的家乡直到现在的唯一一位博士，从小到大一直肩负着父母和乡亲们的殷切厚望。他本科和硕士期间学的都是中文，不是社会学专

---

* 本文是作者为臧得顺《“谋地型乡村精英”的生成：巨变中的农地产权制度研究》一书写的序，社会科学文献出版社，2011 年，标题另加。

业。1995—1999 年他求学于山东聊城师范学院（后改名为聊城大学）中文系；1999—2001 年任职于山东省沂蒙山区一个县城的高中，做语文老师；2001 年他考取了浙江大学人文学院中文系的研究生，学的是比较文学与世界文学专业的欧美诗歌、现代西方诗学方向；2004 年 6 月毕业后又奔赴湖北省三峡大学文学院，任讲师，教授外国文学课程。他转向社会学研究，可能属于偶然的机遇，但却是他一生的转折点。

在准备博士考试期间，得顺读了大量社会学的著作，还旁听了数学系的概率论等课程，凭着对追求的执著，他终于在竞争十分激烈的博士考试的笔试和面试中胜出。进入研究生院后，他很珍惜读博机会，勤奋异常。除了修读研院要求的课程外，他还尽可能地阅读有关的经济社会学、制度经济学、农村社会学著作，并兼顾社会研究方法的学习。他在学习期间的大量时间，都是在图书馆和调查地度过的。

得顺对农地产权的研究兴趣，一方面来自从小生活在农村的经历，知道土地权利对农民的极端重要性，另一方面是因为对中国巨变的密切关注。中国改革开放进入一个新阶段，城市化继工业化之后，成为推动中国经济社会快速发展的新动力。在这种巨变中，农民的地权关系也发生了巨变，随之而来的，是农村很多千年以来形成的人际传统和社会安排都能发生的变化。

得顺论文关心的核心问题，实际上也是对乡村共同体非正式制度的关注。非正式制度是我一直以来研究和关注的重点。中国历史上就是一个非正式制度广泛起作用的社会，社会生活中的很多方面都靠非正式制度来调节。在近 30 多年中国社会大转变过程中，快速的制度变迁和制度创新也造成新旧制度更替的“制度空白”，使非正式制度更加活跃。中国社会科学界对正式制度已经有很多深入的研究，但对非正式制度运行的“潜规则”，研究还很不够。我指导的博士论文，有相当一部分是从各个侧面解释“非正式制度”运行规则这样一个主题。如张继焦的《市场化中的非正式制度》、张翼的《国有企业的家族化》、赵延东的《下岗职工的社会资本与再就业》、张缨的《信任、契约及其规制——转型期中国企业间信任关系及结构重组研究》、梁栋的《网络组织的兴起》、蓝宇蕴的《都市里的村庄》、尉建文的《中国私营企业主关系网络调查》等。

得顺的这本书是从“地权问题”切入对非正式制度的研究。地权问题一直是中国农村社会的基本问题，也是研究中国“三农问题”的核心。在此书中，他基于对他的家乡山东省宁阳县磁窑镇三个村落和湖北省宜昌市（他工作过三年的三峡大学所在地）一个郊区村落的调查，深入探讨了中国农地产权的本质、特征及改革方向，具有重要的理论和现实意义。该书借鉴了“关系产权”的视角，透视了地权中的社会关系及非正式制度，提出了“关系地权”、“谋地型乡村精英”、小农的“钟摆式理性区间”、“培育社会型政府”（相对于奥尔森的“强化市场型政府”）等一系列概念，形成自己的分析当代中国农村农地产权变革的理论框架。作者认为，正在生成的“谋地型乡村精英”群体，作为新时期乡村社会结构的实体要素之一，对当代中国以“家庭承包责任制”为主体、以“均等原则”为特征的地权分配方式起着严重的扭曲和变形作用。作为“另一只看不见的手”，乡村中的社会力量在现实的地权配置中起着不可低估的作用。

细读得顺此书中的行文，在“文以载道”方面，我可以强烈感受到他那种经世济民的“大关怀”——对于底层民众真实生活处境的关怀和对于中国繁荣昌盛、和谐稳定的关怀，这种关怀就是社会学的学科精神所在；在“文采修辞”方面，我也可以感受到他中文系科班出身的扎实功底——那种流淌着诗意、文气贯畅、中有风骨的淋漓。

但得顺这本专著中也有不足。一方面是对调查材料的整理概括还不够细。譬如臧村案例中关于宁方明购买四家宅基地的案例，有些内容不够聚焦、离题太远。在分析案例中使用访谈录音的直接整理稿，这种处理方式有它的优势，就是能保留田野调查的那种“情境感”，但也有杂乱之弊端。另一方面就是社会学史上就“家乡派”优劣的争论，他对自己家乡的调查，有多大程度上受到“局内人”情感因素的影响？有多大程度上掺进了个人立场好恶的因素？用这种方法对个案村进行的研究，在多大程度上能够推及中国乡村的整体？个案研究的好处是比较深入，但也易犯“合成谬误”的错误。

不管怎么样，得顺的这部著作，不仅真实地记录了一个处在巨变过程中的乡村中国，而且记录了他个人思想和学术关切上的巨变——正如他自己在后记中所讲的一样，从一个浪漫文学青年向经世之学学子的转变。费孝通先生曾题写过“道远知骥”的条幅，我也真心希望他在上海社会科学院社会学研究所新的工作岗位上能不负此望，在上海这个国际大都市继续关注和研究中国正在发生的巨变。

后　记

2011年中，杨丽华给我打电话，说她从上海到北京来工作了，准备策划一套随笔类丛书，希望我也能贡献一本。但我一方面难以抽出时间整理旧作，另一方面也觉得自己随笔类文章似乎不够一本书的分量，所以未敢贸然答应。

与丽华已经相识很久了，但交往并不多。早在20世纪80年代，她那时在《读书》当编辑，《读书》那时很火，在知识界影响很大，我当时在《读书》上开了个“巴黎读书记”的栏目，连续发表了很多篇文章，绝大多数都是丽华编的。后来听说丽华去德国留学了，再后来就是得到消息，她回国后到上海编辑一本题为《文景》的杂志，是一本很有思想、很有文采、装帧很雅致的杂志，我还应约为杂志写过文章。

丽华的嘱托就暂时放下了，但此事一直挂念在心。谁知天有如此凑巧之事，我已经毕业的博士生臧得顺，现在上海社会科学院工作，有一天给我发来一个我的学术随笔集的目录，这是他专门为我编的，他不但收集到一些我都忘记发表在哪里的随笔，而且多数都已经收集到电子版，有些是他自己录入的。这真让我喜出望外，因为这个随笔集恰巧符合丽华策划的丛书的要求。就这样，臧得顺与我商量以后，按照统一的体例，把一些杂乱无序的随笔，编成现在大家看见的这本书。我非常感谢臧得顺，没有他的帮助，很难赶上丽华这套书的机会。

这本随笔集基本属于“旧作钩沉”。共分四篇：第一篇是“西学东渐篇”，主体是20世纪80年代末和90年代末发表在《读书》上的文章，基本上都是读外文著作的评论随笔。第二篇是“小题大做篇”，主要是在台湾地区和日本访学时写的随笔，这些随笔写的时候就是以“以小见大”为主旨。在台湾的随笔后来陆续发表在山东人民出版社以书代刊的《社会学家茶座》上，在日本的随笔还专门出过一本书《重新崛起的日本》，这本书现在已经被翻译成日文在日本出版。第三篇是“书里书外篇”，主要是一些研究心得式的随笔。第四篇是“承前启后篇”，主要是自己撰写或翻译的书所作前言、后记以及为我的博士生的论文出版时所作的序。

借国庆节长假的机会，把这本随笔集编辑完毕，定名《生活和文本中的社会学》。是为后记。

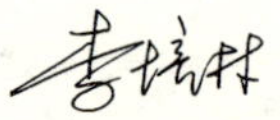

2011年10月4日于北京

启明文丛

（第一辑）

知识人的黄昏

傅 铿 著 （2013年1月出版）

旅美学者傅铿拥有丰富的学科背景，这部学术随笔集围绕“知识人”的核心问题展开，反思了传统知识人的启示录传统与乌托邦救世主义；宣告了法国的先知式知识人正日渐消亡，而普世知识人将浴火重生；分析了美国政治滑向管制民主和反向极权主义的后果，预示着美利坚的黄昏的到来。

民主与乌托邦

陈 彦 著 （2013年1月出版）

这部巴黎读书思想札记展现了陈彦博士从学术研究到社会实践的心路历程。他所关注的欧洲联合工程如若成功，将从根本上改变21世纪世界的政治分野与战略态势，可谓是迄今为止人类历史上以民主方式，尝试建构社会制度的独一无二的社会工程。有学者称之为人类最后的“乌托邦”。

生活和文本中的社会学

李培林 著 （2013年1月出版）

持续的社会结构变迁是社会发展的常态，有时死气沉沉，有时又变幻如云，社会学研究的正是日常生活基层结构的变化规则。这本随笔集记录着李培林研究员多年学术研究的轨迹，从社会学著作解读到社会学思潮梳理，从访学见闻到书斋心得，是一本融合了理性观察、科学分析和人文关切的佳作。

思想者的语言

黄燎宇 著 （即将出版）

本书收录了黄燎宇教授20年间撰写的30篇文学批评，主要涉及18世纪到21世纪的若干名家名作。借助德国文学评论，作者研究了德国心灵、德国精神和德国问题，就启蒙与浪漫，市民精神与艺术精神，德国历史的特殊性与德国社会的正常化等话题，展开了饶有兴味的探讨。